Karolina M. Pekala

Markenpiraterie

Reihe Rechtswissenschaft

Band 220

Karolina M. Pekala

Markenpiraterie

Erscheinungsformen, strafrechtliche Bekämpfung und zivilrechtliche Ansprüche

Centaurus Verlag & Media UG

Über die Autorin
Karolina M. Pekala studierte Informationsrecht an der Hochschule Darmstadt mit Abschluss als Diplom-Informationsjuristin (FH). Seit 2011 studiert sie im Bereich Wirtschaftsrecht (LL.M.) an der Fachhochschule Frankfurt am Main. Sie arbeitet zusätzlich bei einer Bank im Bereich Compliance/Datenschutz in Frankfurt am Main.

Bibliografische Informationen der Deutschen Nationalbibliothek
Die Deutsche Nationalbibliothek verzeichnet diese Publikation in der Deutschen Nationalbibliografie; detaillierte bibliografische Daten sind im Internet über http://dnb.d-nb.de abrufbar.

Gedruckt auf säurefreiem und chlorfrei gebleichtem Papier.

ISBN 978-3-86226-208-3 **ISBN 978-3-86226-995-2 (eBook)**
DOI 10.1007/978-3-86226-995-2
ISSN 0177-2805

Satz: Vorlage der Autorin
Umschlaggestaltung: Jasmin Morgenthaler, Visuelle Kommunikation

INHALTSVERZEICHNIS

Abkürzungsverzeichnis

A	
ABDA	Bundesvereinigung Deutscher Apothekerverbände
ABl. EG	Amtsblatt der Europäischen Gemeinschaft
ABl. EU	Amtsblatt der Europäischen Union
Abs.	Absatz
ACTA	Anti-Counterfeiting Trade Agreement (Anti-Produktpiraterie-Handelsabkommen)
AEUV	Vertrag über die Arbeitsweise der Europäischen Union
a. F.	alte Fassung
AG	Aktiengesellschaft
AG	Amtsgericht
AGB	Allgemeine Geschäftsbedingungen
ALR	Allgemeines Landrecht
Alt.	Alternative
AMG	Gesetz über den Verkehr mit Arzneimitteln (Arzneimittelgesetz)
AO	Abgabenordnung
APM	Aktionskreis gegen Produkt- und Markenpiraterie e. V.
Art.	Artikel
B	
Bd.	Band
Begr.	Begründet
ber.	berichtigt
BGB	Bürgerliches Gesetzbuch
BGBl.	Bundesgesetzblatt
BGH	Bundesgerichtshof
BGHSt	Entscheidungen des Bundesgerichtshofes in Strafsachen
BMF	Bundesministerium der Finanzen
BT-Drucks.	Bundestags-Drucksache
D	
Diss.	Dissertation
DM	Deutsche Mark
E	
EF-VO	Verordnung über die Einfuhrabgabenfreiheit von Waren im persönlichen Gepäck von Reisenden
EG	Europäische Gemeinschaft
endg.	endgültig

Engl.	Englisch
EStG	Einkommensteuergesetz
EU	Europäische Union
EuGH	Europäischer Gerichtshof
EUSt	Einfuhrumsatzsteuer
EUStBV	Einfuhrumsatzsteuer-Befreiungsverordnung
e. V.	eingetragener Verein
EWG	Europäische Wirtschaftsgemeinschaft

F

f.	folgende (Einzahl)
ff.	folgende (Mehrzahl)

G

GDS	Große Deutsche Schuhmusterschau
GebrMG	Gebrauchsmustergesetz
Gem.	Gemäß
GeschmMG	Gesetz über den rechtlichen Schutz von Mustern und Modellen (Geschmacksmustergesetz)
GewO	Gewerbeordnung
GewStG	Gewerbesteuergesetz
GG	Grundgesetz
GmbH	Gesellschaft mit beschränkter Haftung
GRUR	Gewerblicher Rechtsschutz und Urheberrecht (Zeitschr.)
GRUR Int.	Gewerblicher Rechtsschutz und Urheberrecht, Internationaler Teil (Zeitschr.)
GVG	Gerichtsverfassungsgesetz

H

h. M.	herrschende Meinung
Hrsg.	Herausgeber

I

ICC	International Chamber of Commerce (Internationale Handelskammer)
IP	Intellectual Property (Geistiges Eigentum)
IPP	Intellectual Property Panel
i. S. d.	im Sinne des
i. S. v.	im Sinne von
i. V. m.	in Verbindung mit
i. Z. m.	im Zusammenhang mit

K

KEV	Kontrolleinheiten Verkehrswege

KG	Kommanditgesellschaft
KGaA	Kommanditgesellschaft auf Aktien
KOM	Europäische Kommission
K&R	Kommunikation und Recht (Zeitschr.)
KStG	Körperschaftsteuergesetz
KunstUrhG	Gesetz betreffend das Urheberrecht an Werken der bildenden Künste und der Photographie (Kunsturheberrechtsgesetz)
L	
LG	Landgericht
lit.	litera
M	
MA	Markenartikel (Zeitschr.)
MarkenG	Gesetz über den Schutz von Marken und sonstigen Kennzeichen (Markengesetz)
MMR	Multi Media und Recht (Zeitschr.)
N	
NJW	Neue Juristische Wochenschrift (Zeitschr.)
O	
OECD	Organization for Economic Cooperation and Development (Organisation für wirtschaftliche Zusammenarbeit und Entwicklung)
OLAF	Office Européen de Lutte Anti-Fraude (Europäisches Amt für Betrugsbekämpfung)
OLG	Oberlandesgericht
o. V.	ohne Verfasser
OWiG.	Gesetz über Ordnungswidrigkeiten
P	
PartGG	Gesetz über Partnerschaftsgesellschaften Angehöriger Freier Berufe
PatG	Patentgesetz
PKS	Polizeiliche Kriminalstatistik
PP-VO	Produktpiraterie-Verordnung
PrPG	Produktpirateriegesetz
PVÜ	Pariser Verbandsübereinkunft
R	
Rdn.	Randnummer

RGBl.	Reichsgesetzblatt
RiStBV	Richtlinien für das Straf- und Bußgeldverfahren

S

S	Satz
StAErmpVO	Verordnung über die Ermittlungspersonen der Staatsanwaltschaft
StGB	Strafgesetzbuch
StPO	Strafprozessordnung

T

TMG	Telemediengesetz

U

Unterabs.	Unterabsatz
UrhG	Gesetz über Urheberrecht und verwandte Schutzrechte (Urheberrechtsgesetz)
Urt.	Urteil
U. S. C.	United States Code
UStG	Umsatzsteuergesetz
UWG	Gesetz gegen den unlauteren Wettbewerb

V

VDMA	Verband Deutscher Maschinen- und Anlagenbau e. V.
Veri	Verifiziertes Rechteinhaber Programm
VO	Verordnung
VR	Volksrepublik

W

WHO	World Health Organization (Weltgesundheitsorganisation)
WRP	Wettbewerb in Recht und Praxis (Zeitschr.)
WTO	World Trade Organization (Welthandelsorganisation)
WZG	Warenzeichengesetz

Z

Zeitschr.	Zeitschrift
ZFdG	Gesetz über das Zollkriminalamt und die Zollfahndungsämter (Zollfahndungsdiensgesetz)
ZGR	Zentralstelle Gewerblicher Rechtsschutz
ZK	Zollkodex
ZK-DVO	Zollkodex-Durchführungsverordnung
ZollVG	Zollverwaltungsgesetz
ZPO	Zivilprozessordnung

Abbildungsverzeichnis

Tabellenverzeichnis

Einleitung

– *„Gefälscht ist gefährlich!“* – lautet die Botschaft von Bundesjustizministerin Sabine Leutheusser-Schnarrenberger in ihrer Rede über Marken- und Produktpiraterie zum Tag des geistigen Eigentums am 26.04.2010. Damit hat sie nicht nur das beträchtliche Schadenspotential dieser Form der Wirtschaftskriminalität[1] auf den Punkt gebracht, sondern sie hat auch zu Recht darauf aufmerksam gemacht, dass die Gefahren, die von gefälschten Produkten ausgehen, sehr oft unterschätzt werden.[2] Denn hier geht es auch um Produkte, die Sicherheitsrisiken beinhalten: Imitierte Markenbekleidung, wie zum Beispiel „*Puma*“-T-Shirts oder Sportschuhe, deren Material häufig gesundheitsschädlich ist, sowie insbesondere gefälschte Arzneimittel, die mehr Gift als Heilmittel beinhalten und die sogar lebensgefährlich werden können. Deshalb warnt die Bundesjustizministerin in ihrer Rede zu Recht: „*Wer Fake kauft, der gefährdet sich und seine Familie*“.[3] Markenpiraterie schädigt nicht nur die Markeninhaber, sondern auch in großem Maße die Verbraucher.

Nachfolgend soll ein spektakulärer Fall aus dem Jahr 2006 den Umfang der Markenpiraterie aufzeigen:

Im November 2006 gelang Hamburger Zollbeamten ein Rekordfund von 117 Containern an gefälschten Markenwaren, die beschlagnahmt wurden. Darunter befanden sich mehr als eine Million Sportschuhe wie z. B. insgesamt 945.384 Fälschungen von „*Nike*“, 71.864 von „*Adidas*“ sowie 33.036 von „*Puma*“.[4] Diese Fälschungen hätten als Originale einen Warenwert von rund 383 Millionen Euro gehabt.[5] Dieser Rekordfund stellt den bisher

[1] Der Begriff Wirtschaftskriminalität umfasst eine Vielzahl von Delikten, jedoch besteht keine Legaldefinition. Hauptsächlich geht es um Bereicherungskriminalität, die begangen wird im Kontext mit der (tatsächlichen oder auch nur vorgetäuschten) Herstellung und Verteilung von Gütern oder der Erbringung und Entgegennahme von Leistungen des wirtschaftlichen Bedarfs. Der polizeiliche Begriff richtet sich an den in § 74c Abs. 1 Nr. 1-6 b GVG aufgelisteten Straftaten. Vgl. http://www.bmi.bund.de/cln_173/SharedDocs/Standardartikel/DE/Themen/Sicherheit/SichAllge/Wirtschaftskriminalitaet.html?nn=246796, besucht am 14.12.12.

[2] http://www.bmj.de/enid/Reden/Sabine_LeutheusserSchnarrenberger_1mt.html?druck=1&pmc_id=6806, besucht am 25.11.10.

[3] http://www.bmj.de/enid/Reden/Sabine_LeutheusserSchnarrenberger_1mt.html?druck=1&pmc_id=6806, besucht am 25.11.10.

[4] Vgl. Messe Frankfurt Magazin Galleria, 4/2008, S. 10-11, http://www.pstranslation.de/arbeitsbeispiele/Galleria%204_2008_de.pdf, besucht am 25.11.10.

[5] Vgl. Dbb Magazin, April 2007, S. 16. Vgl. http://dbb.web118.serverdienst.net/fileadmin/pdfs/dbbmagazin/dbbmagazin_07_04.pdf, besucht am 04.04.13.

spektakulärsten Aufgriff von gefälschten Markenwaren[6] in ganz Europa dar. Die Container mit den Fälschungen waren an Empfänger in Österreich, Ungarn sowie Italien adressiert.[7] Dabei handelte es sich aber nur um Scheinadressen, denn die Sendungen waren für andere Absatzländer[8] – wie beispielsweise für Deutschland – bestimmt.

Betrachtet man aktuelle Schlagzeilen wie z. B.: *„Markenpiraterie: Unternehmer Stihl fordert konsequentes Durchgreifen von Polizei und Justiz,“*[9] *„Markenpiraterie kostet Kraft“,*[10] *„Produkt- und Markenpiraterie – Niemand ist sicher“,*[11] *„Markenpiraterie das Krebsgeschwür der Globalisierung“,*[12] *„Schwarz-Gelb diskutiert über härtere Strafen für Produktpiraten“,*[13] *„Markenpiraterie schadet Hamburger Firmen“*[14] *und „EU-Zoll beschlagnahmt mehr gefälschte Waren“,*[15] so wird ersichtlich, welches Ausmaß die Markenkriminalität bereits angenommen hat. In den letzten 25 Jahren ist das Geschäft mit gefälschten Markenwaren zu einem der bedeutendsten Bereiche der Wirtschaftskriminalität geworden.[16] Bereits zu Beginn der 70er Jahre wurde eine erste ernst zu nehmende Welle von Markenpirateriefällen wahrgenommen.[17] Etwa seit der Jahrtausendwende hat dieses Phänomen einen regelrechten „Massencharakter“ angenommen, sodass kein Industriezweig mehr ausgelassen wird. Der weltweite internationale Handel mit gefälschten Markenwaren verursacht Umsatzeinbußen in Milliardenhöhe, die sowohl Unternehmen als auch die Volkswirtschaft insgesamt betreffen. Die Statistik des Zolls[18] macht deutlich, dass das Fälschen von Markenwaren z. B. in der Zeit zwischen den Jahren

---

[6] Im Folgenden stehen für Nachahmungen von Markenwaren die Begriffe: Fälscherwaren, Pirateriewaren, Fälschungen, gefälschte Markenwaren und Nachahmungen.

[7] Vgl. *Möller*, Zeitschrift für den deutsch-französischen Dialog 2/2010, 83, 83.

[8] http://www.mittelbayerische.de/index.cfm?pid=1354&pk=17297&p=1, besucht am 12.12.12.

[9] http://www.b4bmittelhessen.de/Mittelstand/Regionale-Wirtschaftsnachrichten/Giessen/ arid,55922_puid,13_pageid,622.html, besucht am 20.11.10.

[10] http://www.rp-online.de/niederrhein-nord/kleve/nachrichten/markenpiraterie-kostet-kraft-1.1092348, besucht am 29.11.10.

[11] http://www.b4bschwaben.de/Mittelstand/Regionale-Wirtschaftsnachrichten/Augsburg/arid,56060_puid,1_pageid,13.html, besucht am 28.11.10.

[12] http://www.focus.de/finanzen/news/produktpiraterie-das-krebsgeschwuer-der-globalisierung_aid_378457.html, besucht am 28.11.10.

[13] http://www.focus.de/finanzen/news/wirtschaftsticker/unternehmen-schwarz-gelb-diskutiert-ueber-haertere-strafen-fuer-produktpiraten_aid_858135.html, besucht am 12.11.12.

[14] http://www.abendblatt.de/hamburg/article2255978/Markenpiraterie-schadet-Hamburger-Firmen.html, besucht am 12.11.12.

[15] http://www.spiegel.de/wirtschaft/unternehmen/zoll-beschlagnahmt-mehr-als-100-millionen-gefaelschte-waren-a-846187.html, besucht am 14.11.12.

[16] Vgl. *Bachmann*, S. 2.

[17] Vgl. *Schuhmacher*, S. 5.

[18] Siehe Abbildung zur Entwicklung der Anzahl der Aufgriffe durch den nationalen Zoll, S. 31.

2005 und 2011 eine sprunghafte Zunahme von 7.217 Fällen auf 23.635 Fälle[19] zu verzeichnen hat.

Interessant ist auch der Aspekt, dass europäische Länder mit dem Thema der Markenpiraterie sehr unterschiedlich umgehen. Aufgrund des signifikanten weltweiten Schadens für Markeninhaber und die Volkswirtschaft gehen zunehmend unterschiedliche Staaten dazu über, auch Käufern von Fälschungen Geldbußen[20] aufzuerlegen.[21] Insbesondere ist ein spektakulärer Fall aus Italien bekannt geworden, bei dem eine dänische Touristin wegen des Kaufs einer gefälschten „*Dior*" Designerbrille mit einer Geldbuße von 10.000 Euro belegt worden sein soll.[22] Auch wenn in der Fundstelle Angaben über Rechtsgrundlage und Gründe dieser sehr hohen Geldbuße fehlen, wird doch deutlich, dass man beginnt, diese Wirtschafskriminalitätsform nicht mehr lediglich als ein „Kavaliersdelikt" anzusehen. Markenpiraterie ist schon deshalb keine „Kleinkriminalität", weil es sich um international agierende Fälscherbanden handelt.[23] Darüber hinaus ergibt sich zunehmend das Problem, dass Markenfälschungen kaum noch von Originalen zu unterscheiden sind, sodass Verbraucher oft unwissentlich gefälschte Markenwaren erwerben.

Bei einer Studie zu diesem Thema stellt sich zunächst einmal die Frage, was eigentlich unter dem Schlagwort „Markenpiraterie" zu verstehen ist. Im Allgemeinen wird Markenpiraterie im Zusammenhang mit „Produktpiraterie" als Begriffspaar für die Nachahmung von Waren gebraucht. Mit der Markenpiraterie werden häufig Fälschungen von Luxusgütern à la „*Louis Vuitton*"-Taschen, „*Rolex*"-Uhren oder „*Lacoste*"-T-Shirts in Verbindung gebracht,[24] allerdings werden zunehmend auch Alltagsgegenstände kopiert, wie etwa Zahnbürsten oder Kaffee. Ohne eine genaue Begriffsbestimmung vorwegzunehmen,[25] handelt es sich bei der Markenpiraterie um eine *kriminelle* Erscheinungsform, die mit dem Umsatz von gefälschten Markenwaren im Zusammenhang steht. Hier wird die Marke vorsätzlich durch sog. „*Markenpiraten*"[26] gezielt für gleiche Waren verwendet, um den Verbraucher über deren Echtheit zu täuschen. Unter Markenpiraterie in diesem engeren Sinn fällt

[19] Hinsichtlich der Zahl der sog. Grenzbeschlagnahmefälle in den Jahren 2010 und 2011 ist nur ein minimaler Rückgang von 23.713 auf 23.635 zu verzeichnen. Vgl. Abbildung zur Entwicklung der Anzahl der Aufgriffe durch den Zoll, S. 31.

[20] Vgl.§ 1 OWiG zur Geldbuße.

[21] http://www.konsumo.de/news/111820-Ulaub%20Einkauf%20von%20gef%C3%A4lschten%20 Markenprodukten%20kann%20teuer%20werden%20Plagiate, besucht am 05.10.10.

[22] Vgl. *Thaler*, S. 51.

[23] Vgl. *Schuhmacher*, S. 3.

[24] Vgl. *Stöckel/Lüken*, S. 267.

[25] Siehe 1. Kapitel, A, I. zur Begriffsbestimmung.

[26] Vgl. 1. Kapitel, D, I. zur Definition der Täter.

deshalb nur die sog. „*Totalfälschung*“. Da das Thema „Markenpiraterie“ aber in der Literatur zahlreiche weitere Erscheinungsformen, wie etwa die Fälschung unter Verwendung einer leicht abgewandelten Marke umfasst und facettenreich ist, werden diese Formen in der Darstellung zwar auch behandelt; den Schwerpunkt bildet aber die am häufigsten auftretende Erscheinungsform, nämlich die klassische „Totalfälschung“. Ferner ist darauf zu verweisen, dass der Begriff „Markenpiraterie“ nicht als übergeordnete Bezeichnung für alle Verletzungen des geistigen Eigentums – wie etwa von Patenten – zu verstehen ist, sondern sich die Arbeit nur auf die Markenrechtsverletzung bezieht und andere gewerbliche Schutzrechte[27] ausgeklammert werden.

Ziel dieser Darstellung ist es, die Markenpiraterie aus der Perspektive eines Markeninhabers, aber auch des Verbrauchers möglichst umfassend zu untersuchen und nach effektiven Bekämpfungsmöglichkeiten zu fragen.

Um die sachlichen Unterschiede zwischen „Markenpiraterie“ einerseits und „Produktpiraterie“ andererseits – die nur am Rande Thema dieser Arbeit ist – herauszuarbeiten, wird im ***1. Kapitel*** eine Begriffsbestimmung und Abgrenzung vorgenommen und erläutert, welche Erscheinungsformen zu differenzieren sind ***(A.)***.

Ferner wird in diesem Kapitel auf die Sozialschädlichkeit im Allgemeinen eingegangen, es werden weiterhin die betroffenen Branchen, Piraterieländer und der Umfang der Markenpiraterie – insbesondere die statistische Entwicklung – behandelt ***(B.)***.Um geeignete Abwehrinstrumente ergreifen zu können, ist es nötig nach der Bedeutung und den Ursachen der Markenpiraterie zu fragen ***(C.)***. Dazu muss man auch das Täterprofil und typische Arbeitsmethoden von Markenpiraten kennenlernen ***(D.)***. Das ***2. Kapitel*** hat die geschichtliche Entwicklung des Markenrechts zum Gegenstand. Es verfolgt den Zweck, den Umfang des Markenschutzes in der Vergangenheit und in der Gegenwart aufzuzeigen.

Das ***3. Kapitel*** befasst sich mit der Markenpiraterie aus rechtlicher Sicht. Hierzu werden die einzelnen Schutzinstrumente des Markeninhabers beleuchtet wie etwa zivilrechtliche Ansprüche ***(A.)***; ferner wird auf die Voraussetzungen der Strafbarkeit der Markenpiraterie sowie auf die drohenden Strafen eingegangen ***(B.)***.

Einen Schwerpunkt der Arbeit bildet das ***4. Kapitel***, das möglichst umfassend aufzeigen soll, wie sich Markenpiraterie erfolgreich bekämpfen lässt. Dabei wird

[27] Unter den Begriff des gewerblichen Rechtsschutzes fallen diejenigen Normen, die dem Schutz des geistigen Schaffens auf gewerblichem Gebiet dienen. Dies sind das Patent-, Gebrauchsmuster-, Geschmacksmuster- und das Markenrecht. Nicht inbegriffen ist das Urheberrecht, da es sich auf kulturellem Sektor befindet. Vgl. *Götting*, S. 1-3, Rdn. 1-7.

darauf eingegangen, wie der Markeninhaber selbst tätig werden kann, beispielsweise durch das Veranlassen von Testkäufen ***(A.)***. Insbesondere wichtig für die Bekämpfung der Markenpiraterie ist das unter Punkt ***(B.)*** behandelte zollrechtliche Vorgehen, denn in der Praxis sind ganz überwiegend die Zollbehörden für Markenpiraterie zuständig. Ferner werden Möglichkeiten des Fälschungshandels über Online-Marktplätze ***(C.)*** und auf Messen ***(D.)*** betrachtet. Des Weiteren sind nationale und internationale Initiativen in diesem Bereich den Markeninhabern nützlich ***(E.)***.

Schließlich behandelt das ***5. Kapitel*** eigene Vorschläge zu Maßnahmen gegen Markenkriminalität ***(A, B, C, D)*** und endet mit einer Zusammenfassung und einem Ausblick.

1. Kapitel: Das Phänomen der Markenpiraterie

Ausführungen zum Thema „*Markenpiraterie*" setzen zunächst voraus, dass man diesen Begriff definiert und erläutert, um sodann bestimmen zu können, welche auf Marken bezogenen kriminellen Verhaltensweisen überhaupt unter diesen Begriff fallen und welche nicht. In diesem Zusammenhang ist das Verhältnis zum Begriff „*Produktpiraterie*" zu klären, der für das Fälschen von Markenwaren ebenfalls verwendet wird ***(A., I., II., IV.)***. Auf dieser Grundlage werden dann in Abschnitt ***(B.)*** durch Markenpiraterie schwerpunktmäßig betroffene Branchen und Markenwaren, die „Piraterieländer" bzw. Herkunftsländer der Fälschungen und statistische Schätzwerte z. B. des Zolls betrachtet. Die Bedeutung der Markenpiraterie für Markeninhaber, Konsumenten und auch für die Volkswirtschaft insgesamt, ebenso wie die möglichen Ursachen sind Gegenstand von Punkt ***(C.)***. Schließlich soll ein Überblick über einige typische Arbeitsmethoden von Markenpiraten vermittelt werden ***(D.)***.

A. Begriff der Markenpiraterie einerseits und der Produktpiraterie andererseits

In der rechts- und wirtschaftswissenschaftlichen Literatur werden die Begriffe „Markenpiraterie" und „Produktpiraterie" [28] verwendet, um das Nachahmen von Markenwaren zu umschreiben, allerdings oftmals ohne jegliche Abgrenzung.[29] Dies hat unter anderem den Grund, dass mit der unerlaubten Verwendung eines geschützten Markenzeichens häufig die Nachahmung des Markenproduktes einhergeht. Eine Legaldefinition fehlt zu Recht, weil es sich hierbei nicht um juristische Grundbegriffe handelt. Vielmehr werden durch die Worte Marken- bzw. Produktpiraterie nur kriminelle Erscheinungsformen im Zusammenhang mit dem Umsatz von Waren beschrieben.

In der Literatur finden sich Definitionen, die zwar in Details voneinander abweichen, die aber durchweg die nachfolgend dargestellten Merkmale enthalten. Dementsprechend versteht man unter „*Marken- und Produktpiraterie*" Geschäfte mit

[28] Bei der „Marken- und Produktpiraterie" handelt es sich um Begriffe, die verwendet werden, um eine Reihe illegaler Aktivitäten zu beschreiben, die mit IP-Verletzungen im Zusammenhang stehen. Vgl. *OECD*, S. 21.

[29] Vgl. *Bachmann*, S. 6.

nachgeahmten Waren, die ein Recht des geistigen Eigentums verletzen. Hierzu gehören vor allem Marken- und Patentrechte, Geschmacksmuster, Gebrauchsmuster, Urheberrechte und verwandte Schutzrechte des gewerblichen Rechtsschutzes.[30] Ferner gibt es neben den Begriffen Markenpiraterie und Produktpiraterie auf nationaler und internationaler Ebene unterschiedliche verwandte Bezeichnungen, wobei auch hier keine einheitlichen Definitionen vorherrschen. Eine kritische Auseinandersetzung mit dem Begriffspaar Marken- und Produktpiraterie folgt unter ***IV.*** Entsprechend des Themas dieser Arbeit soll zunächst unter ***I.*** der Begriff Markenpiraterie definiert und ein Überblick über Erscheinungsformen, Täter und Ursachen in der Praxis gegeben werden.

I. Markenpiraterie

Der Begriff „**Markenpiraterie**" ist der ältere Ausdruck des Begriffspaars „*Marken- und Produktpiraterie*", der Ende der siebziger Jahre entstand.[31] Damals wurden vor allem Warenzeichen[32] nachgeahmt. Später[33] kamen auch Produktnachahmungen z. B. von elektronischen Geräten hinzu,[34] die man in der Rechtspraxis als "*Produktpiraterie*" bezeichnete. Nach der meines Erachtens zutreffenden Definition des deutschen Zolls ist Markenpiraterie ***„das illegale Verwenden von Zeichen, Namen, Logos (Marken) und geschäftlichen Bezeichnungen, die von Markenherstellern zur Kennzeichnung ihrer Produkte im Handel eingesetzt werden"***.[35] Richtigerweise erfasst diese Definition Produktpirateriefälle ohne Verletzung des Markenrechts nicht. Ein Beispiel hierfür ist, dass ein Unternehmen in China namens „*CMEC*" aus Suzhou den Pkw „*Smart*" nachgebaut und unter seiner eigenen Marke herausgebracht hat.[36]

Allerdings wird die folgende Darstellung zeigen, dass „*Markenpiraten*" nicht nur die Marke eines anderen, sondern gerade auch dessen Produkte nachahmen, wie beispielsweise edle „*Louis Vuitton*" Handtaschen einschließlich der besonderen „*LV*" Applikation. Denn gerade aus dem überteuerten Verkauf eines kopierten Markenprodukts ziehen die Täter ihren Gewinn.

---

[30] http://www.markenverband.de/publikationen/studien/Studie%20von%20ErnstYoung%20Piraten%20des%2021.%20Jahrhunderts.pdf, besucht am 04.08.10.
[31] Vgl. *Gaul,* S. 42.
[32] Die heutigen „*Marken*", vgl. § 1 Nr. 1 MarkenG.
[33] Mitte der achtziger Jahre kam der Begriff „Produktpiraterie" hinzu. Vgl. *Gaul*, S. 43.
[34] Vgl. *Burkart*, S. 18.
[35] http://www.zoll.de/b0_zoll_und_steuern/d0_verbote_und_beschraenkungen/f0_gew_rechtsschutz/a0_marken_piraterie/index.html, besucht am 05.08.10.
[36] http://www.spiegel.de/wirtschaft/0,1518,442191,00.html, besucht am 08.08.10.

1. Formen der Markenpiraterie aufgrund der Art der Fälschung

Nach der Art der Fälschung unterscheidet *Schmidl*[37] – teilweise mit anderen Bezeichnungen – folgende drei Gruppen: Die Totalfälschung ***(a.)***, die Fälschung der Ware unter Verwendung eines leicht abgewandelten Markennamens ***(b.)*** und die Fälschung eines Produkts, das mit einem völlig anderen Markennamen versehen wird ***(c.)***.[38] Darüber hinaus unterscheidet *Schuhmacher*[39] – auch mit teilweise anderen Bezeichnungen, als die hier verwendeten – zutreffend als weitere Formen: Die Fälschung unter Benutzung kombinierter Marken ***(d.)***, das Anbringen von Markenzeichen auf Waren, die der Hersteller nicht vertreibt ***(e.)*** und die spezielle Form der „Blockademarken" bzw. „Hinterhaltsmarken" ***(f.)***. Diese unterschiedlichen Fälschungsformen sollen zeigen, wie eine Marke widerrechtlich durch Dritte benutzt werden kann. Im Vordergrund dieser Arbeit wird die „Totalfälschung" stehen, da es sich hierbei um die klassische Form[40] der Markenpiraterie handelt.

a) Totalfälschung

Bei der mit Abstand am häufigsten vorkommenden klassischen Form der Markenpiraterie, der sog. ***„Totalfälschung"***[41] oder ***„Identfälschung"***,[42] versuchen die Markenpiraten optisch so nahe wie möglich an das nachgeahmte Markenoriginal heranzukommen, um den Verbrauchern vorzutäuschen, dass es sich tatsächlich um das Markenprodukt handele.[43] Ein Grund, weshalb die Totalfälschung den Schwerpunkt der Markenpiraterie darstellt ist, dass die identische Kopie einer Marke einschließlich des Produkts die Erkennbarkeit der Fälschung erheblich erschwert, wodurch auch die Aufdeckung und Verfolgung durch Markeninhaber und Behörden schwieriger wird.[44] Die Markenpiraten nutzen hier die sog. Vertrauensfunktion der Originalmarke sowie den guten Ruf des Markeninhabers, welche bei Verbrauchern

---

[37] *Schmidl* unterscheidet folgende Erscheinungsformen: Identfälschung, Fälschung durch einen leicht abgewandelten Namen bei gleicher Ausstattung und Form sowie die Fälschung durch einen völlig anderen Namen, aber mit identischem Erscheinungsbild. Vgl. *Schmidl*, S. 39.

[38] Vgl. *Schmidl*, S. 38-39.

[39] *Schuhmacher* unterscheidet als weitere Erscheinungsformen der Markenpiraterie: Hybridverletzungen bzw. Hybridzeichen, Diversifikation sowie Hinterhaltsmarken. Vgl. *Schuhmacher*, S. 49-51.

[40] Die Totalfälschung wird auch als *„echte Markenpiraterie"* bezeichnet. Vgl. *Marx*, S. 4, Rdn. 12.

[41] Vgl. *Braun*, S. 18.

[42] Die Erscheinungsform wird auch als *„Doppelidentität"*, *„Doppelverstoß"* sowie *„Doppelfäl schung"* bezeichnet. Vgl. *Schuhmacher*, S. 22-23.

[43] Vgl. *Schmidl*, S. 39.

[44] Vgl. *Braun*, S. 19.

die Erwartung bestimmter Eigenschaften und Qualitäten hervorruft.[45] Die Eins-zu-eins Kopie unterliegt § 14 Abs. 2 Nr. 1 MarkenG.[46] Danach ist es untersagt, identische Zeichen für identische Waren zu benutzen.

Qualitativ hochwertige Totalfälschungen enthalten für den Markeninhaber in Form von Umsatzeinbußen ein relativ großes Schadenspotenzial,[47] weil die Nachahmung dem Konsumenten den gleichen Nutzen bringt, aber meist zu einem geringeren Preis. Viele in China hergestellte, gefälschte Markenwaren sind bezüglich der Optik und Funktionalität als qualitativ hochwertig zu bezeichnen, so etwa gefälschte Kleidung oder Handtaschen.[48]

Demgegenüber sind qualitativ geringwertige Totalfälschungen nicht nur für Markeninhaber, sondern auch für Verbraucher von erheblichem Nachteil, denn diese erwerben eine Ware von minderer Qualität zu einem überhöhten Preis, in der Annahme, es handele sich um das originale Markenprodukt. Dabei wird zunächst der wirkliche Markeninhaber für die Mängel an der Ware verantwortlich gemacht, obwohl er es nicht ist. Wird der Konsument beim Gebrauch gefälschter Ware verletzt, können zwar auf den Markeninhaber hohe Schadenersatzanforderungen zukommen,[49] die aber scheitern, wenn sich herausstellt, dass das Produkt gar nicht von ihm stammt. Im Falle einer Klage muss dann der Kunde als unterliegende Partei noch die Prozesskosten tragen.

Ein Beispiel für eine Totalfälschung ist das Mobiltelefon „*Apple-iPhone*“. Dieses wurde komplett nachgeahmt, indem die äußere Aufmachung kopiert und das Gerät mit der Marke „*iPhone*“ „veredelt“ wurde. Während das originale „*Apple*“ Mobiltelefon mehrere Hundert Euro kostet, wurde die Fälschung für 88 Euro über den Online-Marktplatz „*eBay*“ gehandelt.[50]

Beispielsweise wurden auch identische Kopien von „*Nivea*“ Produkten wie etwa von „*Nivea*“ Milk-Flaschen und Cremes in Thailand vorgefunden.[51] Dabei konnte kein wesentlicher Unterschied zu Originalprodukten festgestellt werden, da sie mit

---

[45] Auszug aus dem Forschungsbericht, TCW, Plagiatsschutz, S. 21, http://www.produktionsforschung.de/ucm/groups/contribution/@pft/documents/native/ucm01_000318.pdf, besucht am 08.08.10.
[46] Vgl. *Fezer*, § 14, Rdn. 74.
[47] Vgl. Auszug aus dem Forschungsbericht, TCW, Plagiatsschutz , S. 21-23, http://www.produktionsforschung.de/ucm/groups/contribution/@pft/documents/native/ucm01_000318.pdf, besucht am 08.08.10.
[48] Vgl. *Fuchs*, S. 31.
[49] Vgl. *Fuchs*, S. 30-31.
[50] http://www.tomshardware.de/fotoreportage/53-3-iPhone-Plagiate-H302.html, besucht am 18.08.10.
[51] Vgl. *Schmidl*, S. 39 und S. 224-226.

dem Original fast identisch waren und folglich auch für das Originalprodukt gehalten wurden. Gegenwärtig werden oftmals Bekleidungsstücke der Marke „*Ed Hardy*“[52] und Freizeitschuhe der Marke „*Converse All Star*“ originalgetreu nachgeahmt.[53] Auch werden Parfüms der Marke „*Davidoff Cool Water*“ oder „*Chanel*“[54] originalgetreu kopiert und über Online-Marktplätze vertrieben.

Die nachfolgenden Abbildungen veranschaulichen wie geschickt Markenpiraten ein Markenprodukt bis ins kleinste Detail kopieren.

Abbildung 1: „*Wellaton*“ der Wella AG[55]

Original **Fälschung**

Abbildung 2: „*Creme 21*“: Original und Fälschungsvarianten[56]

[52] http://blog.moda24.de/wissenswertes/ed-hardy-leider-immer-oefters-gefaelscht, besucht am 18.08.10.
[53] Vgl. LG Hamburg, Urt. v. 19.05.2009 – 312 O 243/09, abrufbar unter: http://openjur.de/u/32055.html, besucht am 09.10.10.
[54] http://www.spiegel.de/wirtschaft/0,1518,514334,00.html, besucht am 18.08.10.
[55] Quelle: Broschüre Markenverband „Produkt- und Markenpiraterie geht uns alle an“, 2. Auflage 2007.
[56] Quelle: *Jäcker*, S. 19.

In dieser Arbeit soll für Totalfälschungen, als klassischer Form der Markenfälschung, der Begriff „*Markenpiraterie im engeren Sinne*“ verwendet werden. Alle weiteren unter **b.)** bis **f.)** dargestellten Erscheinungsformen fallen unter den Begriff der „*Markenpiraterie im weiteren Sinne*“.

b) Fälschung unter Verwendung eines leicht abgewandelten Markennamens

Eine weitere Form von Markenpiraterie ist eine leichte Abwandlung der Marke bei gleicher Aufmachung des Produkts. Der Markenpirat gestaltet sein „Markenprodukt“ in der Weise, dass es dem Original ähnelt und die gleichen Assoziationen beim Konsumenten hervorruft. Die leichte Änderung des Markennamens bezweckt, dass zumindest keine offensichtliche Markenrechtsverletzung[57] vorliegt, sodass der Markeninhaber mit einem möglichen Prozess ein gewisses Risiko eingeht.[58] Warenkopien mit abgewandelten Marken können von hoher oder auch von geringer Qualität sein.[59] Dass die in einem solchen Fall nach § 14 Abs. 2 Nr. 2 MarkenG bestehende Verwechslungsgefahr die Marke schädigen kann, hat beispielsweise die Deutsche Telekom erfahren müssen.

So wurden Telefone der Deutschen Telekom mit einer ähnlichen Marke kopiert, die der Telekom Sinus-Serie ähnelten. Aufgrund von Qualitätsmängeln waren Kunden mit der Deutschen Telekom unzufrieden, obwohl das Unternehmen diese Waren gar nicht produziert hatte.[60]

Beispiele für Piraterie durch abgewandelte Marken sind ferner „*Hand plaster*“ statt „*Hansaplast*“[61], „*Catier*“ anstelle von „*Cartier*“[62] oder „*Nineva*“ statt „*Nivea*“[63] sowie „*Livea*[64] Skin Lotion“ anstelle von „*Nivea* Skin Lotion“. Bei den genannten Fällen wurden alle Ausstattungselemente und Formen des Originalproduktes übernommen, lediglich der Markenname wurde so verändert, dass ein Verbraucher schon etwas genauer hinsehen muss, um dies zu erkennen.

---

[57] Vgl. *Kroboth*, S. 9.
[58] Vgl. *Schmidl*, S. 39.
[59] Vgl. *Fuchs*, S. 31.
[60] Vgl. Auszug aus dem Forschungsbericht, TCW, Plagiatsschutz, S. 21-22, http://www.produktionsforschung.de/ucm/groups/contribution/@pft/documents/native/ucm01_000318.pdf, besucht am 08.08.10.
[61] Vgl. *Schmidl*, S. 226.
[62] Vgl. *Schuhmacher*, S. 49.
[63] Vgl. *Schmidl*, S. 226.
[64] Vgl. *Selzer*, S. 48, *Schmidl*, S. 226.

Weitere Beispiele sind: „*Buckstar Coffee*“ statt „*Starbucks Coffee*“[65] oder „*Adidos*“[66] anstelle der Originalmarke „*Adidas*“[67] sowie „*Bolex*“, „*Rulex*“ statt der edlen Markenuhr „*Rolex*“.[68]

Die Produktkopie unter geringfügig abgewandelter Marke wird auch als moderne Markenpiraterie bezeichnet. Der Konsument entscheidet sich hierbei meist bewusst für die gefälschte Ware,[69] weil er nicht einsieht, weshalb er einen hohen Preis für die originale Markenware bezahlen soll, bei beinahe gleicher Funktionalität und gleichem Design.[70] Zum Beispiel wurde auch die Produktpalette des Marken-Joghurtherstellers „*Danone*“ mit einem ähnlichen Namen, Logo und Verpackung durch einen anderen Joghurthersteller unter dem Namen „*Danan*“ in China kopiert.[71]

Nachstehende Abbildungen zeigen die Ähnlichkeit zwischen Fälschungen und Originalen der Kaffeehauskette „*Starbucks Coffee*“ sowie des Markenherstellers „*Adidas*“.

Abbildung 3: Nachahmung der Marke „*Starbucks Coffee*“[72]

Original **Fälschung**

[65] Vgl. 3. Abbildung zur Fälschung „*Buckstar Coffee*“.
[66] Vgl. 4. Abbildung zur Fälschung „*Adidos*“.
[67] http://www.ethos-wirtschaft.de/downloads/pdf/_Baustein_ProduktundMarkenpiraterie.pdf, besucht am 05.08.10.
[68] Weitere Beispiele: „*Adibas*“, „*Braon*“, „*Pizza Huh*“.
[69] Vgl. *Kroboth*, S. 7.
[70] Vgl. *Fuchs*, S. 31, *Kroboth*, S. 7.
[71] Auszug aus dem Forschungsbericht, TCW, Plagiatschutz, S. 22, http://www.produktionsforschung.de/ucm/groups/contribution/@pft/documents/native/ucm01_000318.pdf, besucht am 08.08.10.
[72] Quelle: http://sacramentoscoop.com/wp-content/uploads/2009/02/starbucks-coffee2.jpg, http://www.easycheck.net/sites/default/files/imagecache/imagecache_xck_400x300_xck/business/9340/images/review/9341/starbucks-logo-kopie.jpg.

Abbildung 4: Fälschung der Marke „*Adidas*"[73]

Original **Fälschung**

c) Fälschung unter Verwendung einer völlig anderen Marke

Eine weitere Erscheinungsform der Markenpiraterie sind Fälschungen unter Verwendung eines gänzlich anderen Markennamens, allerdings bei identischem Erscheinungsbild von Marke und Produkt.[74] Unter diese Kategorie fallen „*Toptil*" als Nachahmung von „*Persil*", „*Coma*" anstelle der Originalmarke „*Puma*" und die Nachahmung der „*Faber Castell*" Aufmachung von Farbstiften mit der Marke „*Little President*".[75] Weiterhin wird oftmals die Aufmachung von „*tesa-moll*" für Klebestreifen durch „*save moll*"[76] kopiert. Auch hierbei soll wie bei der zweiten Erscheinungsform unter Punkt b.), keine eindeutige Rechtsverletzung zutage treten, wobei untenstehende Abbildungen aufzeigen, dass die Fälschungen die gleichen Assoziationen hervorrufen wie das Original. Insbesondere in Ländern des Nahen Ostens[77] sind äußere Gestaltungen einer Ware oder ihrer Verpackung lediglich eingeschränkt oder zumindest nicht als Marke schutzfähig,[78] was dazu führen kann, dass unter Umständen Abwandlungen des Originals eher zulässig sind.

---

[73] Quelle: http://compraestranha.com/wp2/wp-content/uploads/2010/09/adidos.jpg, http://www.designtagebuch.de/wp-content/uploads/mediathek//2014/02/adidas-performance-logo.png.
[74] Vgl. *Schmidl*, S. 39.
[75] Vgl. *Welser/González*, S. 25, Rdn. 10.
[76] Vgl. *Selzer*, S. 48, *Schmidl*, S. 227.
[77] Wie z. B. Thailand und Saudi-Arabien, Vgl. *Schmidl*, S. 39.
[78] Vgl. *Schmidl*, S. 39.

Nachfolgende Abbildungen veranschaulichen die Ähnlichkeit der Aufmachungen.

Abbildung 5: Fälschung der Marke „*Puma*“[79]

Original **Fälschung**

Abbildung 6: Kopie der Aufmachung eines Produkts[80]

Original **Fälschung**

d) Fälschung durch Verwenden kombinierter Markennamen

Des Weiteren entwickeln Täter sog. kombinierte Marken, die auch als „*Hybridzeichen*“ bezeichnet werden.[81] Exemplarisch kann hierbei die durch Markenpiraten kreierte „Marke“ „*United Colors of Boss*“ angeführt werden.[82] Dabei verwenden die Täter oft mehrere populäre Marken, die sie beliebig zu einer eigenen Marke zusammensetzen, indem sie zum Beispiel die originalen Marken „*United Colors of*

[79] Quelle: http://www.teefunky.com/uploads/1/2/6/1/12612284/5296760_orig.jpg, http://bestboyz.de/wp-content/uploads/2010/02/800px-Puma_Logo.svg_.png.
[80] Quelle: *Welser/González*, S. 25, Rdn. 10.
[81] Vgl. *Schuhmacher*, S. 49-50.
[82] Vgl. *Schuhmacher*, S. 50.

Benetton" und „*Hugo Boss*" als eine „eigene" Marke zusammenfügen[83] und gebrauchen. Da die kombinierte Marke der originalen Marke ähnelt bzw. sogar mit dieser identisch ist, wird sie von Markenpiraten stets für ähnliche oder identische Waren verwendet.[84] Zollbehörden haben beispielsweise Sportschuhfälschungen vorgefunden, bei denen auf jedem Schuh sowohl die Marke von „*Adidas*" als auch die von „*Puma*" nebeneinander angebracht war.[85] Diese Form von Markenpiraterie fällt unter § 14 Abs. 2 Nr. 2 MarkenG, der die Marke vor einer Verwechslungsgefahr schützen soll.[86]

e) Anbringen von Marken auf Waren, die der Markeninhaber nicht vertreibt

Zur Markenpiraterie im weiteren Sinne gehören auch solche Fälle, in denen eine Marke nicht für gleichartige Waren verwendet wird, sondern für andere Produktgruppen, wobei der Markeninhaber diesen Produktbereich noch gar nicht erschlossen hat.[87] Dabei wird nur das Markenzeichen kopiert und für eigene Produkte des Markenpiraten verwendet, mit dem Ziel, das Image einer bekannten Marke auf die eigenen Waren zu übertragen;[88] auch dadurch wird die Marke in ihrem Kern verletzt.[89]

Beispielsweise wurde die Marke „*Cartier*", die gewöhnlich exklusiven Schmuck ziert, für Gartenmöbel und Radiergummis verwendet.[90] Ein solcher Fall liegt auch vor, wenn das bekannte „*Lacoste*-Krokodil", das gewöhnlich auf Polo-Shirts zu finden ist, auf Tischdecken angebracht wird[91] oder die Marke „*Nike*" des bekannten Sportartikelherstellers auf Kaffeetassen verwendet wird.[92] Ferner wurden Rucksäcke in China vertrieben, welche die Marke „*Zwilling „J. A. Henckels* AG" trugen.[93] Dabei stellt die „*Zwilling J. A. Henckels* AG" keine Rucksäcke her,[94] sondern beispielsweise Küchenhelfer und Bestecke.

Diese Konstellation lässt sich § 14 Abs. 2 Nr. 3 MarkenG zuordnen,[95] der es verbietet, die Wertschätzung einer bekannten Marke durch unrechtmäßige Benutzung auszunutzen und zu beeinträchtigen.

---

[83] Vgl. *Schuhmacher*, S. 50.
[84] Vgl. *Schuhmacher*, S. 50.
[85] Vgl. *Welser/González*, S. 64, Rdn. 65.
[86] Vgl. *Schuhmacher*, S. 50, *Welser/González,* S. 92-93, Rdn. 116-118.
[87] Vgl. *Schuhmacher*, S. 50.
[88] Vgl. *Kroboth*, S. 9.
[89] Vgl. *Schuhmacher*, S. 50.
[90] Vgl. *Schuhmacher*, S. 50.
[91] www.markenlexikon.com/glossar_m.html, besucht am 14.12.12.
[92] Vgl. *Kroboth*, S. 9.
[93] Vgl. *Welser/González*, S. 94, Rdn. 118.
[94] Vgl. *Welser/González*, S. 94, Rdn. 118.
[95] Vgl. *Schuhmacher*, S. 50, *Welser/González,* S. 93-94, Rdn. 118.

f) Blockademarken

Eine weitere spezielle Form von Markenpiraterie sind die sog. *„Blockademarken"*, wobei das OLG Frankfurt auch von *„Hinterhaltsmarken"* [96] spricht. Hier versucht der Markenpirat, im internationalen Markenschutzprogramm bestehende Schutzlücken, zum Nachteil des tatsächlichen Markeninhabers auszunutzen.[97] Hat er Mängel des Schutzes einer bestimmten Marke entdeckt, erwirbt er im eigenen Namen in mehreren Ländern massenhaft formelle Registerrechte. Damit blockiert er die fremde Marke und nutzt dies aus, um sie sodann dem originalen Markenhersteller zum Verkauf oder zur Lizenzierung zu einem hohen Preis anzubieten.[98] Viele Markeninhaber sehen sich dazu gezwungen, ihre Marke durch ein „Lösegeld" freizukaufen. Diese Vorgehensweise von Markenpiraten muss nicht unbedingt auf identische oder gleichartige Waren gerichtet sein, sondern kann auch anderweitige, noch nicht erschlossene Bereiche des Markeninhabers beinhalten.[99] Die Erscheinungsform der *„Blockademarke"* unterscheidet sich von den anderen Erscheinungsformen der Markenpiraterie im weiteren Sinne dadurch, dass sie keine Rechtsverletzung i. S. des § 14 Abs. 2 MarkenG darstellt. Der Markenpirat wird nämlich hier aufgrund des formal ordnungsgemäß durchlaufenen Verfahrens rechtmäßiger Markeninhaber.[100]

2. Unterscheidung nach der technischen Schwierigkeit der Fälschung

Hinsichtlich der technischen Schwierigkeiten von Fälschungen unterscheidet das *„Counterfeiting Intelligence Bureau"* der Internationalen Handelskammer bei der Marken- und Produktpiraterie zwischen dem sog. *„Low- und High-Tech-Counterfeiting"*. Bei den einfach herzustellenden Fälschungen – den *„Low-Tech-Counterfeiting"*[101] – erfordern die angewandten Herstellungsverfahren zumeist lediglich ein begrenztes Know-how.[102] Dazu gehören Produkte aus der Massenproduktion, wie etwa T-Shirts, Taschen[103] oder Sonnenbrillen. Beispielsweise wird ein „Billig-Shirt" mit einem bekannten Markenlabel wie *„Lacoste"* oder *„Adidas"* versehen, oder ein kopiertes Software-Programm als *„Microsoft"*-Produkt markiert.[104]

---

[96] Vgl. BGH GRUR 2001, 243, 244 „Classe E"; OLG Frankfurt MA 1998, 42, 44 – „Classe E"; zitiert nach *Schuhmacher*, S. 51.
[97] Vgl. *Harte-Bavendamm*, § 1, Rdn. 22.
[98] Vgl. *Schuhmacher*, S. 51.
[99] Vgl. *Harte-Bavendamm*, § 1, Rdn. 22.
[100] Vgl. *Schuhmacher*, S. 52.
[101] Vgl. *Gedert*, S. 26.
[102] Vgl. *Gedert*, S. 26.
[103] Vgl. *Kroboth*, S. 8.
[104] Vgl. *Selzer*, S. 47.

Demgegenüber werden unter *„High-Tech-Counterfeiting"* komplexer durchzuführende Fälschungen verstanden. Dies sind etwa Nachahmungen, die besondere Spezialkenntnisse und Betriebsmittel voraussetzen, wie etwa das Nachahmen von Halbleitererzeugnissen, Echtheitshologrammen[105] oder die exakte chemische Rekonstruktion einer pharmazeutischen Substanz z. B. von Arzneimitteln.[106] Auch wenn diese Fälschungen einen erheblichen technischen Aufwand erfordern, ist es heutzutage für Markenpiraten aufgrund der fortschreitenden Technik unproblematischer geworden, diese Markenwaren zu kopieren.

II. Produktpiraterie

Der Begriff der „**Produktpiraterie**" wird aus gutem Grund im *„Gesetz zur Stärkung des Schutzes des geistigen Eigentums und zur Bekämpfung der Produktpiraterie"*, dem sog. *„Produktpirateriegesetz"* (PrPG)[107] vom 7. März 1990, nicht definiert. Der Gesetzgeber begründete dies zutreffend damit, dass es sich mit den im ständigen Wandel auftretenden Erscheinungsformen des Phänomens[108] nicht vereinbaren lasse, eine einheitliche Definition für alle möglichen Formen der Piraterie gesetzlich festzuschreiben.[109] Laut der Gesetzesbegründung zum PrPG[110] wird unter Produktpiraterie ***„die planmäßig, gezielte und massenhaft begangene Schutzrechtsverletzung"*** verstanden. Ferner wird in der Gesetzesbegründung vom ***„gezielten und professionellen Nachahmen großen Stils"*** gesprochen.[111] Dabei wird darauf verwiesen, dass es sich bei der Produktpiraterie nicht um *„herkömmliche"* Schutzrechtsverletzungen handele, sondern gerade um solche, die sich durch einen besonders großen Unrechtsgehalt und hohen Schaden auszeichnen.[112] Allerdings wird im Produktpirateriegesetz keine Unterscheidung zwischen den Begriffen der Markenpiraterie und Produktpiraterie gemacht, sondern es wird die Markenpiraterie als Teilaspekt der Produktpiraterie betrachtet und der Begriff der Produktpiraterie in diesem Zusammenhang als Oberbegriff für diese Arten von Schutzrechtsverletzungen verstanden.

---

105 Vgl. *Kroboth*, S. 8.
106 Vgl. *Gedert*, S. 26-27.
107 BGBl. I S. 422.
108 Vgl. *Maske*, S. 60.
109 Vgl. *Burkart*, S. 21.
110 Vgl. Begründung zum PrPG, BT-Drucks. 11/4792, S. 15.
111 Vgl. Begründung zum PrPG, BT-Drucks. 11/4792, S. 16.
112 Vgl. Begründung zum PrPG, BT-Drucks. 11/4792, S. 17.

Demgegenüber hat der deutsche Zoll eine Definition der Produktpiraterie erarbeitet, die auch unterschiedliche Organisationen verwenden, wie z. B. der Aktionskreis gegen Produkt- und Markenpiraterie (APM): ***„Produktpiraterie ist das verbotene Nachahmen und Vervielfältigen von Waren, für die die rechtmäßigen Hersteller Erfindungsrechte, Designrechte und Verfahrensrechte besitzen.“***[113] Diese Definition klammert das Markenrecht aus, sodass als Produktpiraterie hauptsächlich Rechtsverletzungen auf urheber- und geschmacksmusterrechtlichem Gebiet angesehen werden, sowie Verletzungen technischer Schutzrechte, wie etwa des Patentgesetzes.[114]

Nach Auffassung mancher Autoren wird dagegen Produktpiraterie als Oberbegriff verwendet. Danach ist Markenpiraterie eine Unterkategorie der Produktpiraterie.[115] Produktpiraterie wird gerade deshalb oftmals als Oberbegriff verwendet, weil in der Praxis durch Produktkopien mehrere Schutzrechte tangiert werden können. So kann zum Beispiel bei einer unberechtigten Vervielfältigung eines Computerprogramms, neben der Verletzung von urheberrechtlichen Vervielfältigungs- und Verbreitungsrechten (§§ 16, 17 UrhG), auch eine Verletzung des Markenrechts vorliegen,[116] wenn beispielsweise die Verpackung des Datenträgers mit der Marke des Anbieters versehen wird.

Demgegenüber stellen andere Autoren wie *Schmidl* gar infrage, ob es notwendig ist, die Marken- von der Produktpiraterie abzugrenzen.[117]

Meines Erachtens ist eine Begriffsabgrenzung deshalb erforderlich, um zum einen Begriffsverwirrungen und Missverständnisse zu vermeiden und zum anderen vorsätzliche Markenrechtsverletzungen praktikabler von anderen Rechtsverletzungen, die nicht in diesen Bereich fallen, abzugrenzen. Zur eindeutigen Abgrenzung von der Markenpiraterie sollte m. E. Produktpiraterie im ursprünglichen, engen Sinne als „Nachahmung ohne Bezug zur Marke“ definiert werden. Hierbei wird allein das Produkt nicht jedoch die Marke kopiert. Die Produktnachahmungen werden unter anderem Produktnamen und einem anderen Produktlogo vertrieben. Ein Beispiel hierfür ist ein Salz- und Pfefferstreuer des Unternehmens „*Koziol*“, der vom italienischen Unternehmen „*Due Esse*“ nachgeahmt und unter dessen Namen vertrieben wurde.[118] Hierhin gehört auch das bereits genannte Beispiel der Kopie

[113] http://www.zoll.de/b0_zoll_und_steuern/d0_verbote_und_beschraenkungen/f0_gew_rechtsschutz/a0_marken_piraterie/index.html, besucht am 18.08.10.
[114] Vgl. *Scherbauer*, S. 32, *Harte-Bavendamm*, § 1, Rdn. 40.
[115] Vgl. *Burkart*, S. 22.
[116] Vgl. *Hintze*, S. 21.
[117] Vgl. *Schmidl*, S. 58.
[118] http://www.ethos-wirtschaft.de/downloads/pdf/_Baustein_ProduktundMarkenpiraterie.pdf, besucht am 10.08.10.

des Kleinwagens *„Smart“* durch das Unternehmen *„CMEC“* aus Suzhou in China unter eigener Marke. In diesem Fall liegt eine Designverletzung vor.[119]

Zutreffend drückt bereits der Begriff der „Piraterie“ aus, dass es hier um Schutzrechtsverletzungen mit besonders hohem Unrechtsgehalt geht. Ferner deutet der Begriff auf ein vorsätzliches Handeln hin. So beinhaltete schon zur damaligen Zeit die Absicht von Piraten ein Schiff zu kapern, den Vorsatz, sich die dort aufgefundenen „Reichtümer“ zu Eigen zu machen. Dieses Bild lässt sich auf die heutige Marktwirtschaft transferieren, allerdings mit dem Unterschied, dass der Produkt- und der Markenpirat in das immaterielle Gut des geistigen Eigentums eingreift. Die Absicht zu kopieren, ist folglich ein wesentliches Element sowohl bei Marken- als auch bei Produktpiraterie.[120]

III. Verwandte Begriffe

In der Fälschungsthematik verwirren ferner verwandte Begriffe. Zum einen werden die aus dem angelsächsischen stammenden Begriffe wie *„Counterfeiting“* und *„Piracy“* synonym mit den Begriffen der „Marken- und Produktpiraterie“ gleichgesetzt. Zwar ähneln die Begriffe *„Counterfeiting“* und *„Piracy“* dem deutschen Begriffspaar „Marken- und Produktpiraterie“. Dennoch können sie allerdings nicht ohne Vorbehalt als Synonyme benutzt werden, weil sowohl im deutschen als auch im englischen Recht keine genaue Inhaltsabgrenzung vorgenommen wird. Folglich besteht eine einheitliche Verwendung und ein einheitliches Verständnis der Begriffe weder auf internationaler noch deutscher bzw. europäischer Ebene.[121]

Auch können sich die angelsächsischen Bezeichnungen von Land zu Land unterscheiden. Beispielsweise versteht das US-amerikanische *“Lanham Act”* in Title 15, U. S. C., § 1127 unter „counterfeit“*„a counterfeit is a spurious mark which is identical with or substantially indistinguishable from a registered mark*”. Damit bezieht sich die Bezeichnung lediglich auf Marken, die mit der registrierten Marke identisch sind oder nur unwesentlich abweichen. Laut der Organisation für wirtschaftliche Zusammenarbeit und Entwicklung (OECD) wird allgemein unter *„Counterfeiting“* die Verletzung des geistigen Eigentums verstanden,[122] sodass der Begriff sehr weit gefasst wird.

---

[119] http://www.spiegel.de/wirtschaft/0,1518,442191,00.html, besucht am 10.08.10.
[120] Vgl. *Guhn*, S. 7.
[121] Vgl. *Harte-Bavendamm,* § 1, Rdn. 38.
[122] http://www.oecd.org/dataoecd/11/11/2090589.pdf, besucht am 15.08.10.

In Frankreich wird die Bezeichnung *„contrafacon“* verwendet. Jedoch steht dieser Begriff für jede Nachahmung, die gegen die immaterialgüterrechtlichen Normen verstößt,[123] sodass sich dieser Begriff nicht eindeutig auf Markenpiraterie bezieht.

Ferner gibt es noch weitere mit der Produktpiraterie verwandte Begriffe, so beispielsweise die sog. *„Dienstleistungspiraterie“* bzw. die *„Konzeptpiraterie“*. Darunter fällt etwa die Ausnutzung von Prozessen, die Hersteller oder Dienstleister entwickelt haben, beispielsweise von Rundfunk- und Informationsdiensten entwickelte Konzepte. Auch die Übernahme eines Konzepts einer Fastfoodkette ist ein Fall von Konzeptpiraterie. [124] Beispielsweise werden insbesondere in Asien westliche Erfolgsmodelle, wie die Kaffeehauskette *„Starbucks“* oder die Fastfoodkette *„McDonalds´s“*, nachgeahmt.[125]

IV. Kritik am Begriffspaar „Marken- und Produktpiraterie“

Meines Erachtens ist es kritisch zu betrachten, wenn Autoren unter das Begriffspaar „Marken- und Produktpiraterie“ alle potenziellen Verletzungen und Erscheinungsformen des geistigen Eigentums subsumieren. Dies führt zu den bis heute aufrechterhaltenen Begriffsverwirrungen, sodass nicht genau gesagt werden kann, welche Sachverhalte unter den Begriff der Markenpiraterie einerseits und der Produktpiraterie andererseits fallen, sowie welche Formen nicht mehr dazu gehören. Demgegenüber vereinfacht eine genaue Definition die Rechtsfindung und beugt ebenso Missverständnissen vor.[126]

Gegen den Begriff der *„Markenpiraterie“* lässt sich anführen, dass er den Eindruck erzeugt, lediglich die Marke nicht aber das Produkt würde nachgeahmt. Denn gerade die Totalfälschung, als typischer Fall von Markenpiraterie, besteht in einer Marken- und Warenfälschung. Eine Möglichkeit wäre es deshalb von *„Markenwarenpiraterie“*[127] zu sprechen. Eine Alternative dazu könnten m. E. die Bezeichnungen *„Markenwarenbetrug“* oder *„Markenwarenfälschung“*[128] sein, weil sie die Schwere der Rechtsverletzung gut beschreiben sowie den Schaden, den die Markeninhaber, die Verbraucher und nicht zuletzt die Volkswirtschaft erleiden. Mit dem Begriff des *„Betrugs“* verbindet jeder sofort eine Straftat mit wirtschaftlichen

[123] Vgl. *Levin*, GRUR Int. 1987, 18, 22.
[124] Vgl. *Gedert*, S. 26.
[125] Vgl. *Winkler/Wang*, S. 43.
[126] Vgl. *Schuhmacher*, S. 25.
[127] *K. Schuhmacher* verwendet den Begriff *„Markenartikelpiraterie“*. Vgl. *Schuhmacher*, S. 26-27.
[128] *Levin* spricht von *„Markenwarenfälschung“*. Vgl. *Levin*, GRUR Int. 1987, 18, 27.

Folgen, während man bei dem Wort „*Piraterie*" an Seeräuberei und damit nur ganz allgemein an unrechtmäßiges Handeln denkt, sodass dieser Begriff ein Wirtschaftsdelikt nicht so treffend zu charakterisieren vermag. Ferner würde der Begriff „*Markenwarenbetrug*" dazu beitragen, dass diese Art von Wirtschaftskriminalität mehr Beachtung in der Gesellschaft fände. Denn diese Variante des Betrugs verursacht nicht nur Vermögensschäden, sondern auch die Nutzer gefälschter Produkte können gesundheitlich gefährdet werden, etwa im Falle von Arzneimittelfälschungen oder durch Allergie auslösende, nachgeahmte Textilien. Ebenso hat der Gesetzgeber bereits im Entwurf[129] zum Produktpirateriegesetz darauf aufmerksam gemacht, dass es sich bei vorsätzlichen Schutzrechtsverletzungen im Prinzip um nichts anderes handele als um Betrug oder Diebstahl. Die Verletzung von Schutzrechten und damit die Verletzung geistigen Eigentums, seien mit der Verletzung materiellen Eigentums gleichzustellen.[130] Deshalb wäre es von Vorteil, im Zusammenhang mit Markenpiraterie auch von Betrug zu sprechen bzw. von „*Markenwarenbetrug*".

Weiterhin wäre auch auf internationaler Ebene eine begriffliche Klärung nötig, was allerdings aufgrund des unterschiedlichen sprachlichen Verständnisses der Länder nur schwer gelingen dürfte. *Levin* hat vorgeschlagen, auf internationaler Ebene besser von „*Piraterie*" oder „*Piratentätigkeit*" zu sprechen.[131]

Wenn man sich international für den Begriff „*Piraterie*" entscheiden sollte, könnte dieser m. E. als Oberbegriff für Marken- und Produktpiraterie betrachtet werden. Der Vorteil der Bezeichnung „*Piraterie*" läge darin, dass sich dieser Begriff eindeutig auf vorsätzliche Handlungen zum Zwecke der eigenen Bereicherung bezieht.[132] Da das Wort „*Piraterie*" im Zusammenhang mit Marken und Produkten ausschließlich für vorsätzliche Verletzungen geistigen Eigentums verwendet wird, wäre es von Vorteil, auf internationaler Ebene als Oberbegriff „*Intellectual-Property-Piracy*" bzw. „*IP*[133]*-Piracy*" oder auch „*IP-Fraud*"[134] zu verwenden. Dieser Oberbegriff würde alle Arten der Piraterie beinhalten, also sowohl Marken- als auch Produktpiraterie.

In der weiteren Darstellung wird der Begriff der „*Markenpiraterie*" beibehalten. Zum einen werden damit Begriffsverwirrungen vermieden, zum anderen hat sich

---

[129] Vgl. Begründung zum PrPG, BT-Drucks. 11/4792, S. 20.
[130] Vgl. Begründung zum PrPG, BT-Drucks. 11/4792, S. 20.
[131] Vgl. *Levin*, GRUR Int. 1987, 18, 27.
[132] Vgl. *Levin*, GRUR Int. 1987, 18, 27.
[133] Abkürzung für „Intellectual Property".
[134] Engl. „*Fraud*" für Betrug.

dieser Begriff bereits in der Gesellschaft etabliert und verfestigt. Hiernach soll unter Markenpiraterie die *„bewusste, planmäßige und rechtswidrige Benutzung von Marken“* verstanden werden.[135] Dabei handelt es sich um vorsätzliche Verletzungshandlungen, die das gesamte Erscheinungsbild von Waren und Marken und der Warenverpackung imitieren.[136] Die *„Markenpiraterie im engeren Sinne“* soll nur Totalfälschungen erfassen. Alle anderen Täuschungsformen im Zusammenhang mit Marken und Produkten – wie z. B. das Abwandeln von Markennamen – werden der *„Markenpiraterie im weiteren Sinne“* zugeordnet.

Stellenweise muss in dieser Arbeit jedoch zwangsläufig auch von Produktpiraterie gesprochen werden, wenn es um das Produktpirateriegesetz sowie um die europäische Verordnung (EG) Nr. 1383/2003,[137] die sog. Produktpiraterie-Verordnung geht. Diese Rechtsgrundlagen verwenden Produktpiraterie als Oberbegriff, der alle Formen der *„Piraterie“* umschließt, d.h. die Markenpiraterie wird in diesen Normen als Teilaspekt der Produktpiraterie betrachtet. Folglich wird zwischen Marken- und Produktpiraterie bei diesen Rechtsgrundlagen nicht unterschieden.

Konsequenterweise werden in dieser Arbeit jedoch nur solche Nachahmungen von Produkten als Produktpiraterie bezeichnet, die nicht gegen das Markenrecht verstoßen. Die Verletzungen beziehen sich hier auf Patente, Gebrauchsmuster, Sortenschutzrechte, Geschmacksmuster und auf Urheberrechte.

B. Branchen, Piraterieländer, Umfang der Markenpiraterie

Um die Auswirkungen der Markenpiraterie in der Praxis aufzuzeigen, werden zunächst die betroffenen Branchen und die gefälschten Markenwaren betrachtet ***(I.)***. Des Weiteren sind die „Piraterieländer“, in denen Fälschungen produziert werden, von Interesse ***(II.)***, weil so zielgerichtet Schwerpunkte bei der Bekämpfung der Markenpiraterie gesetzt werden können. Soweit bestimmbare Daten vorliegen, werden abschließend unter dem Punkt *„Schätzwerte“* ***(III.)*** die Auswirkungen beleuchtet und mit nationalen und internationalen Daten belegt, um so zu verdeutlichen, welche Dimensionen die Markenpiraterie annehmen kann.

---

[135] Vgl. *Selzer*, S. 38.

[136] Vgl. *Schneider*, S. 32-33.

[137] Verordnung (EG) Nr. 1383/2003 des Rates über das Vorgehen der Zollbehörden gegen Waren, die im Verdacht stehen, bestimmte Rechte geistigen Eigentums zu verletzen, und die Maßnahmen gegenüber Waren, die erkanntermaßen derartige Rechte verletzen. (ABl. EU Nr. L 196 v. 02.08.2003, S. 7; berichtigt in ABl. EU Nr. L 381 v. 28.12.2004, S. 87).

I. Betroffene Branchen und Markenwaren

Die Markenpiraterie konzentrierte sich etwa vor zwanzig Jahren[138] auf die Nachahmung von Luxusgütern, wie etwa „*Rolex*"-Uhren, „*Lacoste*-" oder „*Gucci*"-Textilien sowie vereinzelt auf technische Produkte; jedoch ist gegenwärtig keine Branche mehr davor sicher, nicht kopiert zu werden.[139] Generell wird alles nachgeahmt, womit sich Profit machen lässt,[140] so beispielsweise Alltagsgegenstände wie Waschmittel, Scheren, Zahnbürsten, Batterien, Radiergummis, Bleistifte, Kosmetika oder Gürtel.[141] Besorgniserregend ist allerdings, dass immer häufiger Fälschungen chemischer und pharmazeutischer Waren – wie Arzneimittel und Kosmetika – in den Fokus der Markenpiraten geraten. Dennoch gehört zu den am härtesten und längsten betroffenen Branchen die Mode- bzw. Textilbranche. Dies lässt z. B. die nationale Zollstatistik der Bundesfinanzdirektion Südost – Zentralstelle Gewerblicher Rechtsschutz (ZGR) – aus dem Jahr 2011 erkennen.

Nachstehende Tabelle gibt dem Leser einen Überblick über den Warenwert der beschlagnahmten Waren, die der Zoll im Jahre 2011 aufgegriffen hat:

Tabelle 1: Auszug aus der Zollstatistik (2011) der aufgegriffenen Waren[142]

Warenkategorie	**Wert**
Uhren	**11.748.285,94 €**
Taschen, Handtaschen, Reisegepäck; Brieftaschen, Geldbeutel, Zigarettenetuis und andere in Taschen mitgeführte ähnliche Artikel	**8.739.288,87 €**
Bekleidungszubehör (z. B. Hüte, Mützen, Handschuhe, Schals und Gürtel)	**6.894.078,87 €**
Sportschuhe	**4.785.037,13 €**

[138] http://www.ip.mpg.de/shared/data/pdf/teil_a_1.pdf, besucht am 08.08.10.
[139] Vgl. *Kroboth*, S. 11.
[140] Vgl. *Kroboth*, S. 11.
[141] Folgende Artikel wurden z. B. bereits kopiert: Jogging-Anzüge, Keramikartikel, Schirme, Geldbörsen, Augentropfen, Feuerzeuge, Alleskleber, Glasbilderrahmen, Geschenkartikel, Mikrochips, Herzschrittmacher, Schlüsselhalter, Hustensaft, Mülleimer, Klapptische, Sekt, Koffer, Krawatten, Babynahrung, Sandalen, Pflanzenschutzmittel, Kühlgeräte, Bremsbeläge, Essbestecke, Bremsflüssigkeit, Antibiotika, Toaster sowie Thermoskannen. Vgl. *Meister*, S. 22-23.
[142] Unter „Aufgriff" sind alle Maßnahmen der Zollverwaltung auf der Grundlage der PP-VO bzw. den nationalen Beschlagnahmevorschriften gem. §§ 146 ff. MarkenG zu verstehen, die den Zollbehörden als Ermächtigungsgrundlage dienen auf administrativem Wege gegen schutzrechtsverletzende Waren vorzugehen. Vgl. zum Grenzbeschlagnahmeverfahren: 4. Kapitel, B.

Kleidung (Konfektionskleidung)	**4.506.768,71€**
Sonnenbrillen und andere Brillen	**3.878.783,01€**
Arzneimittel	**3.105.958,54€**
Schmuck und anderes Zubehör (z. B. Anhänger für Armbänder)	**1.709.100,64€**
Audio-/Videogeräte einschließlich technischen Zubehörs und Bauteilen	**1.464.145,13 €**
Andere Schuhe (als Sportschuhe)	**1.435.101,59€**
Parfum und Kosmetik	**570.059,05 €**
Zigaretten	**89.666,30 €**

Danach lag auf Rang 1 die Warenkategorie: „Uhren" mit einem Warenwert von 11.748.285,94 Euro. Auf Rang 2 war die Warenkategorie „Taschen, Handtaschen, Reisegepäck, Brieftaschen, Geldbeutel, Zigarettenetuis und andere in Taschen mitgeführte ähnliche Artikel" platziert, mit einem Warenwert von 8.739.288,87 Euro.

An dritter und vierter Stelle folgte die Warenkategorie „Bekleidungszubehör" (z. B. Hüte, Mützen, Handschuhe, Schals und Gürtel) sowie „Sportschuhe".[143] Dies verdeutlicht, wie häufig gerade die Textilbranche betroffen ist. Laut einem Pressebericht des „Wall Street Journal" aus dem Jahr 2002 sind 12-15 % der weltweit veräußerten Sportbekleidungen Nachahmungen.[144] Dabei werden mittlerweile Schuhmarken wie „*Puma*", „*Adidas*", „*Nike*" so häufig gefälscht, dass sie sogar eine eigene Kategorie in der Zollstatistik erhalten haben. Dies resultiert daraus, dass gerade moderne und dynamische Marken wie „*Nike*", „*Puma*", oder Edelmarken wie „*Louis Vuitton*" und „*Gucci*" sehr beliebt sind, weil sie einen hohen Bekanntheitsgrad aufweisen.

Auch die Auswirkungen auf die Arbeitsplätze können gravierend sein. So sind allein in der sächsischen Textilindustrie, mit etwa 12.000 Beschäftigten, durch Nachahmungen in den letzten zehn Jahren schätzungsweise insgesamt 1.200 Arbeitsplätze entfallen, wie der Verband der Nord-Ostdeutschen Textil- und Bekleidungsindustrie berichtet.[145] Zu Fußballweltmeisterschaften sei die Zahl gefälschter T-Shirts oder anderer Sportartikel besonders hoch.[146]

---

[143] Vgl. Zollstatistik (2011), S. 6, abrufbar unter: http://www.markenpiraterie-apm.de/files/zollstatistik_2011_1.pdf, besucht am 14.12.12.

[144] http://counterfeiting.unicri.it/docs/Global%20counterfeiting%20background.pdf, S.18, besucht am 15.08.10.

[145] http://www.tagesspiegel.de/wirtschaft/ausstellung-informiert-ueber-faelschungen/1615278.html, besucht am 15.08.10.

[146] http://www.tagesspiegel.de/wirtschaft/ausstellung-informiert-ueber-faelschungen/1615278.html, besucht am 15.08.10.

Das Unternehmen „*Puma*“ AG ist seit etlichen Jahren durch Markenpiraterie betroffen. Beispielsweise wurden im Jahre 2004 weltweit 1,3 Millionen gefälschte „*Puma*“ Produkte beschlagnahmt; dazu gehörten u. a. 800.000 Paar Schuhe sowie 200.000 Textilien. Für das Unternehmen hat der Handel mit gefälschten Markenwaren ernst zu nehmende Konsequenzen. Beispielsweise wird ein Markenhemd, das mit einem „*Puma*“-Logo im Einzelhandel für einen Preis von ca. 40 Euro zu haben ist, am mediterranen Sandstrand für fünf Euro das Stück veräußert. Nicht wenige Konsumenten hätten sich vermutlich für das Originalprodukt entschieden, würde es das nachgeahmte „Schnäppchen“ des Markenpiraten nicht geben.[147]
Auch das Unternehmen „*Levi Strauss*“ ist bereits seit über einhundert Jahren von Markenpiraterie betroffen. Vor einigen Jahren sollen in Italien sogar imitierte Jeans der Marke „*Levis*“ die Nummer zwei am Markt gewesen sein.[148] In den 80er Jahren lag die Anzahl der beschlagnahmten Kopien von „*Levis*“-Markenwaren bei 200.000 Stück jährlich. Zu Beginn der 90er Jahre wurden bereits schon über 10 Millionen „*Levis*“-Fälschungen sichergestellt.[149] Diese drastischen Zahlen veranschaulichen die enorme Dimension, die die Markenpiraterie bereits angenommen hat, mit stetig steigender Tendenz.

II. Piraterieländer

Betrachtet man aktuelle Statistiken, dann lässt sich feststellen, dass der Großteil der gefälschten Waren hauptsächlich aus Asien kommt. Die sog. „Piraterieländer“ bzw. Hauptherstellungsländer Ostasiens sind dabei China einschließlich Hongkong, Thailand, Indien, Malaysia sowie Taiwan. Jedoch werden auch die Türkei, Russland sowie die Vereinigten Arabischen Emirate und Algerien oftmals als Herkunftsland genannt.[150] Zu berücksichtigen ist aber, dass das Herkunftsland nicht grundsätzlich auch das Produktionsland sein muss, da gefälschte Markenwaren nicht selten über Umwege in andere nicht europäische Länder – wie z. B. die Türkei oder Russland – transportiert werden und von da aus in die Europäische Union gelangen.[151]

---

[147] Vgl. *Balibey*, MA, 5/2010, S. 16.
[148] Vgl. *Harte-Bavendamm*, § 1, Rdn. 13.
[149] Vgl. *Werth*, S. 52.
[150] Vgl. *Welser/González*, S. 27, Rdn. 12.
[151] Vgl. *Welser/González*, S. 27, Rdn. 13.

Aufgrund der Grenzbeschlagnahmen in Deutschland aus dem Jahr 2011 wird dem Leser eine Übersicht über die hauptsächlichen Herkunfts- bzw. „Piraterieländer" vermittelt:

Abbildung 7: Beschlagnahmefälle nach „Piraterieländern" 2011[152]

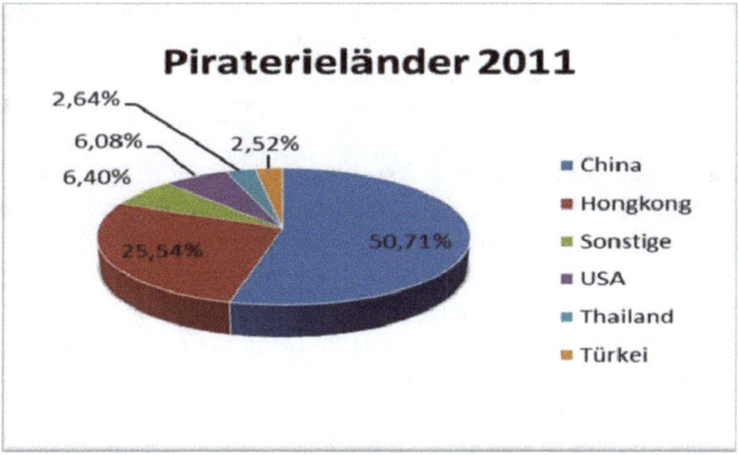

An der Spitze der Beschlagnahmen im Jahr 2011 liegen Waren aus China mit einem Anteil von 50,71 %, gefolgt von Hongkong mit 25,54 %, USA mit einem Wert von 6,08 %, sonstige Länder wie etwa die Philippinen oder Nigeria mit 6,40 %, Thailand 2,64 %, Türkei mit 2,52 % sowie Indien mit 1,91 %. Osteuropäische Länder,[153] wie die Tschechische Republik mit 0,01 % und Polen mit 0,04 %,[154] machen lediglich einen geringen Teil davon aus. Die These, dass die meisten Nachahmungen aus Asien stammen, insbesondere aus China, Thailand und Hongkong bekräftigt ebenso die VDMA-Studie (2010) zur Produkt- und Markenpiraterie, die aussagt, dass acht von zehn Nachahmern aus Asien kommen.[155]

Nachfolgende Tabelle gibt einen Überblick über die Herkunftsländer der Fälschungen über fünf Jahre von 2007 bis 2011.

---

[152] Vgl. Zollstatistik (2011), S. 11, abrufbar unter: http://www.markenpiraterie-apm.de/files/zollstatistik_2011_1.pdf, besucht am 14.12.12.

[153] Diese Länder sind nicht in der untenstehenden Tabelle enthalten.

[154] Vgl. Zollstatistik (2011), S. 11, abrufbar unter: http://www.markenpiraterie-apm.de/files/zollstatistik_2011_1.pdf, besucht am 14.12.12.

[155] Näheres zur VDMA-Umfrage unter: http://www.original-ist genial.de/fileadmin/icc_dokumente/VDMA-Studie_Produkt-_und_Markenpiraterie_2010.pdf, S. 3, besucht am 20.08.10.

Tabelle 2: Übersicht der Aufgriffe der Fälschungen nach Herkunftsländern[156]

Herkunftsländer	2007	2008	2009	2010	2011
China	28,97 %	28,57 %	28,76 %	26,29 %	50,71 %
Thailand	4,10 %	17,33 %	19,57%	47,34%	2,64 %
USA	15,63%	18,52%	10,89%	3,56%	6,08%
Sonstige[157]	14,43%	12,07%	8,72%	6,26 %	6,40%
Hongkong	8,22 %	8,15%	15,67 %	9,11%	25,54%
Indien	9,30%	5,23 %	6,00%	2,32%	1,91%
Türkei	9,88 %	4,52 %	5,10%	2,48 %	2,52 %

Auch die Statistik der Europäischen Kommission (2011) mit einem Wert von 73 %[158] zeigt die Tendenz auf, dass die Mehrzahl der beschlagnahmten Waren aus China stammt. Folglich lässt sich Asien als Hauptursprungsort der kopierten Markenwaren feststellen. Dennoch liefern die Werte keine hundertprozentigen Angaben, da Fälscherbanden mittlerweile professionelle Umgehungsstrategien und Verschleierungstechniken verwenden,[159] um das tatsächliche Ursprungsland bzw. Produktionsland[160] zu verbergen.

Die Europäische Kommission benennt diese Umgehungsstrategie als sog. „Umladungsmethode“. Damit Fälscherbanden sich dem Zugriff der Zollbehörden entziehen können und ihre Ware auf dem Weg vom Herstellungs- zum Lieferort nicht beschlagnahmt wird, umgehen sie Orte, die spezialisierten Diensten bekannt sind. So wird der Ursprung der Ware durch Beförderung über unterschiedliche Zollgebiete verschleiert und folglich die Aufmerksamkeit der Zollverwaltung auf die unmittelbare Herkunft, jedoch nicht auf den tatsächlichen Ursprung der gefälschten Waren gelenkt. Beispielsweise werden in Asien hergestellte Fälschungen per Schiff in ein Land gebracht, wie zum Beispiel die Schweiz, die gerade nicht für die Produktion von Fälschungen bekannt ist. Von diesem Standort aus werden die Fälschungen an den Endbestimmungsort oftmals per Flugzeug verbracht.[161]

---

[156] Vgl. Zollstatistik (2011), S. 11, abrufbar unter: http://www.markenpiraterie-apm.de/files/zollstatistik_2011_1.pdf, besucht am 14.12.12.

[157] U. a. Ägypten, Australien, Deutschland, Kanada, Republik Korea, Kosovo, Moldawien, Nigeria, Pakistan, Philippinen, Russland, Seychellen, Singapur, Südgeorgien und Sandwichinseln, Syrien, Taiwan. Vgl. Zollstatistik (2011), S. 11.

[158] http://ec.europa.eu/taxation_customs/customs/customs_controls/counterfeit_piracy/statistics/index_de.htm, besucht am 02.02.12.

[159] Vgl. *Kroboth*, S. 12-13.

[160] *Levis* Fälschungen werden oftmals in der Karibik, Südostasien und Südamerika produziert. Vgl. *Schmidl*. S. 46.

[161] http://ec.europa.eu/taxation_customs/customs/customs_controls/counterfeit_piracy/combating/index_de.htm, besucht am 20.08.10. Vgl. auch *Thaler*, S. 40-41.

III. Allgemeine Schätzwerte

Zu beachten ist, dass sich die Dimension der Markenpiraterie lediglich durch Schätzungen aufzeigen lässt, da es sich hier um eine „Schattenwirtschaft“ mit einer entsprechend hohen Dunkelziffer handelt. Laut Angaben der Internationalen Handelskammer (ICC), der Welthandelsorganisation (WTO) sowie der EU-Kommission berechnet sich der Anteil von Marken- und Produktfälschungen auf 7 bis 10 % am Welthandelsvolumen.[162] Die Internationale Handelskammer schätzt den Warenwert, der weltweit mit gefälschten Markenwaren umgesetzt wird, auf 600 Milliarden Dollar jährlich.[163]

Die Vereinigung zur Bekämpfung von Produktpiraterie (VBP) e. V. schätzt den „Schaden“[164] bei den deutschen Firmen auf etwa 30 Milliarden Euro im Jahr.[165] Vermutlich bezieht sich diese Zahl auf den Wert der in Deutschland verkauften Fälschungen. Daraus den Schaden der deutschen Firmen zu errechnen, ist ein relativ komplizierter Vorgang. Denn man müsste zum einen feststellen, dass der Käufer eines gefälschten Produkts auch das echte Markenprodukt erworben hätte, was häufig nicht der Fall ist; zum anderen kann man nicht den Preis der Waren nehmen, weil die Produktionskosten abzuziehen sind und der Schaden nur in der Gewinneinbuße besteht.

Zuverlässiger sind deshalb Zahlen, die sich am Wert der entdeckten und vermuteten Fälschungen orientieren.

Statistisch betrachtet soll in Deutschland jedes zwölfte Markenprodukt eine Fälschung sein.[166] Beispielsweise beziffert der Verband Deutscher Maschinen- und Anlagenbauer e. V. in seiner Studie zur Produktpiraterie (2012) den Umsatz mit Fälschungen auf 7, 9 Milliarden Euro jährlich.[167] Laut einer aktuellen Langzeitstudie erleiden Unternehmen durchschnittlich Schäden in Höhe von 6 % ihres Jahresumsatzes durch Markenfälschungen, allerdings nur, wenn man davon ausgeht, dass

---

[162] Vgl. *Winkler/Wang*, S. 21.

[163] http://www.original-ist-genial.de/produktpiraterie-in-deutschland/zahlen-fakten.html, besucht am 15.11.12.

[164] Einige Presseberichte nennen „Schadensummen“, die jedoch nur schwer zu ermitteln sind. Vgl. z. B. http://www.faz.net/aktuell/rhein-main/wirtschaft/markenpiraterie-faelscher-machen-auch-vor-bremsen-und-viagra-nicht-halt-1305067.html, http://www.original-ist-genial.de/home/single-news/article/grosser-schaden-fuer-deutsche-wirtschaft-durch-produktpiraterie.html, besucht am 08.04.13.

[165] http://www.sueddeutsche.de/wirtschaft/produktpiraten-dreiste-faelscher-1.586642, besucht am 08.03.13.

[166] Vgl. *Winkler/Wang*, S. 20.

[167] http://pks.vdma.org/documents/105969/779856/VDMA+Studie+Produktpiraterie+2012/1e1408c7-05c3-4f2e-997f-4689d8f0ee3b, besucht am 15.12.12.

stattdessen das echte Produkt gekauft worden wäre.[168] Hinzu kommen bei den Unternehmen finanzielle Aufwendungen zur Abwehr von Fälschungen, die bei mittleren Unternehmen in der Regel im sechsstelligen Bereich liegen und bei Großunternehmen sieben- bis achtstellige Summen[169] erreichen können.[170]

Die Zollstatistik des Jahresberichts 2011 der Bundesfinanzdirektion Südost – Zentralstelle Gewerblicher Rechtsschutz (ZGR) – zeigt eine stetige Zunahme der Markenpiraterie in Deutschland. Gab es im Jahr 2005 noch unter 8.000 Aufgriffe gefälschter Markenwaren, waren es im Jahre 2008 bereits 10.888. Nach einem vorübergehenden Rückgang im Jahre 2009 auf 9.622 ist die Aufgriffzahl im Jahr 2011 um mehr als das Doppelte auf 23.635 angestiegen. Insbesondere wird aus der nationalen Zollstatistik deutlich, dass die Marke mit 86,42 % das am häufigsten verletzte Schutzrecht ist. Mit deutlichem Abstand folgen an zweiter Stelle Verletzungen von Patentrechten, deren Anteil an den Schutzrechtsverletzungen 4,12 % beträgt.[171]

---

[168] Oftmals kaufen Verbraucher gefälschte Produkte nur wegen des niedrigen Preises und würden das teurere Produkt nicht erwerben. Deshalb wäre es falsch, wenn man die pro Jahr umgesetzten falschen Produkte gleichsetzt, mit der Zahl nicht umgesetzter echter Produkte. Vgl. http://www.markenverband.de/presse/archiv2012/pmstudiezumarkenpriraterie, besucht am 12.12.12.

[169] Laut Markenverband liegen dagegen die Ausgaben für die Abwehr von Fälschungen bei mittleren Unternehmen im fünf- bis sechsstelligen Bereich, bei Großunternehmen erreichen sie zweistellige Millionenbeträge. Vgl. Pressemitteilung des Markenverbandes „Markenverband, TU Berlin und Fraunhofer Institut veröffentlichen erste Ergebnisse zu Studie zu Markenpiraterie" vom 14.09.2012.

[170] http://www.chinabrand.de/publikationen/download-document/68-lohnt-sich-die-bekampfung-der-produkt-und-markenpiraterie-german.html,besucht am 14.12.12.

[171] Vgl. Zollstatistik (2011), S. 2 und 8, abrufbar unter: http://www.markenpiraterie-apm.de/files/zollstatistik_2011_1.pdf, besucht am 14.12.12.

Nachfolgende Abbildung verdeutlicht die Entwicklung der Aufgriffe durch den Zoll in Deutschland.

Abbildung 8: Entwicklung der Anzahl der Aufgriffe durch den Zoll[172]

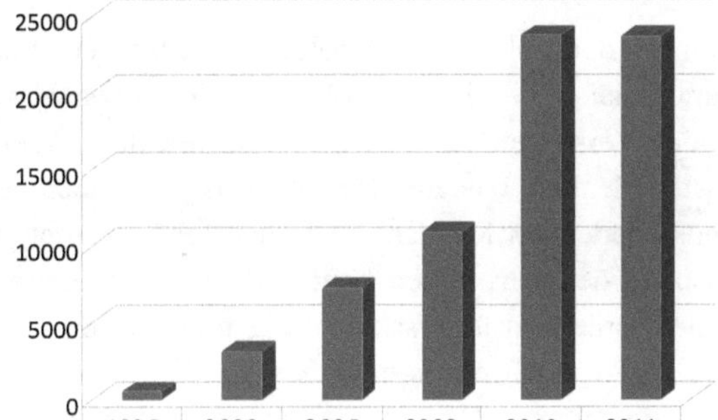

	1995	2000	2005	2008	2010	2011
■ Entwicklung der Zahl der Aufgriffe	506	3.178	7.217	10.888	23.713	23.635

Hingegen haben europäische Zollfahnder im Jahr 2011 etwa 115 Millionen mutmaßlich gefälschte Waren mit einem Warenwert von ca. 1, 3 Mrd. Euro beschlagnahmt,[173] während es 2010 noch 103 Millionen waren,[174] was einem Anstieg um 11,6 % entspricht. Die Mehrzahl der beschlagnahmten Waren betraf Schuhe, Accessoires, Kleidung sowie elektrische Haushaltsgeräte und Arzneimittel. Besorgniserregend für Verbraucher ist, dass 24 % der Waren gefälschte Arzneimittel waren.[175] Daneben ist zu berücksichtigen, dass lediglich 2 % der Waren an den europäischen Grenzen kontrolliert werden,[176] sodass von einer entsprechenden hohen Dunkelziffer auszugehen ist.

Ferner geht aus der Statistik von 2011 über Zollbeschlagnahmen an den Außengrenzen der Europäischen Union hervor, dass von mehr als 91.000 Fällen mutmaß-

[172] Vgl. Zollstatistik (2011), S. 2, abrufbar unter: http://www.markenpiraterie-apm.de/files/zollstatistik_2011_1.pdf, besucht am 14.12.12.

[173] http://ec.europa.eu/taxation_customs/customs/customs_controls/counterfeit_piracy/statistics/index _de.htm, besucht am 03.11.12.

[174] http://ec.europa.eu/taxation_customs/resources/documents/customs/customs_controls/counterfeit_piracy/statistics/statistics_2010.pdf, besucht am 03.11.12.

[175] http://ec.europa.eu/taxation_customs/customs/customs_controls/counterfeit_piracy/combating/index_de.htm, besucht am 03.11.12.

[176] http://www.markenverband.de/presse/pm/pmvkeundmvzueuzollstatistik2012, besucht am 03.11.12.

lich gefälschter Waren, 73 % aus China stammen.[177] Wird dabei berücksichtigt, dass es im Jahr 1999 lediglich 4.694 Aufgriffe gab, ist dies ein explosionsartiger Anstieg.[178]

C. Bedeutung und Ursachen

Fragt man nach der praktischen Bedeutung der Markenpiraterie, so wird diese zum einen charakterisiert durch materielle Schäden, etwa Umsatzverluste bei Unternehmen oder Vermögensschäden bei Konsumenten. Aber auch an immaterielle Schäden ist zu denken, wie zum Beispiel Imageeinbußen bei Markeninhabern oder Gesundheitsschäden bei Kunden. Nicht übersehen werden darf aber auch, dass die Volkswirtschaft des betroffenen Landes durch Markenpiraterie Nachteile erleiden kann. Dementsprechend unterscheidet die folgende Darstellung zwischen der Bedeutung der Piraterie für *Markeninhaber (I.)*, *Konsumenten (II.)* und der *volkswirtschaftlichen* Bedeutung *(III.)*. Weiterhin ist es sinnvoll, auch mögliche Ursachen der Markenpiraterie aufzuzeigen *(IV.)*, um zu überlegen, welche Bekämpfungsmöglichkeiten es insoweit gibt. Zu den Ursachen gehören unter anderem der Einfluss der Marke, die Globalisierung sowie kulturelle Gründe.

In ihrem Werk über Marken- und Produktpiraterie aus dem Jahr 2007 verweisen *Winkler/Wang* auf eine Schätzung des „*First Global Congress on Combating Counterfeiting*“ (2004). Danach verursachen Fälschungen weltweit schätzungsweise folgende Umsatzeinbußen in folgenden Branchen.[179]

• Software	26,3 Mrd. €
• Arzneimittel	24,8 Mrd. €
• Kleidungs- und Schuhkopien	9,3 Mrd. €
• Kfz-Ersatzteile	9,3 Mrd. €
• Film-Raubkopien	4,7 Mrd. €

Mit 26,3 Mrd. Euro liegen Softwareunternehmen an der Spitze; jedoch geht es hier um Urheberrechtsverletzungen. Bei Markenfälschungen sind Umsatzverluste in der

---

[177] http://ec.europa.eu/taxation_customs/customs/customs_controls/counterfeit_piracy/statistics/index_de.htm, besucht am 02.02.12.
[178] http://ec.europa.eu/taxation_customs/resources/documents/complete_2000_en.pdf, besucht am 02.02.12.
[179] Vgl. *Winkler/Wang*, S. 22.

Arzneimittelbranche (24,8 Mrd. Euro) deutlich höher als bei Bekleidungsunternehmen (9,3 Mrd. Euro).

Abweichend von der oben stehenden Übersicht beläuft sich inzwischen der Umsatz mit gefälschten Arzneimitteln im Jahr 2010 auf 75 Milliarden US-Dollar nach einer Schätzung der Weltgesundheitsorganisation.[180]

I. Bedeutung für Markeninhaber

Laut *T. Wölfel* beträgt der weltweite Umsatzverlust von Originalherstellern ca. 250 Milliarden Euro jährlich.[181] Aus einer aus dem Jahr 2010 von „*Karg & Petersen*“ herausgegebenen Studie, die bei ca. 20.000 Unternehmen aus Deutschland, Österreich sowie der Schweiz durchgeführt wurde, geht hervor, dass 72 % der Unternehmen von Marken- und Produktpiraterie betroffen sind. [182] Beispielsweise erleidet die Beiersdorf AG einen Schaden von 25 Millionen Euro jährlich.[183] Nach der „*Karg & Petersen*“ Studie ist der Produktverkauf als Teil der Wertschöpfungskette mit 58 % am häufigsten betroffen.[184] Bei der Schätzung der Umsatzverluste darf nicht unberücksichtigt bleiben, dass die aufgefundenen oder beschlagnahmten Fälschungen gewöhnlich lediglich die „Spitze des Eisberges“ darstellen.[185]

Infolge der Umsatzverluste haben Unternehmen zwangsläufig mit dem Verlust von Marktanteilen zu kämpfen, da die gefälschten Markenwaren im Konkurrenzverhältnis zu den originalen Erzeugnissen stehen.[186] Ferner entstehen aufgrund der mangelnden Qualität der gefälschten Markenwaren gravierende Imageschäden, die für Unternehmen deshalb besonders nachteilig sind, weil sie Langzeitwirkung haben können. Während beispielsweise die „*Puma*“ AG, wie auch andere Originalhersteller, die Qualität ihrer Produkte kontinuierlich überwachen und damit die Hochwertigkeit der verarbeitenden Materialien sicherstellen, übernehmen die anonymen Markenpiraten keine Verantwortung für ihre gefälschten Waren. Hier wird der Konsument, der eine Eins-zu-eins-Nachahmung für ein Markenprodukt hält,

---

[180] http://www.abda.de/fileadmin/assets/Pressetermine/2008/04_Tda_2008/PK_TdA_Praesentation_Schubert-Zsilavecz.pdf, besucht am 12.12.12.

[181] Vgl. *T. Wölfel*, S. 43, *Thaler* S. 43.

[182] Studie: *Karg & Petersen “Piraterie-Bekämpfung als Wettbewerbsfaktor“*, abrufbar unter: http://www.swissmem.ch/fileadmin/user_upload/Swissmem/8PDF/Studie_Piraterie-Bekaempfung_April_2010.pdf, besucht am 20.08.10.

[183] Vgl. *Maske*, S. 38.

[184] Studie: *Karg & Petersen “Piraterie-Bekämpfung als Wettbewerbsfaktor“*, abrufbar unter: http://www.swissmem.ch/fileadmin/user_upload/Swissmem/8PDF/Studie_Piraterie-Bekaempfung_April_2010.pdf, besucht am 20.08.10.

[185] Vgl. *Fuchs*, S. 48.

[186] Vgl. *Thaler*, S. 43.

die minderwertige Qualität der Kopie auf den Original-Markenhersteller zurückführen.[187] Hierunter leidet der Ruf der Marke, was sich auf die gesamte Warenpalette eines Markenherstellers auswirken kann.[188]

Auch wenn nicht jeder Konsument, der eine gefälschte „*Louis Vuitton*"-Tasche erwirbt, eine Originalhandtasche des Markeninhabers gekauft hätte, wird dennoch der Wert der Marke gemindert. Denn primär kaufen Konsumenten solche Luxustaschen aufgrund der Exklusivität des Produkts. Gelangen jedoch in großem Umfang optisch identische Taschen des „*Louis Vuitton*"-Designs auf den Markt, beeinträchtigt das die Exklusivität der Marke, weil das Produkt zur Massenware wird, anstelle einer besonderen und exklusiven Ware.[189] Der Exklusivitätsverlust führt zur sog. Verwässerung der Marke, mit der möglichen Folge einer drastischen Abwertung der Produkte. Dementsprechend läuft auch das betroffene Unternehmen in Gefahr, an Wert zu verlieren, denn der immaterielle Wert der Marke ist oftmals auch ein wesentliches Element des Unternehmenswertes.[190] Zwar ist die Anmeldung einer Marke verhältnismäßig preisgünstig, ihre anschließende Bewertung und Bekanntmachung ist jedoch mit Investitionen von mehreren Millionen verbunden. Schätzungen zufolge kostet jeder einzelne Prozentpunkt, den eine Marke an Wert zunimmt, etwa fünf Millionen Euro.[191] Für das Unternehmen ist es nur mit großen Anstrengungen möglich, anschließend das Vertrauen eines einmal enttäuschten Konsumenten wiederzugewinnen.[192]

Neben den oben dargestellten Imageschäden gerät der Markenhersteller zusätzlich in Gefahr, aufgrund der Produkthaftung in Anspruch genommen zu werden,[193] wenn Kunden wegen qualitativ minderwertiger Imitate Mangelbeseitigung oder Schadensersatz verlangen. Hier muss der Markenhersteller nachweisen, dass die gefälschte Markenware nicht aus seinem Unternehmen kommt, um damit die unberechtigten Ersatzforderungen der Kunden abzuwehren.[194] Nicht ganz auszuschließen ist ferner, dass geschädigte Konsumenten Markeninhaber, wie auch Mitglieder der Vertriebskette, aufgrund unzureichender Bekämpfung der Piraterie auf Schadenersatz in Anspruch nehmen können,[195] auch wenn hier die Erfolgschancen eher gering einzuschätzen sind.

---

[187] Vgl. *Balibey*, MA 5/2010, S. 16.
[188] Vgl. *Kroboth*, S. 18.
[189] Vgl. *Welser/González*, S. 48, Rdn. 44.
[190] Vgl. *Kroboth,* S. 18.
[191] http://www.frankfurtmain.ihk.de/recht/themen/wettbewerbsrecht/sonstiges/schutzrechte/index.html, besucht am 20.08.10.
[192] Vgl. *Thaler*, S. 44.
[193] Vgl. *Kroboth*, S. 19.
[194] Vgl. *Welser/González*, S. 49, Rdn. 46.
[195] Vgl. *Welser/González*, S. 49-50, Rdn. 47.

Daneben entstehen den Markenherstellern bei der Bekämpfung der Markenpiraterie zusätzliche Kosten, beispielsweise durch die Einrichtung firmeneigener Sicherheits- und Fälschungsabteilungen.[196] Ein Betrag von fünf Millionen Euro für die anwaltliche Rechtsverfolgung von Fälschern ist hier nicht ungewöhnlich, aber für erfolgreiche Unternehmen unvermeidbar.[197]
Es lässt sich festhalten, dass der Markeninhaber durch Markenpiraterie in unterschiedlichster Weise beeinträchtigt wird, wobei der Schwerpunkt darin liegt, dass sein Markenprodukt kontinuierlich abgewertet und dadurch sein Gewinn vermindert wird.[198]

II. Bedeutung für Konsumenten

Bei der Gruppe der Konsumenten ist zu unterscheiden zwischen Konsumenten, die bewusst eine Fälschung erwerben und diese als solche enttarnen, sowie Konsumenten, die unbeabsichtigt ein gefälschtes Markenprodukt erworben haben, weil sie durch das kopierte originale Erscheinungsbild der Markenware getäuscht worden sind. Eine Studie der Wirtschaftsprüfungsgesellschaft „*Ernst & Young*" (2008) ergab, dass jeder Vierte zumindest gelegentlich ein gefälschtes Markenprodukt kauft. 28 % der Befragten haben in den letzten drei Jahren Waren von Markenpiraten gekauft. Bei den jüngeren Käufern ist der Anteil dabei noch wesentlicher höher.[199]

Ein nicht unwesentlicher Aspekt für Konsumenten ist, dass die minderwertigen Nachahmungsprodukte Sicherheits- und Gesundheitsrisiken beinhalten, die im schlimmsten Fall sogar Leib und Leben gefährden, was insbesondere bei Medikamentenfälschungen der Fall ist.[200] Ferner enthalten gefälschte Hautcremes nicht selten Gift- und Schadstoffe. Auch gefälschtes Kinderspielzeug besteht oftmals aus hoch entzündlichem Material. Bei kopierten Textilien hat sich herausgestellt, dass diese mit gefährlichen Chemikalien gebleicht oder gefärbt werden, die beim Tragen zu Hautreizungen[201] oder Allergien führen können. Beispielweise wurde das Aus-

---

[196] Vgl. *Thaler*, S. 44.
[197] http://www.it-recht-kanzlei.de/gefaelschte-markenware.html, besucht am 01.09.10.
[198] Vgl. *Selzer*, S. 35.
[199] http://www.t-online.de/wirtschaft/id_16092494/produktpiraterie-jeder-vierte-kauft-absichtlich-faelschungen.html, besucht am 01.09.10.
[200] Vgl. *Selzer*, S. 60.
[201] Vgl. *Welser/González*, S. 53, Rdn. 54.

sehen von „*stone-washed*“ Jeans nachgeahmt, indem „gewöhnliche“ Jeans mit Chlor gebleicht wurden, was bei den Trägern Hautreizungen auslöste.[202]

Nach einer Spiegel-Online Veröffentlichung aus dem Jahr 2007 sind laut einer Schätzung der Weltgesundheitsorganisation (WHO) 10 % aller Medikamente Fälschungen.[203] Zwei Drittel dieser Fälle sind nach Angaben der WHO entweder Placebos oder es ist gar der falsche Wirkstoff bzw. eine falsche Menge des richtigen Wirkstoffs enthalten.[204] Wie skrupellos Fälscher das Leben von Verbrauchern aufs Spiel setzen, zeigt ein Beispiel aus China aus dem Jahr 2009. Hierbei wurden gefälschte Diabetes-Medikamente verkauft, die die sechsfache Dosis eines blutsenkenden Wirkstoffes beinhalteten. Dabei starben zwei Menschen und neun weitere mussten im Krankenhaus behandelt werden.[205] Des Weiteren wurde ein Fall aus dem Jahr 1995 bekannt, bei dem das Haarwaschmittel der Marke „*Head & Shoulders*“ nachgeahmt wurde. Hier war die gefälschte Flasche mit Bakterien verseucht, deren Einwirkung auf Menschen mit einem geschwächten Immunsystem als äußerst gefährlich eingestuft wurde. Lediglich durch Experten konnte die Fälschung vom Original unterschieden werden.[206]

Zum anderen kann der Konsument indirekt als Arbeitnehmer betroffen sein, wenn Unternehmen wegen der Umsatzverluste durch Markenpiraterie Rationalisierungsmaßnahmen vornehmen müssen.[207] Des Weiteren werden Konsumenten in ihrem Vertrauen in die Marke getäuscht und durch Produkte minderer Qualität geschädigt.[208] Beispielsweise wird das gefälschte „*Puma*“ Sporttrikot nach der ersten Wäsche viel zu klein und verbleicht oder die gefälschte „*Rolex*“-Uhr funktioniert nach kurzer Zeit nicht mehr.

Ebenso problematisch und vermutlich aussichtslos ist die rechtliche Durchsetzung von Ansprüchen der Kunden aus Leistungsstörung und Delikt wegen Sach- oder Personenschäden. Denn der Konsument selbst kann in der Regel Hersteller oder Lieferanten minderwertiger Markenprodukte als Anspruchsgegner nicht ermitteln.[209] Deshalb ist vor allem die strafrechtliche Verfolgung der Täter im Sinne der Konsumenten, um diese vor solchen illegalen Praktiken zu schützen.

---

[202] Vgl. *Schmidl*, S. 65.
[203] http://www.spiegel.de/wirtschaft/0,1518,486792,00.html, besucht am 10.09.10.
[204] Vgl. *Schiwek*, S. 26-27.
[205] http://www.netdoktor.de/Medikamente/Rund-ums-Medikament/Gefaelschte-Medikamente-Augen-10652.html, besucht am 14.12.12.
[206] Vgl. *Schmidl*, S. 64.
[207] Vgl. *Thaler*, S. 59.
[208] Vgl. *Mimentza*, S. 28.
[209] Vgl. *Selzer*, S. 61.

Bei der Gruppe der Konsumenten, die bewusst eine gefälschte Markenware kaufen, können zudem je nach Land zusätzliche finanzielle Konsequenzen entstehen. In der Literatur wird davon berichtet, dass in Italien bereits mehrere Touristinnen angeblich Bußgelder in Höhe von 3.000-10.000 Euro entrichten mussten,[210] weil sie gefälschte Modewaren, wie „*Dior*"-Brillen oder „*Louis Vuitton*"-Handtaschen, erworben hatten.[211] Meines Erachtens handelte es sich hier vermutlich um Geldstrafen für ein Handeln im geschäftlichen Verkehr, das auch im deutschen Recht nach § 143 Abs. 1 MarkenG strafbar ist. Denn es ist auch in Italien unwahrscheinlich, dass Touristen für eine einzige gekaufte, gefälschte Handtasche oder Designerbrille einen solchen Betrag zahlen müssen.

III. Volkswirtschaftliche Bedeutung

Nach den vorstehenden Ausführungen über Auswirkungen der Piraterie für die Markeninhaber und Konsumenten ist es naheliegend, dass dadurch auch die Interessen des Gemeinwesens in Form der Volkswirtschaft eines Landes betroffen sind. Auch wenn zuerst an die Folgen in den Absatzländern zu denken ist, sind auch die Vor- und Nachteile für die Piraterieländer erwähnenswert.

Ein Schaden der Volkswirtschaft des Absatzlandes[212] ergibt sich zunächst daraus, dass aus dem Ausland kommende Fälschungen zum Arbeitsplatzabbau im Absatzland wie z. B. in Deutschland führen können.[213] Da Fälscher bei der Einfuhr nachgeahmter Waren die Zollkontrollen umgehen und damit keine Steuern in Form von Zöllen[214] und Einfuhrumsatzsteuern abführen,[215] sind Steuerausfälle zu verzeichnen.[216] In einem Absatzland wie Deutschland wird es vor allem zu Arbeitsplatz-, Steuer- und Sozialabgabenverlusten kommen.[217] Nach einer Prognose der Internationalen Handelskammer sollen bis zum Jahre 2015 ca.1, 2 Millionen Arbeitsplätze in Europa durch Marken- und Produktpiraterie entfallen.[218] In Deutschland gehen

---

[210] Vgl. *Thaler*, S. 51.
[211] Vgl. *Fuchs*, S. 52.
[212] Deutschland, Italien, Schweiz, Spanien und Benelux sind die beliebtesten Absatzländer für Fälschungen. Vgl. *Knäckenhoff*,MA 3/2006, S. 30.
[213] Vgl. *Schuhmacher*, S. 37.
[214] Zölle sind kraft gesetzlicher Definition Steuern (vgl. § 3 Abs. 3 AO).
[215] Vgl. *Welser/González*, S. 54, Rdn. 56.
[216] Vgl. zu Steuerstraftaten 3. Kapitel, B, V.
[217] Vgl. *Werth*, S. 41.
[218] http://www.original-ist-genial.de/home/single-news/article/12-millionen-jobs-durch-piraterie-bedroht.html, besucht am 15.09.10.

aufgrund dieser Art von Wirtschaftskriminalität jährlich 70.000 Arbeitsplätze verloren.[219]

Was die Piraterieländer angeht, wird gefälschte Markenware in aller Regel unter schlechten Arbeitsbedingungen produziert und häufig von Kindern hergestellt. Naturgemäß umgehen Fälscher insoweit staatliche Kontrollen und gesetzliche Regeln, so beispielsweise auch über die Arbeitssicherheit.[220] Auch werden keine Sozialbeiträge gezahlt,[221] da das Fälschen von Markenwaren Schwarzarbeit ist. Eine weitere Konsequenz für ein Piraterieland können Handelssanktionen sein. Dabei kann sich wegen unterschiedlicher Ansichten über die Schutzwürdigkeit des geistigen Eigentums gar ein „Handelskrieg" entwickeln. So drohte es in den Jahren 1995 und 1996 zwischen den USA und China zu einem „Handelskrieg" zu kommen. Lediglich weil China einwilligte, zwölf Produktionsstätten zur Herstellung gefälschter Markenwaren zu schließen, strengere Exportkontrollen durchzuführen, sowie Verletzungen des geistigen Eigentums vermehrt zu verfolgen, konnte dieser „Handelskrieg" gerade noch vermieden werden.[222]

Den wesentlichen Vorteil der Produktion gefälschter Markenwaren sehen Herstellungsländer – wie z. B. China – vor allem darin, dass ganze Regionen davon leben, sodass dies einen bedeutenden Faktor in der gesamtwirtschaftlichen Produktion für das Herstellungsland darstellt.[223]

IV. Ursachen

Das Ansteigen der Markenpiraterie ist auch durch gesellschaftliche Entwicklungen und den technischen Fortschritt bedingt. Weitere Ursachen sind der Vermögenswert der Marke ***(1.)***, das geringe Unrechtsbewusstsein und Risiko bei Konsumenten und Markenpiraten ***(2.)*** sowie die rechtliche Bewertung in den „Piraterieländern" ***(3.)***. Wie die folgende Auflistung der bayerischen Industrie- und Handelskammern – veröffentlicht in deren „Außenwirtschaftsportal Bayern" aus dem Jahr 2005 – zeigt, werden mit Markenfälschungen Milliardengewinne erzielt.[224]

---

[219] http://www.sueddeutsche.de/wirtschaft/produktpiraterie-stellen-jaehrlich-gefaehrdet-1.824624, besucht am 15.11.12. Anzumerken ist jedoch, dass die Schadenskalkulation der Arbeitsplatzverluste nur schwer ziffernmäßig und korrekt berechnet werden kann, sodass eine Schätzung des volkswirtschaftlichen Gesamtschadens schwierig ist.
[220] Vgl. *Welser/González*, S. 54-55, Rdn. 56-60.
[221] Vgl. *Schuhmacher*, S. 37.
[222] Vgl. *Schmidl*, S. 67.
[223] Vgl. *Werth*, S. 41.
[224] http://www.auwi-bayern.de/awp/inhalte/Anhaenge/Produktpiraterie.pdf, besucht am 20.09.10.

- Pharmazeutika 337 Mrd. $
- Autoersatzteile 120 Mrd. $
- Textilprodukte 84 Mrd. $
- Flugzeugersatzteile 30 Mrd. $
- Software 27 Mrd. $
- Tonträger 10 Mrd. $

An der Spitze liegen Pharmazeutika (337 Mrd. $), aber auch Textilprodukte sind mit 84 Mrd. $ Umsatz weltweit ein gewinnbringendes Geschäft für Markenpiraten. Deshalb überrascht es nicht, dass die Markeninhaber von „*Louis Vuitton*" und „*Puma*" seit etlichen Jahren Opfer von Fälschungen sind. Im Folgenden sollen diese und weitere Ursachen der Markenpiraterie genauer betrachtet werden.

1. Wert der Marke

Eine wesentliche Ursache für das Fälschen bestimmter Markenprodukte ist der Wert der Marke sowohl für Konsumenten als auch für Markenpiraten. Aufgrund der hohen Konsumentennachfrage nach Markenwaren, die in der heutigen Zeit zunehmend steigt, können Fälschungen immer schneller und gewinnbringender vertrieben werden. Denn Markenwaren sind aufgrund der äußeren Attraktivität und des Konsumentenwunsches, eine bestimmte Ware zu erwerben, besonders erfolgreich im Vergleich zu „No-Name" Waren. Mit einer Marke wird heute nicht nur der Name einer Ware, sondern vor allem Qualität, Lifestyle, Prestige und Image des Besitzers des Produkts verbunden.[225] Deshalb sind besonders kreative und einprägsame Marken sogar zu Gattungsbegriffen geworden, die eine Warenart beschreiben.[226] Beispielsweise wird ein „*Tempo*" [227] verwendet, anstelle eines Papiertaschentuchs. Oft verbindet der Konsument mit einer Markenware gewöhnlich die Vorstellung einer „gehobenen" Qualität.[228]

Mittlerweile kommt Marken eine solche Bedeutung zu, dass es zum Trend geworden ist, Markenwaren zu mieten. Beispielsweise vermieten Online-Unternehmen wie „*Luxusbabe*",[229] sowie die schweizerische Variante „*Luxusaufzeit*"[230] Markentaschen à la „*Louis Vuitton*" „*Prada*" sowie „*Gucci*" und schließen mit dieser Idee eine Marktlücke. Das Entstehen derartiger sog. „Verleih-Shops", die recht-

---

[225] Vgl. *T. Wölfel*, S. 21.
[226] Vgl. *Campos Nave*, S. 25.
[227] Vgl. *Campos Nave*, S. 25.
[228] Vgl. *Braun*, S. 21.
[229] Abrufbar unter: http://www.luxusbabe.de/.
[230] Abrufbar unter: http://www.luxusaufzeit.ch/.

lich Vermieter nach den §§ 535 ff. BGB sind, verdeutlicht, dass Konsumenten eine Marke so hoch einschätzen, dass sie eine Markentasche mieten, nur um für ein bestimmtes, meist gesellschaftliches Ereignis, am Wert der Markenware teilhaben zu können, deren Erwerb sie sich nicht leisten könnten. Allerdings werden sich nicht wenige Konsumenten anstelle der Miete von Originalwaren für den Kauf einer billigen Nachahmerware entscheiden, sodass ein großer Absatzmarkt für Markenpiraten entsteht.

2. Geringes Unrechtsbewusstsein und Risiko bei Konsumenten und Markenpiraten

Eine nicht zu unterschätzende Ursache für die stetige Zunahme der Markenpiraterie ist, dass die Herstellung und der Verkauf gefälschter Markenwaren zumeist als „Kavaliersdelikt“[231] und „Kleinkriminalität“ betrachtet wird. Es besteht nur selten ein Unrechtsbewusstsein auf Seiten des Konsumenten, der bewusst eine Fälschung ersteht. Viele Konsumenten sind sich der weitreichenden Folgen der Markenpiraterie, wie beispielsweise der Arbeitsplatzverluste oder Gesundheitsgefährdungen, nicht bewusst oder nehmen diese nicht zur Kenntnis. Auch die Tatsache, dass Kauf und Besitz gefälschter Markenwaren für private Zwecke in vielen Ländern wie z. B. in Deutschland sanktionsfrei sind, ist ein Grund für mangelndes Unrechtsbewusstsein.[232] Deshalb müssen Unternehmen in diesem Bereich vermehrt tätig werden, um Konsumenten über diese Form der Wirtschaftskriminalität aufzuklären.[233]

Dagegen stellen für Markenpiraten das geringe Sanktionsrisiko, die niedrigen Herstellungskosten in Billiglohnländern und die hohen Gewinne eine Motivation dar, sodass sie nach der These „High Profit – Low Risk“ agieren können. Während ein Originalhersteller bei Einführung eines Markenprodukts das Risiko tragen muss, dass es möglicherweise „floppt“; muss ein Markenpirat dieses Risiko nicht mehr tragen, da er nur besonders erfolgreiche Markenwaren kopiert.[234] Laut Europäischer Kommission investieren die Täter hohe Beträge in die Produktionslogistik. Ferner ist es den Tätern aufgrund der stetig verbesserten Technik möglich, weitaus bessere Fälschungsware als noch vor einigen Jahren herzustellen, deren Enttarnung als Fälschung immer problematischer wird.[235] Zudem begünstigen die Vertriebsmöglichkeiten durch die Entstehung des Internets diese Wirtschaftskriminalitätsform. Große Bedeutung haben hier Online-Marktplätze wie zum Beispiel „*eBay*“, „*restposten.de*“ und Onlineshops, da Markenpiraten durch die garantierte

[231] Vgl. *Bachmann*, S. 23.
[232] Vgl. *Braun*, S. 23.
[233] Vgl. *Thaler*, S. 38.
[234] Vgl. *Erd/Rebstock*, S. 21-22.
[235] Vgl. *Thaler*, S. 39.

Anonymität ein Schutzwall eingeräumt und die rechtliche Verfolgung wesentlich erschwert wird.[236]

3. Ursachen im Bereich der Piraterieländer

Nicht zuletzt sind für das Phänomen der Markenpiraterie auch besondere Aspekte eines Piraterielandes verantwortlich. So hat die Volksrepublik China als Hauptherstellungsland eine andere Auffassung zur Nachahmung von Produkten, die in der westlichen Welt unter dem Aspekt des geistigen Eigentums rechtlich geschützt sind. Die chinesische Bevölkerung ist traditionell geprägt durch die sog. „konfuzianische" Denkweise. Nach dieser Weltanschauung ist das Kopieren der Ideen und Leistungen anderer nicht unrechtmäßig; es gilt als Ehrerbietung und als notwendig für die Entwicklung und Vervollkommnung der eigenen Begabungen, einen Meister nachzuahmen. In der chinesischen Kultur gilt das geistige Eigentum nicht als Besitz einer einzelnen Person, sondern wird es als Gut der Gemeinschaft angesehen. Jedoch wird die konfuzianische Denkhaltung von Markenpiraten insofern missachtet als diese das Streben nach übermäßigem Gewinn ablehnt, was ja gerade Hauptmotiv der Piraten ist.[237]

Auch spielen in der Volksrepublik China persönliche Beziehungen eine sehr bedeutende Rolle. Das sog. *„Guanxi"* [238] bezeichnet das institutionalisierte persönliche Beziehungsgeflecht der Chinesen, welches ein wesentlicher Grund für regionalen Protektionismus und die Korruption ist. *„Guanxi"* beinhaltet für die Beteiligten ein Versprechen zur gegenseitigen Rücksichtnahme und Begünstigung. Weil die Markenpiraterie die wirtschaftliche Leistungsfähigkeit einer Region stärkt, Arbeitsplätze und Steuereinnahmen sichert, vermeiden die Provinzregierungen oft Maßnahmen gegen Markenpiraterie.[239]

Bis vor wenigen Jahrzehnten mangelte es auch an Rechten zum effektiven Schutz geistigen Eigentums. Beispielweise entstand das erste chinesische Markengesetz erst 1982.[240] Insgesamt lässt sich aber feststellen, dass nicht nur die Gesetzgebung zum Schutze des geistigen Eigentums verbessert werden muss, sondern dass auch, aufgrund der oben dargestellten Besonderheiten der Volksrepublik China, zusätzlich politisch und gesellschaftlich mehr getan werden muss, um die Markenpiraterie zukünftig erfolgreich zu bekämpfen.

---

[236] Vgl. *Erd/Rebstock*, S. 22-23.
[237] Vgl. *Thaler*, S. 97.
[238] Vgl. *Thaler*, S. 97-98.
[239] Vgl. *Thaler*, S. 97-98.
[240] Vgl. *Thaler*, S. 96.

D. Täter und Arbeitsmethoden

Um Markenpiraterie auch im Hinblick auf Abwehrmaßnahmen besser zu verstehen, ist es hilfreich, sich mit den Tätern zu beschäftigen und einige ihrer gängigen Arbeitsmethoden kennenzulernen. Die Vorgehensweise der Markenpiraten lässt sich allgemein als äußerst professionell und systematisch beschreiben.[241] Zunächst werden Markenpiraten als Täter und ihre Organisationsformen betrachtet ***(I.)***. Das primäre Ziel von Markenpiraten ist es, mit unterschiedlichen Methoden Verlaufswege gefälschter Waren vom Piraterieland über mögliche Stationen bis ins eigentliche Absatzland weitgehend zu verschleiern und unentdeckt dorthin zu verbringen,[242] um diese anschließend zu vertreiben. Deshalb sollen einige typische Arbeitsmethoden der Markenpiraten dargestellt werden, wozu auch insbesondere die Täuschung der Zollbehörden gehört ***(II.)***.[243]

I. Der Markenpirat als Täter

Der „*Markenpirat*" profitiert als Täter unerlaubt vom wirtschaftlichen Wert, der mit dem Eigentum und den Rechten an einer Marke verknüpft ist. Bei Markenpiraten kann es sich einerseits um Einzelpersonen handeln – was angesichts des Fälschungsaufwandes eher selten ist – als auch andererseits um Gruppen bzw. Fälscherbanden, die sich zum persönlichen und kommerziellen Nutzen zusammenschließen. Markenpiraten sind Trittbrettfahrer; sie profitieren von dem Einfallsreichtum und den finanziellen Aufwendungen, die der Markeninhaber in die Entwicklung seines Markenprodukts investiert hat.[244] Markenpiraterie umfasst ein weit gefächertes Täterspektrum. Dieses reicht vom strafunmündigen Kind unter 14 Jahren (§ 19 StGB), was allerdings heutzutage selten ist, bis zum gewerbsmäßigen Täter als Teil einer kriminellen Organisation.[245]

Laut dem Pressesprecher des Bundes internationaler Detektive handelt es sich bei Tätern, die gefälschte Markenwaren produzieren, um flexibel agierende Tätergruppen mit fünf bis zehn Mitgliedern.[246] Ferner sind nahezu alle sozialen Berufs-

---

241 http://www.produktionsforschung.de/ucm/groups/contribution/@pft/documents/native/ucm01_000318.pdf, S. 25, besucht am 08.10.10.

242 http://www.produktionsforschung.de/ucm/groups/contribution/@pft/documents/native/ucm01_000318.pdf, S. 25, besucht am 08.10.10.

243 http://www.produktionsforschung.de/ucm/groups/contribution/@pft/documents/native/ucm01_000318.pdf, besucht am 08.10.10.

244 Vgl. *OECD*, S. 28.

245 Vgl. *Braun*, S. 29.

246 http://www.observationsteam.de/arbeitsgebiete_pirat_detektive_berlin_artikel_md_2004.htm, besucht am 05.10.10.

schichten vertreten.[247] Auch die Europäische Kommission geht davon aus, dass es sich bei den Tätern um international agierende kriminelle Organisationen handelt.[248] Hierbei wird auch zunehmend von „Markenfälscher-Kriminalität" gesprochen.[249]

Die Struktur der Organisationsformen der Markenpiraterie lässt sich in drei Stufen unterteilen. Die erste Stufe bildet der Handel im Bereich der sog. Schattenwirtschaft, der auch mit dem Schmuggel und verwandten Rechtsverstößen in Verbindung gebracht werden kann. Die zweite Stufe des Vertriebs der gefälschten Markenwaren ist der „fliegende Verkauf", der auch als Verkauf ohne Geschäftslokal bezeichnet wird. Die schadenreichste dritte Stufe ist der Vertrieb durch „gewöhnliche" bzw. „normale" Unternehmen wie Kaufhäuser oder Vertriebsketten,[250] wobei die Fälschungen mit Originalen vermischt werden.[251]

II. Arbeitsmethoden der Markenpiraten

Für das Herstellen gefälschter Markenwaren beschaffen sich Markenpiraten ein originales Markenprodukt als Muster. Hier werden zum Beispiel auf Messen Ausstellungsstücke durch Markenpiraten besichtigt und fotografiert, die anschließend als Vorlage dienen können.[252] Die nächste Etappe, die ein „Rohprodukt" zur gefälschten Markenware werden lässt, ist das Anbringen des gefälschten Markenzeichens auf der Ware, das auch als „Veredelung der Ware" bezeichnet wird. Der Markenpirat wird diese Stufe so lange wie möglich hinauszögern, um der Gefahr der Enttarnung zu entgehen, sodass die gefälschten Waren vorerst ohne ein Markenlabel produziert werden. Um eine Entdeckung durch Ermittler zu vermeiden, werden die hergestellten „Markenzeichen" und die zum Anbringen notwendigen Druckmaschinen an einem geheimen Ort gelagert. Danach wird die „Rohware" durch die Täter an einen anderen geheimen Ort geliefert und mit dem „Markenzeichen" „veredelt" und schließlich an Strohmänner in unterschiedliche Länder versandt.[253] Damit wollen die Markenpiraten ihren Produktionsstandort tarnen, um

247 Vgl. *Braun,* S. 29.
248 Vgl. *Thaler,* S. 39.
249 http://www.spiegel.de/wirtschaft/0,1518,448414,00.html, besucht am 05.10.10.
250 Vgl. *Schmidl,* S. 43-44.
251 Vgl. *Stöckel/Lüken,* S. 269.
252 Vgl. *Thaler,* S. 40.
253 http://www.produktionsforschung.de/ucm/groups/contribution/@pft/documents/native/ucm01_000318.pdf, S. 27-28, besucht am 08.10.10.

dort weiterproduzieren zu können, wenn beispielsweise gefälschte Waren bei einem Strohmann entdeckt werden, der die Produktionsstätte nicht kennt.[254]

Markenpiraten verfolgen primär den Zweck, es Markeninhabern und Behörden zu erschweren, gegen sie persönlich vorzugehen, um sich so vor Strafverfolgung zu schützen. Hierzu werden Strohmänner engagiert, die Schein- und Briefkastenfirmen in diversen Ländern gründen. In gemieteten Lagerhäusern werden anschließend gefälschte Markenwaren produziert und gelagert.[255] Beispielsweise werden oft über das Internet Briefkastenfirmen als Adresse angegeben, um die rechtliche Verfolgung durch Rechtsinhaber und Ermittler zu erschweren. Um die kriminelle Produktionsstätte zu schützen, werden produzierende Unternehmen und auch Fälschungsstandorte regelmäßig gewechselt und die Flüsse der gefälschten Markenwaren umgeleitet, sodass die Aufklärung durch die Ermittlungsbehörden wesentlich erschwert wird.[256]

Insbesondere müssen Markenpiraten Zollbehörden täuschen, um ihre Fälschungen in die EU zu importieren, ohne dass sie entdeckt werden. Hierzu verwenden Markenpiraten zahlreiche Tricks. So wird durch die strategische Auswahl von Transithäfen die Wahrscheinlichkeit einer Entdeckung durch den Zoll erheblich verringert. Dabei wählen Markenpiraten Häfen aus, bei denen Kontrollen von Waren lückenhaft bis mangelhaft erfolgen. Hierzu zählen z. B. Singapur, Dubai und Kinabalu. Als ein Hafen mit lückenhaften Kontrollen in Europa gilt auch Malta, über den die gefälschten Waren in die EU gelangen können.[257]

In China gibt es dagegen sog. „trockene Häfen", in denen Sendungen nicht oder auch nur lückenhaft geprüft werden. Die Ware wird wie in einem Seehafen deklariert und der Container vom chinesischen Zoll verplombt.[258]

Auch werden die verpackten Fälschungen in den Containern so gelagert, dass sie bei Kontrollen nur schwer erreichbar sind. Es wird beispielsweise direkt hinter den Container-Türen legale Markenware verstaut und gefälschte Markenware im

---

[254] http://www.produktionsforschung.de/ucm/groups/contribution/@pft/documents/native/ucm01_000318.pdf, S. 27, besucht am 08.10.10.

[255] http://www.produktionsforschung.de/ucm/groups/contribution/@pft/documents/native/ucm01_000318.pdf, S. 25-26, besucht am 08.10.10.

[256] http://www.produktionsforschung.de/ucm/groups/contribution/@pft/documents/native/ucm01_000318.pdf, S. 25-26, besucht am 08.10.10.

[257] http://www.produktionsforschung.de/ucm/groups/contribution/@pft/documents/native/ucm01_000318.pdf, S. 29, besucht am 08.10.10.

[258] http://www.produktionsforschung.de/ucm/groups/contribution/@pft/documents/native/ucm01_000318.pdf, S. 29, besucht am 08.10.10.

schwer zugänglichen hinteren Teil des Containers gelagert. Bei nur stichprobenartigen Kontrollen werden Fälschungen dann nicht entdeckt.[259]

Schließlich sind noch die Vertriebsmethoden über das Internet, sowie durch die Post und durch den Tourismus zu nennen. Markenpiraten verwenden häufig die Methode des „falschen Touristen". Hier werden durch Markenpiraten, die sich als falsche Touristen ausgeben, mehrmals kleinere Mengen gefälschter Markenwaren über die Grenze verbracht, oder mehrere kleine Postsendungen versandt, sodass Zollbeamte aufgrund unzureichender Personalkapazitäten nicht alle Sendungen überprüfen können.[260] Finden die Zollbehörden bei Stichproben nur einzelne Päckchen, bedeutet das für die Täter kaum einen Verlust im Gegensatz zum Auffinden ganzer Container mit gefälschter Markenware. Die Europäische Kommission erachtet die Vertriebsvariante über das Internet als problematisch.[261]

---

[259] http://www.produktionsforschung.de/ucm/groups/contribution/@pft/documents/native/ucm01_000318.pdf, S. 30-31, besucht am 08.10.10.

[260] Vgl. *Thaler*, S. 41.

[261] Vgl. *Thaler*, S. 41.

2. Kapitel: Zur Entwicklung des Markenrechts

Nachfolgend wird die Geschichte des deutschen Warenzeichen- und Markenrechts im Überblick dargestellt ***(A.)***, um so zu erkennen, wie sich der Bedarf entwickelt hat, Hersteller durch Rechtsvorschriften davor zu schützen, dass ihre speziell gekennzeichneten Waren nachgeahmt werden und wie Verstöße geahndet wurden. Vor diesem geschichtlichen Hintergrund lässt sich der Umfang des Markenrechts in der Gegenwart nicht nur besser verstehen, es ergeben sich möglicherweise auch Erkenntnisse hinsichtlich künftiger Entwicklungen ***(B.)***.

A. Geschichtliche Entwicklung

In den Jahren 1619-1683,[262] im Zeitalter des Merkantilismus,[263] dienten die Marken der privilegierten Zünfte, Verbände, Familien der staatlichen Qualitätskontrolle, um Kunst und Gewerbe zu schützen.[264] Verstießen Hersteller und Händler gegen Kennzeichennormen, drohte ihnen in unterschiedlichen Gebieten Europas sogar der Tod.[265] Zur damaligen Zeit wurde das kommerzielle Fälschen von Markenwaren also nicht als „Kavaliersdelikt" betrachtet, wie das heute teilweise der Fall ist.

Im Preußischen Allgemeinen Landrecht[266] von 1794 drohte Fälschern eine Geld- oder Gefängnisstrafe, wenn sie Waren mit Namen oder Merkmalen inländischer Fabrikanten oder Kaufleuten fälschlich bezeichneten.[267] Als erster deutscher Staat führte Baden im Anhangsatz 109 a) zu den Handelsgesetzen von 1809 einen allgemeinen Zeichenschutz ein.[268] Danach war Fabrikanten die Verwendung eines Warenzeichens oder des Namens einer anderen Fabrik verboten, sofern nicht deutliche Unterscheidungsmerkmale hinzugesetzt wurden.[269]

---

[262] Vgl. *Köbler*, S. 311.
[263] Merkantilismus ist das in Frankreich entwickelte wirtschaftspolitische System, in dem der Staat zur Füllung der Staatskasse durch Überschuss der Ausfuhrerlöse über die Einfuhrkosten erstmals aktive Wirtschaftspolitik treibt. (Förderung der innerstaatlichen gewerblichen Tätigkeiten u. a. durch Exportsubvention).Vgl. *Köbler*, S. 311.
[264] Vgl. *Käbisch*, S. 33, *Fezer*, S. 65, Rdn. 16-17.
[265] Vgl. *Käbisch*, S. 33.
[266] Das Allgemeine Landrecht (ALR) ist das 1794 in Preußen in Kraft gesetzte und bis zum Bürgerlichen Gesetzbuch (1900) geltende, naturrechtliche Gesetzbuch des aufgeklärten Preußen. Vgl. *Köbler*, S. 13.
[267] Vgl. *Selzer*, S. 55.
[268] Vgl. *Selzer*, S. 55, *Göpfert*, S. 33.
[269] Vgl. *Göpfert*, S. 33.

Preußische Akten zeigen, dass sich schon vor 1840 neben Tabakfabrikanten vor allem Hersteller von Bleischrott, Neusilberwaren und Kaffee-Ersatz über die Nachahmung ihrer Marken beschwerten; nach 1850 kamen Brauereien, Sektfabrikanten und Lebensmittelhersteller hinzu.[270]

Bereits 1851 war das Fälschen von Markenwaren so verbreitet, dass § 269 des Strafgesetzbuches der preußischen Staaten mit Strafe bedrohte, „*wer Waren oder deren Verpackung fälschlich mit dem Namen oder der Firma und mit dem Wohn- oder Fabrikort eines inländischen Fabrikunternehmers, Produzenten oder Kaufmanns bezeichnete oder wissentlich fälschlich bezeichnete Waren in den Verkehr einführte*“.[271]

I. Markenschutzgesetz von 1874

Das erste gesamtdeutsche „Gesetz über den Markenschutz“, sog. Markenschutzgesetz[272] vom 30.11.1874[273], definierte Marken als „*Zeichen von Gewerbetreibenden, die zur Unterscheidung ihrer Waren von den Waren anderer Gewerbetreibender dienen*“.[274] Der Markenschutz konnte mit der Eintragung eines figürlichen Zeichens[275] in das Handelsregister erlangt werden.[276] Diese figürlichen Zeichen sind mit den heutigen Bildzeichen vergleichbar. Die Eintragung war ausgeschlossen, sofern die Zeichen ausschließlich aus Zahlen, Buchstaben oder Worten bestanden.[277] Darüber hinaus verband das Markenschutzgesetz eine Vorprüfung mit dem Anmeldeverfahren.[278] In der Praxis konnte jedoch dieses Gesetz den Markenschutz nur begrenzt gewährleisten, denn dieser war lediglich Kaufleuten vorbehalten,[279] sodass kleingewerbliche Unternehmer ausgeschlossen waren. Die Eintragungszahlen belegen, dass schon damals dem Zeichenwesen eine hohe Bedeutung zukam. So wurden nach Inkrafttreten des Markenschutzgesetzes von 1874 in den ersten acht Monaten 4.439 Zeichen eingetragen; bis Ende 1892 waren es bereits 21.452 Zeichen.[280]

---

[270] Vgl. *Meister*, WRP 1991, 137, 137.
[271] Vgl. *Harte-Bavendamm*, § 1, Rdn. 6.
[272] RGBl. S. 143.
[273] Vgl. *Käbisch*, S. 34, *Göpfert*, S. 37-38.
[274] Vgl. *Schneider*, S. 109, *Käbisch*, S. 34.
[275] Bildzeichen bzw. Wort-/Bildzeichen, Vgl. *Göpfert*, S. 38.
[276] Vgl. *Gamm*, S. 18, Rdn. 3.
[277] Vgl. *Gamm*, S. 18, Rdn. 3, *Göpfert*, S. 38, *Fezer*, S. 66, Rdn. 21.
[278] Vgl. *Fezer*, S. 66, Rdn. 21.
[279] Vgl. *Göpfert*, S. 38, *Selzer*, S. 56.
[280] Vgl. *Gamm*, S. 27, Rdn. 18.

II. Das Gesetz zum Schutz der Warenbezeichnungen von 1894

Aufgrund der Mängel des ersten Markenschutzgesetzes von 1874 entstand das „Gesetz zum Schutz von Warenbezeichnungen"[281] vom 12.05.1894.[282] Auch dieses Gesetz hielt am Eintragungsgrundsatz fest.[283] Ein Vorteil gegenüber dem Vorgänger war jedoch, dass nun das Anmeldeverfahren durch ein Eintragungsverfahren mit einer Prüfung von Markenkollisionen ersetzt wurde.[284] Weitere Fortschritte waren, dass sich nun auch Wortzeichen, also die heutigen Wortmarken eintragen ließen und der Kennzeichenschutz nicht mehr von der Kaufmannseigenschaft abhängig gemacht wurde;[285] das Zeichen war nur an einen Geschäftsbetrieb gebunden.[286] In den §§ 14, 15 wurden Verletzungen des Warenzeichens bzw. der Ausstattung[287] zivilrechtlich sowie auch strafrechtlich als Antragsdelikt sanktioniert.[288] Aufgrund des Einflusses des UWG aus dem Jahr 1909 gelangte die Rechtsprechung zur Ansicht, dass das Zeichenrecht einen Ausschnitt aus dem allgemeinen Wettbewerbsrecht darstelle.[289]

III. Das Warenzeichengesetz von 1936 und seine Änderungen

Das Warenzeichengesetz[290] vom 05.05.1936[291] löste das Gesetz zum Schutz der Warenbezeichnungen aus dem Jahr 1894 ab. Neben einer weitergehenden Vereinheitlichung war eine wichtige Neuerung die Einführung der Eintragbarkeit durchgesetzter Zeichen. Hiernach konnte, bei entsprechendem Nachweis einer hinreichenden Verkehrsdurchsetzung, Zeichenschutz kraft Eintragung auch für Zeichen erworben werden, die z. B. aufgrund fehlender Unterscheidungskraft nicht eintragbar gewesen waren.[292] Im Jahr 1967 wurde das Warenzeichengesetz durch die Einführung des sog. „Benutzungszwangs" ergänzt und im Jahre 1979 durch die Ein-

[281] RGBl. S. 441.
[282] Vgl. *Göpfert*, S. 39, *Käbisch*, S. 34.
[283] Vgl. *Fezer*, S. 67, Rdn. 21.
[284] Vgl. *Schultz*, S. 3, Rdn. 5, *Fezer*, S. 67, Rdn. 21.
[285] Vgl. *Schneider*, S. 110, *Schultz*, S. 3, *Ekey/Klippel/Bender*, S. 6, Rdn. 17.
[286] Vgl. *Gamm*, S. 19, Rdn. 4.
[287] Unter „*Ausstattung*" ist alles zu verstehen, was zur Aufmachung der Ware gehört. Hierdurch kann ein Gewerbetreibender seine Waren, die Verpackung oder Umhüllung von anderen Gewerbetreibenden unterscheiden. Vgl. *Busse/Starck*, § 25, Rdn. 8.
[288] Vgl. *Käbisch*, S. 35.
[289] Vgl. *Fezer*, S. 67, Rdn. 22, *Käbisch*, S. 35.
[290] RGBl. II S. 134.
[291] Vgl. *Käbisch*, S. 35.
[292] Vgl. *Schultz*, S. 3, Rdn. 6.

tragbarkeit von Dienstleistungsmarken novelliert. Eine weitere wesentliche Änderung erfuhr das Warenzeichengesetz 1992 durch Aufhebung der Bindung einer Marke an einen Geschäftsbetrieb.[293] Das Warenzeichengesetz enthielt in § 24 Abs. 3 WZG eine Strafvorschrift, die bei widerrechtlicher und schuldhafter Verwendung des Namens oder der Firma eines anderen im geschäftlichen Verkehr eine Geldstrafe oder Freiheitsstrafe von bis zu sechs Monaten vorsah.[294] Für die widerrechtliche Verwendung der Ausstattung galt nach § 25 Abs. 3 WZG eine mildere Freiheitsstrafe von bis zu drei Monaten.[295] Der Versuch war nicht strafbar. Das Delikt war nun auch von Amtswegen und nicht lediglich auf Strafantrag verfolgbar.[296]

Das Warenzeichengesetz galt bis zum 31.12.1994. Es wurde durch das am 01.01.1995 in Kraft getretene Markengesetz abgelöst.[297]

IV. Überblick über Änderungen des WZG durch das Produktpirateriegesetz 1990

Aufgrund des voranschreitenden Ausmaßes der Marken- und Produktpiraterie in den 80er Jahren nahm der deutsche Gesetzgeber dieses Problem frühzeitig in Angriff und erließ das „*Gesetz zur Stärkung des Schutzes des geistigen Eigentums und zur Bekämpfung der Produktpiraterie*“[298] vom 07.03.1990.[299] Insbesondere die niedrigen Strafandrohungen des alten Rechts wurden verschärft,[300] denn diese führten dazu, dass man damals solche Straftaten als Kavaliersdelikt bewertete.[301] Das sog. „*Produktpirateriegesetz*“ hatte folgende vier Schwerpunkte, die der Bekämpfung der Markenpiraterie dienen sollten:[302]

1. Strafrecht

Die Höchststrafe für das Grunddelikt der strafbaren Kennzeichenverletzung wurde von bisher sechs Monaten Freiheits- oder Geldstrafe in § 25 d Abs. 1 WZG auf bis zu drei Jahre Freiheits- oder Geldstrafe erhöht;[303] diese Regelung enthält heute § 143 Abs. 1 MarkenG. Ferner gestaltete § 25 d Abs. 2 WZG die vorsätzliche ge-

[293] Vgl. *Schneider*, S. 110, *Käbisch*, S. 35.
[294] Vgl. *Käbisch*, S. 35.
[295] Vgl. *Käbisch*, S. 35.
[296] Vgl. *Käbisch*, S. 35.
[297] Vgl. *Berlit*, S. 1.
[298] BGBl. I S. 422.
[299] Vgl. *Schmidl*, S. 111.
[300] Vgl. *Schmidl*, S. 112.
[301] Vgl. Begründung zum PrPG, BT-Drucks. 11/4792, S. 16.
[302] Ausführlich zu den Änderungen durch das PrPG in *Meister*, S. 95 ff.
[303] Vgl. *Schmidl*, S. 112, *Meister*, S. 108.

werbsmäßige Schutzrechtsverletzung als Offizialdelikt aus und führte eine Freiheitsstrafe bis zu fünf Jahren oder eine Geldstrafe ein (§ 143 Abs. 2 MarkenG).[304] Neu eingeführt wurde auch die Strafbarkeit des Versuchs gem. § 25 d Abs. 3 WZG[305] bzw. nach aktuellem Recht gem. § 143 Abs. 3 MarkenG. Die frühere Einordnung der Verletzung gewerblicher Schutzrechte als relativ harmlos[306] ist damit zu Recht korrigiert worden.

2. Vernichtungs- und Einziehungsmöglichkeiten

Der Vernichtungsanspruch (§ 25 a Abs. 1 WZG,[307] § 18 Abs. 1 MarkenG) des Rechtsinhabers soll nunmehr Markenpiraten den wirtschaftlichen Vorteil entziehen und als Abschreckung dienen. Weiterhin ermöglicht der neue § 25 d Abs. 5 WZG (heute § 143 Abs. 5 MarkenG),[308] eine strafrechtliche Einziehung, sodass schutzrechtsverletzende Waren unabhängig davon, bei wem sie gefunden werden, eingezogen werden können.[309]

3. Auskunftsanspruch

Der Gesetzgeber führte ferner in § 25 b WZG[310] einen erweiterten Auskunftsanspruch ein, der sich heute im § 19 MarkenG befindet. Denn man hatte erkannt, dass Produktpiraten in der Regel im Hintergrund agieren und dass der bis dahin bestehende Auskunftsanspruch Lücken aufwies. Dies galt insbesondere bezüglich Produktionsstätten, Vertriebswegen und Abnehmerkreisen der markenverletzenden Waren.[311] Die Durchsetzung des Auskunftsanspruchs erfolgt im Wege der einstweiligen Verfügung (§§ 935 ff. ZPO), wenn der Markeninhaber den Nachweis einer offensichtlichen Rechtsverletzung erbringen kann.[312]

4. Grenzbeschlagnahme

Die sog. Grenzbeschlagnahme wurde auf sämtliche gewerblichen Schutzrechte ausgeweitet, da diese bisher nur bei der Verletzung von Markenrechten eingriff.[313]

---

[304] Vgl. *Meister*, S. 108, *Schmidl*, S. 112-113.
[305] Vgl. *Schmidl*, S. 113, *Meister,* S. 109.
[306] Vgl. *Schneider*, S. 111.
[307] Vgl. *Schmidl*, S. 113, *Meister*, S. 104 ff.
[308] Vgl. *Schmidl*, S. 114-115.
[309] Vgl. *Schmidl*, S. 114-115.
[310] Vgl. *Schmidl*, S. 115, *Meister*, S. 96 ff.
[311] Vgl. *Gaul*, S. 67.
[312] Begründung zum PrPG, BT-Drucks. 11/4792, S. 15.
[313] Vgl. *Meister*, S. 96, Begründung zum PrPG, BT-Drucks. 11/4792, S. 15.

Nunmehr kann die Zollbehörde schutzrechtsverletzende Waren beschlagnahmen, sofern der Rechtsinhaber einen Antrag gestellt hat. (§ 28 Abs. 1 WZG;[314] heute z. B. § 142 a PatG, § 146 MarkenG).

V. Die Ablösung des Warenzeichengesetzes durch das Markengesetz von 1995

Weitere bedeutende Neuerungen erfuhr das Markenrecht durch das am 01.01.1995 in Kraft getretene „Gesetz über den Schutz von Marken und sonstigen Kennzeichen", das heutige Markengesetz vom 25.10.1994.[315] Durch dieses Gesetz, welches das Warenzeichengesetz von 1936 ablöste, wurde die erste EU-Richtlinie aus dem Jahr 1989 zur Angleichung der Rechtsvorschriften der Mitgliedstaaten über die Marken[316] umgesetzt. Das Markengesetz ersetzte den älteren Terminus des Warenzeichens durch den moderneren Begriff der Marke und regelt neben Marken den Schutz sonstiger Kennzeichen, wie geschäftlicher Bezeichnungen und geographischer Herkunftsbezeichnungen (§ 1 MarkenG), mit der richtigen Konsequenz,[317] dass die wettbewerbsrechtliche Bestimmung (§ 16 UWG a. F.) über den Schutz geschäftlicher Bezeichnungen aufgehoben wurde.[318]

VI. Die europäische Durchsetzungsrichtlinie von 2004

Schließlich erging die sog. „Durchsetzungsrichtlinie" bzw. „Enforcement-Richtlinie" des Europäischen Parlaments und des Rates vom 29.04.2004 zur Durchsetzung der Rechte des geistigen Eigentums.[319] Durch diese am 01.09.2008 in Kraft getretene Richtlinie wurden die Mitgliedstaaten aufgefordert, einheitliche Rechtsvorschriften zur Durchsetzung der Rechte auf dem Gebiet des Urheberrechts und der verwandten Schutzrechte für geistiges Eigentum im Binnenmarkt zu schaffen.[320]

---

[314] Vgl. *Schmidl*, S. 115, *Meister*, S. 98 ff.
[315] Vgl. *Berlit*, S. 1, Rdn. E 3.
[316] Erste Richtlinie 89/104/EWG des Rates v. 21.12.1988 zur Angleichung der Rechtsvorschriften der Mitgliedstaaten über die Marken (ABl. EG Nr. L 40 v. 11.02.1989, S. 1) aufgehoben und ersetzt durch Richtlinie 2008/95/EG des Europäischen Parlaments und des Rates v. 22.10.2008 zur Angleichung der Rechtsvorschriften der Mitgliedstaaten über die Marken (ABl. EU Nr. L 299 v. 08.11.2008, S. 25).
[317] Vgl. *Schneider*, S. 112.
[318] Vgl. *Berlit*, S. 3, Rdn. E 8.
[319] Richtlinie 2004/48/EG des Europäischen Parlaments und des Rates v. 29.04.2004 zur Durchsetzung der Rechte des geistigen Eigentums (ABl. EU Nr. L 157/45, ber. ABl. Nr. L 195/16 und ABl. Nr. L 351/44).
[320] Vgl. *Schneider*, S. 43.

In Umsetzung dieser Richtlinie wurden im Markengesetz der Vernichtungsanspruch nach § 18 Abs. 1 MarkenG ergänzt und „Rückrufansprüche" (§ 18 Abs. 2 MarkenG) hinzugefügt. Hierbei hat der Markeninhaber die Möglichkeit, bereits ausgelieferte Piraterieware zurückzurufen oder aus dem Vertriebsweg zu entfernen.[321] Insbesondere wurde der Auskunftsanspruch des § 19 MarkenG u. a. dahingehend erweitert, dass nach § 19 Abs. 2 Nr. 1 MarkenG beispielsweise auch frühere Besitzer, die im gewerblichen Ausmaß markenverletzende Waren in Besitz hatten – wie etwa Lagerhalter – auskunftspflichtig sind. Voraussetzung ist eine „offensichtliche" Rechtsverletzung[322] bezüglich der Marke oder der Markeninhaber muss bereits Klage gegen den Verletzer erhoben haben (§ 19 Abs. 2 MarkenG).[323] Dieser Auskunftsanspruch gegen Dritte lässt sich mit einer einstweiligen Verfügung (§§ 935 ff. ZPO) durchsetzen (§ 19 Abs. 7 MarkenG).[324] Ferner wurde ein materiell-rechtlicher Anspruch des Rechtsinhabers auf Vorlage von Urkunden und Besichtigung von Sachen in § 19 a MarkenG geschaffen. Dieser verfolgt den Zweck, die Erlangung und Sicherung von Beweisen im zivilrechtlichen Hauptverfahren und im einstweiligen Rechtsschutz nach §§ 935 ff. ZPO zu vereinfachen.[325] Allgemein lässt sich feststellen, dass die maßgeblichen Neuerungen der Durchsetzungsrichtlinie sich auf Beweisbeschaffung und Beweissicherung, auf Sicherungs- und Abhilfemaßnahmen sowie den Schadenersatz und die Veröffentlichung von Gerichtsentscheidungen beziehen.[326]

B. Umfang des Markenschutzes im geltenden Recht

Vor dem Hintergrund der geschichtlichen Entwicklung, sind die Voraussetzungen des Markenschutzes im geltenden Recht kurz darzustellen. Als Grundlage sind zunächst Begriff und Funktion der Marke zu klären.

I. Begriff und Funktion der Marke

Gemäß § 3 Abs. 1 MarkenG dient eine Marke dazu, Waren oder Dienstleistungen eines Unternehmens von denjenigen anderer Unternehmen zu *unterscheiden*. Das

321 Vgl. *Grundmann*, MA, 5/2010, S. 48.
322 Von einer „offensichtlichen Rechtsverletzung" ist auszugehen, wenn diese so eindeutig ist, dass eine ungerechtfertigte Belastung des Dritten ausgeschlossen ist. Vgl. *Berlit*, S. 229, Rdn. 270.
323 Vgl. *Ekey/Klippel/Bender*, § 19 MarkenG, Rdn. 3.
324 Vgl. *Grundmann*, MA, 5/2010, S. 48.
325 Vgl. *Ensthaler*, S. 214-215.
326 Vgl. *Grundmann*, MA 5/2010, S. 48-49.

bedeutet, dass Marken als Eigennamen fungieren, wie z. B. „*Puma*“ und somit die eigenen Produkte „personifiziert“ werden und sich von anderen – etwa von „*Nike*“ – unterscheiden.[327] Auch der Europäische Gerichtshof hat in der sog. Ideal-Standard-Entscheidung[328] vom 22. Juni 1994[329] die Wiedererkennungsfunktion einer Marke durch den Verbraucher und die Möglichkeit der Kontrolle durch den Markeninhaber bekräftigt.[330] Damit ist die Marke auch als ein Instrument des Verbraucherschutzes anzusehen.[331] Nach der Rechtsprechung des EuGH ist deswegen die Hauptfunktion[332] der Marke, dem Verbraucher oder Endabnehmer die Ursprungsidentität der durch die Marke gekennzeichneten Ware oder Dienstleistung zu garantieren. Diese eine Marke charakterisierende *Herkunftsfunktion* soll ermöglichen, dass die Ware oder Dienstleistung ohne Verwechslungsgefahr von Waren oder Dienstleistungen anderer Herkunft zu unterscheiden sind.[333] Alle anderen Funktionen bauen auf der Herkunfts- und Unterscheidungsfunktion als der wesentlichen Funktion der Marke auf.

Des Weiteren hat die Marke eine besondere *Vertrauensfunktion,* die eine *Qualitäts- und Garantiefunktion* umfasst.[334] Der Konsument erwartet, dass eine mit einer bestimmten Marke gekennzeichnete Ware oder eine Dienstleistung eine gleichbleibende Qualität aufweist. Weiterhin kommt der Marke eine *Werbefunktion* zu (§ 14 Abs. 3 Nr. 5 MarkenG); dabei bildet sie ein zentrales Instrument des Marketings.[335] Maßgeblich für die Intensität der Werbewirkung einer Marke ist ihre Suggestivkraft, das bedeutet ihre Fähigkeit, aus sich selbst heraus als sog. „*Appeal-Faktor*“[336] zu wirken und schließlich zum Kaufentschluss zu motivieren.[337] Zudem besitzt die Marke, insofern eine *Monopolisierungsfunktion,*[338] als ihr Inhaber das subjektive Recht hat, seine Marke exklusiv zu benutzen, um seine Waren oder Dienstleistungen zu kennzeichnen. Er ist damit gegen eine Verwässerung seiner Marktbeziehun-

---

[327] Vgl. *Jäcker*, S. 5.
[328] Vgl. *Jäcker*, S. 5.
[329] Vgl. *Jäcker*, S. 5, *Knöfel*, S. 7.
[330] Vgl. EuGH, Urt. v. 22.6.1994-Rs C-9/93, GRUR Int. 1994, 614, zitiert nach *Knöfel*, S. 7.
[331] Vgl. *Jäcker*, S. 5.
[332] Vgl. *Ingerl/Rohnke*, S. 24, Rdn. 72.
[333] Vgl. *Lange*, § 1, Rdn. 695.
[334] *Fezer* nennt als klassische Funktionen der Marke: Herkunfts-, Garantie-, Qualitäts- oder Vertrauensfunktion sowie die Werbefunktion. Vgl. *Fezer*, S. 81, Rdn. 2.
[335] Vgl. *Götting*, S. 310, Rdn. 3-4.
[336] Der „*Appeal-Faktor*“ bedeutet in dieser Hinsicht, dass das Markenprodukt durch eine attraktive Gestaltung optisch aus sich heraus wirkt.
[337] Vgl. *Götting,* S. 310-311, Rdn. 4.
[338] Vgl. auch § 14 Abs. 1 MarkenG: „Der Erwerb des Markenschutzes nach § 4 gewährt dem Inhaber der Marke ein ausschließliches Recht“.

gen durch konkurrierende Anbieter geschützt.[339] So ist nicht verwunderlich, dass sog. „Markenpiraten“ ein erhebliches Interesse daran haben, eine populäre Marke wie „*Puma*“, „*Nike*“ oder „*Gucci*“ nachzuahmen und unter dieser ihre eigenen Waren zu vertreiben.

II. Gegenstand des Markenschutzes

Als Marke können nach § 3 Abs. 1 MarkenG „*alle Zeichen*“ geschützt werden.

Hierzu gehören[340] insbesondere:

- **Wörter** einschließlich **Personennamen,** wie z. B.:
  - *Marc O`Polo*
  - *Pepsi-Cola*
  - *Mercedes*
  - *Meister Proper*

- **Abbildungen** und **Embleme,** wie z. B.:
  - Abbildung eines springenden Pumas der *Puma* AG
  - Emblem der *Volkswagen* AG

- **Buchstaben**, z. B.:
  - *BMW*
  - *ZDF*

- **Zahlen**, so z. B.:
  - *600* für BMW
  - *4711* für Kölnisch Wasser

- **Hörzeichen**, z. B.:
  - Die ersten neun Töne der Klaviersonate „*Für Elise*“ von Ludwig van Beethoven

- **Dreidimensionale Gestaltungen** einschließlich Warenform oder Warenverpackung, so etwa:
  - *Coca-Cola* Flasche
  - Form der *Toblerone*-Schokolade[341]

---

[339] Vgl. *Marx*, S. 14, Rdn. 40.
[340] Vgl. *Nordemann*, S. 344, *Hintze*, S. 57-62.
[341] Vgl. *Hintze*, S. 60.

- Drei Streifen auf *Adidas*-Sportartikeln[342]

- **Farben** und Farbenzusammenstellungen, z. B.:
- Violett für Katzenfutter
- Farbzusammenstellungen wie rot-gelb für *Maggi*

Ferner kommen auch weitere Formen aufgrund der nicht abschließenden Aufzählung in § 3 Abs. 1 MarkenG in Betracht zum Beispiel Geruchsmarken, Geschmacks- und Tastmarken,[343] Positionsmarken sowie Bewegungsmarken.[344]

III. Erlangen des Markenschutzes

Nach dem Markengesetz gibt es insbesondere folgende Möglichkeiten, Markenschutz zu erlangen:

1. Registermarke

Zum einen entsteht der Markenschutz in Form der sog. Registermarke durch Eintragung in das vom Patent- und Markenamt geführte Register gem. § 4 Nr. 1 MarkenG. Zudem setzt das Gesetz voraus, dass eine eingetragene Marke benutzt werden muss. Mit der Eintragung der Marke beginnt die sog. Fünfjahresfrist für die Aufnahme der Benutzung. Sofern eine Marke während dieser fünf Jahre nicht benutzt wird, kann diese auf Antrag eines Wettbewerbers wegen Nichtbenutzung gelöscht werden (§ 43 MarkenG).[345] Mit Eintragung der Marke genießt der Inhaber eine Schutzdauer von 10 Jahren (§ 47 Abs. 1 MarkenG).

2. Benutzungsmarke

Auch kann der Markenschutz durch Benutzung einer Marke im geschäftlichen Verkehr entstehen, soweit diese die sog. Verkehrsgeltung erworben hat (§ 4 Nr. 2 MarkenG). Eine solche ist erworben, wenn eine Bekanntheit innerhalb der beteiligten Verkehrskreise zwischen 20 % und 50 % vorliegt.[346] Als Benutzungsmarke wurde z. B. anerkannt die Farbe „*Magenta*" für Telekommunikationsdienstleistun-

---

[342] Vgl. *Hintze*, S. 60.
[343] Beispielsweise eine besondere Markengestaltung für Blinde.
[344] Vgl. *Pierson/Ahrens/Fischer*, S. 161-162.
[345] Schriften und Arbeitspapiere Nr. 106/07 (IHK Nürnberg für Mittelfranken), S. 6, http://www.ihk-nuernberg.de/de/media/PDF/Publikationen/Recht-Steuern/Markenrecht_106.pdf, besucht am 14.12.12.
[346] Vgl. *Campos Nave*, S. 42, *Berlit*, S. 28, Rdn. 17 a.

gen mit einem Grad der Verkehrsgeltung von rund 58 %.[347] Die nicht eingetragene Benutzungsmarke steht damit gleichberechtigt neben der eingetragenen Marke.

3. Notorisch bekannte Marke

Neben der Registermarke (§ 4 Nr. 1 MarkenG) und der Benutzungsmarke (§ 4 Nr. 2 MarkenG) ist schließlich die dritte Markenart die notorisch oder allbekannte Marke gem. § 4 Nr. 3 MarkenG i. V. m. Art. 6bis PVÜ. Erfordernis für einen solchen Schutz von Marken, die weder in Deutschland eingetragen sind, noch hier benutzt werden, ist deren außerordentliche Bekanntheit.[348] Der BGH[349] fordert für einen notorischen Bekanntheitsgrad mindestens 70 %. Dies wird bei jeder bekannten Weltmarke vorliegen.[350] Die Drei-Streifen-Kennzeichnung von „*Adidas*" ist als notorisch bekannt zu werten.[351] Weitere Beispiele sind: „*Persil*", „*Coca-Cola*" sowie „*Maggi*".[352]

IV. Schutzumfang

§ 14 Abs. 2 MarkenG normiert folgende drei Schutzbereiche einer Marke: Identitätsschutz, Verwechslungsschutz und Bekanntheitsschutz.[353]

Markenpiraten greifen in den Identitätsschutz ein (§ 14 Abs. 2 Nr. 1 MarkenG), indem sie ein mit der Marke identisches Zeichen für gleiche Waren oder Dienstleistungen benutzen, zum Beispiel die gleichen Wortbildmarken „*Puma*" mit der springenden Raubkatze für Sportbekleidung verwenden und damit eine Totalfälschung herstellen.

Im Falle der Verwechslungsgefahr hingegen (§ 14 Abs. 2 Nr. 2 MarkenG) benutzen die Täter eine ähnliche Marke oder ein ähnliches Logo des Originalmarkenherstellers. Manche Autoren zählen auch diese Fallkonstellation zur Markenpiraterie,[354] da der Markenpirat hierbei versucht, sich der Originalmarke anzunähern, um ebenso mit der ähnlichen Marke Verwirrung bei den Verbrauchern zu schaffen, sodass der Eindruck entsteht, die vom Markenpirat verwandte Marke komme aus dem gleichen Unternehmen. Wegen des vergleichbaren Unrechtsgehalts ist es mei-

---

[347] Vgl. *Nordemann,* S. 375, Rdn. 2257, *Ingerl/Rohnke*, § 4, Rdn. 21.
[348] Vgl. *Ingerl/Rohnke,* § 4, Rdn. 29.
[349] Vgl. BGH, Urt. v. 12.7.2001 – I ZR 100/99, zitiert nach *Campos Nave*, S. 43.
[350] Vgl. *Campos Nave*, S. 43.
[351] Vgl. *Welser/González*, S. 66, Rdn. 68.
[352] Vgl. *T. Wölfel*, S. 68.
[353] Vgl. *Fezer*, § 14, Rdn. 13.
[354] Vgl. *Schuhmacher*, S. 49.

nes Erachtens zutreffend, auch diese Fälle der Markenpiraterie zuzuordnen, wobei das Hauptaugenmerk in dieser Arbeit aus den bereits in der Einleitung genannten Gründen bei der Totalfälschung (§ 14 Abs. 2 Nr. 1 MarkenG) liegt.

Der Bekanntheitsschutz, als dritter Schutzbereich, wird in dieser Arbeit nicht betrachtet, da er nicht zu den typischen Fällen der Markenpiraterie passt. Der Bekanntheitsschutz erfasst beispielsweise den Fall, dass die Marke „*Cartier*", die gewöhnlich exklusiven Schmuck ziert, für Gartenmöbel verwendet wird.[355] Hier wird die Bekanntheit der Marke ausgenutzt, indem diese unerlaubt für markenfremde Produkte verwendet wird. Da es aber Markenpiraten ganz überwiegend um die Kopie von Produkt und Marke geht, wird diese Konstellation in der Arbeit nicht weiter behandelt.

[355] Vgl. *Schuhmacher*, S. 50.

3. Kapitel: Markenpiraterie aus rechtlicher Sicht

Untersucht man die Markenpiraterie aus rechtlicher Sicht, stehen neben zivilrechtlichen Ansprüchen des Markeninhabers ***(A.)*** insbesondere die anzuwendenden Strafvorschriften – wie etwa § 143 MarkenG – im Vordergrund ***(B.)***, weil es sich bei Markenpiraterie durchweg um kriminelle Verhaltensweisen handelt. Die strafprozessualen und strafrechtlichen Zwangsmittel eignen sich weitaus besser zur Aufklärung und zur Verhinderung dieser Taten als das Zivilrecht. Notwendig ist die Vernichtung der gefälschten Markenwaren, was auch zivilrechtlich möglich ist, sowie die Festnahme und Bestrafung der Täter. Allerdings baut die Strafvorschrift nach § 143 MarkenG auf den zivilrechtlichen Voraussetzungen der Markenrechtsverletzung gem. § 14 MarkenG auf.

A. Zivilrechtliche Ansprüche

Damit der Markeninhaber zivilrechtliche Ansprüche zum Beispiel auf Vernichtung der Waren (§ 18 Abs. 1 MarkenG) oder Ansprüche gegen Dritte – insbesondere Betreiber von Online-Marktplätzen wie z. B. „*eBay*" – geltend machen kann, müssen zunächst die allgemeinen Anspruchsvoraussetzungen nach § 14 MarkenG erfüllt sein.

I. Allgemeine Anspruchsvoraussetzungen (§ 14 MarkenG)

Allgemeine Voraussetzungen für eine Markenrechtsverletzung sind nach § 14 Abs. 2 MarkenG, dass die Marke durch einen Dritten „*ohne Zustimmung*" des Inhabers im „*inländischen geschäftlichen Verkehr*" benutzt wird. Die weitere Voraussetzung der sog. „*markenmäßigen Benutzung*" ergibt sich aus den in mehreren Ziffern der in § 14 Absatz 3, 4 MarkenG geregelten einzelnen Fallvarianten der Markenrechtsverletzung.[356] Diese werden nur kurz behandelt (vgl. 2.), weil sonst der Rahmen dieser Arbeit gesprengt würde.

Da die vorgenannten allgemeinen Voraussetzungen im Fall der Markenpiraterie in aller Regel erfüllt sind, genügt ein Überblick.

[356] Vgl. *Hemmer/Wüst/Vießmann*, S. 197, Rdn. 3021.

1. Handeln im geschäftlichen Verkehr (§ 14 MarkenG)

Bei der Markenpiraterie wird die Marke durchweg ohne Zustimmung des Inhabers benutzt, sodass im Folgenden nur das Kriterium des *„Handelns im geschäftlichen Verkehr“* zu erläutern ist. Darunter wird jede wirtschaftliche Tätigkeit auf dem Markt verstanden, die der Förderung eines eigenen oder fremden Geschäftszwecks zu dienen bestimmt ist,[357] sodass der Begriff weit auszulegen ist.[358] Im Interesse des Markenschutzes sind an dieses Kriterium keine hohen Erfordernisse zu stellen.[359] Die Voraussetzung setzt weder eine auf Erwerb gerichtete Tätigkeit noch Gewinnerzielungsabsicht oder Entgeltlichkeit voraus,[360] allerdings werden beide Punkte bei der Markenpiraterie gegeben sein. Auch das Bestehen eines Gewerbebetriebes wird nicht gefordert.[361] Ausschlaggebend ist die nach außen in Erscheinung tretende Zielrichtung des Handelnden.[362] Beispielsweise sind 39 Transaktionen von Hemden der Marke *„Hugo Boss“* über ein Internetauktionshaus in fünf Monaten als ein Handeln im geschäftlichen Verkehr anzusehen.[363] Die Anforderungen an das Handeln im geschäftlichen Verkehr sind geringer als an die Gewerbsmäßigkeit.[364] Der BGH[365] stellte fest, dass ein geschäftlicher Verkehr bei solchen Fallgestaltungen anzunehmen sei, bei denen ein Anbieter wiederholt mit gleichartigen und insbesondere neuen Gegenständen handelt, sowie wenn er die zum Kauf angebotenen Waren erst kurz zuvor erworben hat.[366]

Im Gegensatz dazu handelt es sich bei Privatverkehr um alles, was sich auf dem Gebiet des Einzelnen außerhalb von Erwerb und Beruf abspielt.[367] Beispielsweise handeln Privatpersonen nicht im geschäftlichen Verkehr, wenn sie eine gefälschte *„Rolex“*-Uhr tragen oder diese bei einem Juwelier zur Reparatur abgeben.[368] Handlungen, die keine wirtschaftlichen Ziele verfolgen oder nicht einem Geschäftszweck dienen, sind markenrechtlich nicht relevant.[369] So liegt auch keine Markenverletzung vor, wenn ein Privatmann eine gefälschte Markenware aus dem Ausland

---

[357] Vgl. *Nordemann*, S. 377, Rdn. 2281.
[358] Vgl. *Schultz*, § 14, Rdn. 9.
[359] Vgl. *Ingerl/Rohnke*, § 14, Rdn. 72.
[360] Vgl. *Ingerl/Rohnke*, § 14, Rdn. 73.
[361] Vgl. *Welser/González*, S. 95, Rdn. 119.
[362] Vgl. *Ingerl/Rohnke*, § 14, Rdn. 75.
[363] Vgl. LG Berlin, Urt. v. 09.11.2001 – 103 O 149/01, abrufbar unter: http://www.flick-sass.de/boss_shirts.html, besucht am 14.12.12.
[364] Vgl. *Birk/Löffler*, S. 86.
[365] Vgl. *Ingerl/Rohnke*, § 14, Rdn. 78.
[366] Vgl. *Ingerl/Rohnke*, § 14, Rdn. 78.
[367] Vgl. *Welser/González*, S. 95, Rdn. 119.
[368] Vgl. *Nordemann*, S. 378.
[369] Vgl. *Nordemann*, S. 377-378, Rdn. 2281.

für den Eigenverbrauch einführt. Werden dagegen gefälschte „*Joop*“-Bekleidungsstücke, in größerer Stückzahl von Privatleuten eingeführt, wird ein Handeln im geschäftlichen Verkehr angenommen.[370] Allerdings kann es fraglich sein, ab welcher Stückzahl, oder ab welchem Gesamtwert beim Verkauf oder Import von Pirateriewaren, von einem kommerziellen Hintergrund gesprochen werden kann.[371] Zur Annahme einer Benutzung im geschäftlichen Verkehr soll es dabei ausreichen, wenn Anhaltspunkte für eine zukünftige geschäftliche Benutzung vorliegen.[372]

2. Markenmäßige Benutzung (§ 14 MarkenG)

§ 14 Abs. 2 MarkenG setzt, neben dem Handeln im geschäftlichen Verkehr, in den Handlungsmodalitäten der Nummern 1 bis 3 allgemein eine markenmäßige Benutzung voraus. Eine solche liegt vor, wenn das Benutzen des kollidierenden Zeichens durch einen Dritten die Hauptfunktion der Marke beeinträchtigt, die darin besteht, dem Verbraucher die Ursprungsidentität der durch die Marke gekennzeichneten Ware zu garantieren.[373] Anstelle einer Definition des Begriffs der Benutzung enthalten § 14 Abs. 3 Nr. 1 bis 5 MarkenG sinnvollerweise einen Katalog mit Beispielen markenverletzender Benutzungshandlungen, die in § 14 Abs. 4 MarkenG um einen Katalog von Vorbereitungshandlungen erweitert werden.[374] Beispiele markenmäßiger Benutzungshandlungen nach § 14 Abs. 3 und 4 MarkenG sind:

- das Anbringen des fremden Zeichens auf Waren, ihrer Aufmachung oder Verpackung (§ 14 Abs. 3 Nr. 1 MarkenG)
- unter dem Zeichen Waren anzubieten, in den Verkehr zu bringen oder zu den genannten Zwecken zu besitzen (§ 14 Abs. 3 Nr. 2 MarkenG)
- Dienstleistungen unter dem Zeichen anzubieten oder zu erbringen (§ 14 Abs. 3 Nr. 3 MarkenG)
- die Einfuhr und Ausfuhr von Waren unter einem fremden Zeichen (§ 14 Abs. 3 Nr. 4 MarkenG)
- die Benutzung des fremden Zeichens in Geschäftspapieren oder in der Werbung (§ 14 Abs. 3 Nr. 5 MarkenG)
- markenverletzende Vorbereitungshandlungen, wie beispielsweise die Anbringung eines identischen oder ähnlichen Zeichens auf Aufmachungen oder Verpackungen oder auf Kennzeichnungsmitteln, wie Etiketten, Anhängern, Aufnähern oder dergleichen (§ 14 Abs. 4 Nr. 1 MarkenG).

---

[370] Vgl. *Schultz*, § 14, Rdn. 10.
[371] Vgl. *Schuhmacher*, S. 65.
[372] Vgl. *Göpfert*, S. 82.
[373] Vgl. *Pierson/Ahrens/Fischer*, S. 189-190.
[374] Vgl. *Ingerl/Rohnke*, § 14, Rdn. 94.

Für das Anbringen nach § 14 Abs. 3 Nr. 1 MarkenG reicht eine lediglich vorübergehende, leicht entfernbare oder nicht ständig wahrnehmbare Befestigung an der Ware aus.[375] Das verbotene Anbringen einer Marke erfasst jede körperliche Verbindung der Marke mit der Ware, ihrer Aufmachung oder Verpackung[376] z. B. durch Bedrucken, Einweben oder Einbrennen.[377] Während für das Anbieten von gefälschten Markenwaren bereits ein Katalogangebot genügt, ist das Inverkehrbringen als klassischer Fall des Verkaufs gefälschter Markenwaren zu betrachten (§ 14 Abs. 3 Nr. 2 MarkenG).[378] Der Begriff der „markenmäßigen Benutzung" wird von der Rechtsprechung weit ausgelegt. So liegt eine solche bereits vor, wenn ein Markenpirat eine Homepage unter dem Domain-Namen „*Puma*.de" einrichtet. Der Markenschutz soll sicherstellen, dass die Marke ihre Funktion erfüllen kann.[379] Dies kann die Marke gerade in der Situation nicht, wenn ein Markenpirat als Markenhersteller auftritt und „Markenwaren" minderer Qualität vertreibt, sowie die Verbraucher über deren Echtheit täuscht.

II. Rechtsfolgen

Wird die geschützte Marke für identische oder ähnliche Waren oder Dienstleistungen durch Dritte widerrechtlich wie oben dargestellt benutzt, ergeben sich eine Reihe zivilrechtlicher Rechtsfolgen. Den Schwerpunkt bildet der Anspruch auf Vernichtung der gefälschten Markenwaren ***(1.a)***, denn Fälschungen, die aus dem Verkehr gezogen worden sind, können keinen Schaden mehr anrichten. Außer gegen Markenpiraten kann der Markeninhaber auch Ansprüche gegen unbeteiligte Dritte geltend machen, wie etwa gegen Betreiber von Online-Marktplätzen ***(2.)*** oder Spediteure ***(3.)***.

1. Ansprüche des Markeninhabers gegen Markenpiraten

Neben dem Vernichtungsanspruch (§ 18 Abs. 1 MarkenG) kann auch der Schadenersatzanspruch des Markeninhabers (§ 14 Abs. 6 MarkenG) wichtig sein, wenn Aussicht besteht, dass Markenpiraten über ein ausreichendes Vermögen verfügen, auf das der Markeninhaber gegebenenfalls auf dem Wege der zivilrechtlichen Zwangsvollstreckung zugreifen kann.

---

[375] Vgl. *Ingerl/Rohnke*, § 14, Rdn. 222.
[376] Vgl. *Welser/González,* S. 96, Rdn. 121.
[377] Vgl. *Schuhmacher*, S. 96.
[378] Vgl. *Schiwek*, S. 133 und S. 137.
[379] Vgl. *Köhler*, GRUR 2009, 445, 445.

Demgegenüber sind Unterlassungsansprüche des Markeninhabers (§ 14 Abs. 5 MarkenG) von nachrangiger Bedeutung, weil sich Kriminelle dadurch in ihrem Tun nicht stoppen lassen.

Des Weiteren steht dem Markeninhaber ein Auskunftsanspruch (§ 19 MarkenG) zu; allerdings ist dieser bei Markenpiraten wenig von Nutzen, da die Täter allenfalls durch Vernehmungen der Kriminalpolizei im Rahmen strafrechtlicher Ermittlungen zu Aussagen bewegt werden können.

Schließlich kann der Markeninhaber noch einen Anspruch auf Löschung einer unberechtigt eingetragenen Marke wegen Nichtigkeit (§ 50 Marken) sowie auch einen Anspruch auf Urteilsbekanntmachung (§ 19 c MarkenG) geltend machen.

a) Vernichtungs- und Rückrufansprüche (§ 18 MarkenG)

Als zivilrechtlich effektivste Waffe gegen Markenpiraterie kann der Entzug des wirtschaftlichen Vorteils durch Vernichtung der gefälschten Waren betrachtet werden.[380] In der „Schattenwirtschaft", tritt das Problem auf, dass zwischen den geltenden Vorschriften und ihrer effektiven Durchsetzung häufig eine Lücke besteht. Oftmals sind die Täter bzw. Unternehmen insolvent, verschweigen die Zusammenhänge und bringen ihr Vermögen in Sicherheit oder „verflüchtigen" sich gänzlich.[381] Deshalb kommt speziell bei der Markenpiraterie, dem verschuldensunabhängigen Vernichtungsanspruch[382] gem. § 18 Abs. 1 MarkenG ein größerer Stellenwert zu, als beispielsweise Unterlassungs- oder Schadensersatzansprüchen.[383] Wichtig ist der Anspruch deshalb, weil mit der handfesten Sanktion der Vernichtung[384] der gefälschten Markenwaren, z. B. von „*Puma*"-Sportschuhen einschließlich der Verpackung sowie dem Beseitigen der von den Tätern verwendeten Kennzeichnungsmittel[385] und Herstellungsvorrichtungen, wie etwa Druckstöcken und Maschinen, Fälschungen erfolgreich bekämpft werden können.[386] Ferner verhindert ein Unternehmen weiteren Schaden, wie beispielsweise den Imageverlust der Marke durch minderwertige Fälschungen.[387] Eine weitere Funktion des Vernichtungsanspruchs besteht in dem erhofften generalpräventiven Abschreckungseffekt und dem Sanktionscharakter dieser besonders gravierenden Maßnahme.[388]

---

[380] Vgl. *Meister*, S. 104.
[381] Vgl. *Harte-Bavendamm*, § 5, Rdn. 104.
[382] Vgl. *Ingerl/Rohnke*, § 18, Rdn. 13.
[383] Vgl. *Harte-Bavendamm*, § 5, Rdn. 104.
[384] Vgl. *Harte-Bavendamm*, § 5, Rdn. 104.
[385] Vgl. *Ingerl/Rohnke*, § 18, Rdn. 13.
[386] Vgl. *Ingerl/Rohnke*, § 18, Rdn. 14.
[387] Vgl. *Harte-Bavendamm*, § 5, Rdn. 104.
[388] Vgl. *Ingerl/Rohnke*, § 18, Rdn. 4.

Auch aus der europäischen Produktpiraterie-Verordnung geht hervor, dass die Vernichtung der Piraterieware als das geeignetste und angemessenste Mittel erscheint, um den an der jeweiligen Transaktion Beteiligten die wirtschaftlichen Vorteile ihrer Taten zu entziehen.[389] Um eine schnelle Sicherstellung der gefälschten Markenwaren bis zur Entscheidung über den Vernichtungsanspruch zu erreichen, sollte der Markeninhaber durch einstweilige Verfügung gem. §§ 935 ff. ZPO die vorläufige Herausgabe an den Gerichtsvollzieher verlangen (§ 938 Abs. 2 ZPO).[390]

Daneben beinhaltet § 18 Abs. 2 MarkenG Rückrufansprüche, die gerade solche Gegenstände betreffen, die bereits die Produktionsstätte oder das Lager des Verletzers verlassen haben.[391] Der Rückruf zielt ebenso wie das endgültige Entfernen aus den Vertriebswegen darauf ab, die in Umlauf gebrachte Ware auf Kosten des Markenrechtsverletzers wieder aus dem Verkehr zu nehmen.[392]

Nach § 18 Abs. 3 MarkenG sind Vernichtung und Rückruf dann ausgeschlossen, wenn mildere Mittel zur Beseitigung des Störungszustandes zur Verfügung stehen, weil dann i. S. d. § 18 Abs. 3 MarkenG die Durchsetzung des Anspruchs im Einzelfall unverhältnismäßig wäre.[393]

b) Schadenersatzanspruch (§ 14 Abs. 6 MarkenG)

Der Markeninhaber kann durch Herstellen und Vertrieb gefälschter Markenwaren einen Umsatzausfall erleiden, dessen obere Grenze sich aus der Gesamtanzahl der in Verkehr gebrachten Fälschungen ergibt. Deshalb spielt für den Markeninhaber neben dem Vernichtungsanspruch der Schadenersatzanspruch nach § 14 Abs. 6 MarkenG eine Rolle, obwohl die Durchsetzung gegenüber Markenpiraten mangels verwertbaren Vermögens problematisch ist und man an die Hersteller beispielsweise in China oder Thailand kaum herankommt.

Man unterscheidet die drei folgenden Möglichkeiten zur Schadensberechnung:

- Die Berechnung nach den allgemeinen Schadenersatzvorschriften des §§ 249 ff. BGB, speziell § 252 BGB bzgl. des entgangenen Herstellergewinns
- die Herausgabe des Verletzergewinns (§ 14 Abs. 6 S. 2 MarkenG)
- die Berechnung nach der sog. Lizenzanalogie (§ 14 Abs. 6 S. 3 MarkenG).

---

389 Vgl. *Harte-Bavedamm*, § 5, Rdn. 104, Vgl. Art. 11 PP-VO und Art. 17 PP-VO.
390 Vgl. *Ingerl/Rohnke*, § 18, Rdn. 38.
391 Vgl. *Jestaedt*, GRUR 2009, 103, 107.
392 Vgl. *Ulrich*, S. 6.
393 Vgl. *Ingerl/Rohnke*, § 18, Rdn. 24.

Die mit Abstand am häufigsten in der Praxis angewandte[394] und zugleich einfachste Berechnungsmethode ist die Lizenzanalogie. Hier hat der Markenrechtsverletzer den Betrag zu zahlen, den gewöhnlich vernünftige Parteien bei Abschluss eines Lizenzvertrages als angemessene Lizenzgebühr vereinbart hätten.[395] Allerdings ist – unabhängig von der Frage der Durchsetzbarkeit – die Berechnung der Höhe des Ersatzes aufgrund der hohen Dunkelziffer der in Verkehr gebrachten Fälschungen schwierig, zum anderen kann im Hinblick auf den Ersatz des entgangenen Gewinns (§ 252 BGB) des Markenherstellers nicht davon ausgegangen werden, dass jeder Käufer einer Fälschung auch das teurere Markenprodukt erworben hätte.

c) Löschungsanspruch (§ 50 MarkenG)

Bei der Markenpiraterie im *weiteren Sinne*, zu der die sog. „*Blockademarken*"[396] gehören, ist der Löschungsanspruch gem. §§ 50, 54 MarkenG i. V. m. § 8 Abs. 2 Nr. 10 MarkenG von Bedeutung. Allerdings ist die Löschung einer Marke kein zivilrechtlicher,[397] sondern ein öffentlich-rechtlicher Anspruch, jedoch soll die Schutzmaßnahme im Zusammenhang mit den Schutzansprüchen des Markeninhabers erläutert werden. § 50 MarkenG bietet die Möglichkeit, Marken zu löschen, die trotz absoluter Schutzversagungsgründe zu Unrecht eingetragen wurden. Löschungsgründe sind zum Beispiel das Fehlen der Markenfähigkeit gem. § 3 MarkenG, das Fehlen jeglicher Unterscheidungskraft oder die bösgläubige Anmeldung einer Marke, was insbesondere bei Markenpiraterie häufig der Fall ist. Bösgläubigkeit gem. § 8 Abs. 2 Nr. 10 MarkenG liegt vor, wenn eine Marke lediglich zu dem Zweck angemeldet wird, um diese zweckwidrig zur Sperrung einzusetzen.[398] Der Markeninhaber kann diese Marke dann gem. § 50 Abs. 1 MarkenG löschen lassen. Ferner kann auch die Eintragung einer Marke bei Bösgläubigkeit nach § 50 Abs. 3 MarkenG von Amtswegen gelöscht werden.

d) Anspruch auf Urteilsbekanntmachung (§ 19 c MarkenG)

Die Urteilsbekanntmachung war vor der Einführung des § 19 c MarkenG, der wiederum auf der Durchsetzungsrichtlinie beruht, nur als Nebenfolge der strafrechtlichen Verurteilung in § 143 Abs. 6 MarkenG vorgesehen.[399] In der Regel wird es

---

[394] Vgl. *Campos Nave*, S. 72.
[395] Vgl. *Hintze*, S. 69.
[396] Siehe zur Definition der „Blockademarke": 1. Kapitel, A, I, 1, f).
[397] Vgl. *Schuhmacher*, S. 62.
[398] Vgl. *Schuhmacher*, S. 51-52.
[399] Vgl. *Ingerl/Rohnke*, § 19 c, Rdn. 1.

gegen Markenpiraten lediglich Urteile der Strafgerichte geben, da ein zivilrechtliches Verfahren aus den oben genannten Gründen meist wenig hilfreich ist. Dementsprechend ist ein zivilrechtlicher Anspruch auf Urteilsbekanntmachung nach § 19 c MarkenG vor allem bei Fällen außerhalb der „Piraterie" sinnvoll, zum Beispiel wenn eine Auseinandersetzung um eine Markenverletzung zwischen „seriösen" Unternehmen streitig entschieden wurde.

2. Ansprüche des Markeninhabers gegen Online-Marktplätze, insbesondere eBay

Besonders häufig ist das Problem der Markenpiraterie im Internet anzutreffen; man geht davon aus, dass mehr als ein Drittel der dort angebotenen Markenwaren Fälschungen sind.[400] Dementsprechend werden auch auf dem Online-Marktplatz *eBay* in nicht unerheblichem Umfang markenrechtswidrige Fälschungen und Repliken angeboten. Insbesondere werden auch häufig gefälschte Parfüms der Marke „*Davidoff*" oder „*Chanel*" verkauft.[401] Hier wird der Markeninhaber, wie zum Beispiel das Unternehmen „*Lancaster*" Inc., als Inhaber der Marke „*Davidoff*" ein Interesse daran haben, nicht nur gegen den Anbieter vorzugehen, sondern auch den Online-Marktplatz in die Pflicht zu nehmen, um zukünftige Rechtsverletzungen zu verhindern.[402]

Bevor ein Markeninhaber jedoch Ansprüche gegen den Betreiber des Online-Marktplatzes geltend machen kann, muss er eine Markenverletzung nachweisen. Die markenmäßige Benutzung i. S. d. § 14 Abs. 3 Nr. 2 Alt. 1 MarkenG ist gegeben, denn der Markenpirat bietet unter dem Zeichen „*Davidoff*" Parfüms an, die tatsächlich nicht vom Verkäufer stammen, sondern gefälscht sind. Auch die Information „*Produkte dieser Marke sind derzeit nicht lieferbar*" ist bereits ein Benutzen der Marke, weil damit erklärt wird, das gefälschte Markenprodukt sei grundsätzlich im Angebot.[403]

Des Weiteren müsste der Markenpirat die Rechte des Markeninhabers verletzen. Durch das Anbieten von Parfüms, die eindeutig wie das Original der Marke „*Davidoff Cool Water*" aussehen, hat der Markenpirat identische Waren mit identischen Zeichen versehen und somit eine Identitätsverletzung nach § 14 Abs. 2 Nr. 1 MarkenG begangen. Hinsichtlich der weiteren gesetzlichen Voraussetzung „Handeln im geschäftlichen Verkehr" sind nach der Rechtsprechung insbesondere folgende Kriterien heranzuziehen: Dauer der Verkaufstätigkeit, Zahl der Verkaufs- bzw.

---

400 http://www.original-ist-genial.de/home/single-news/article/faelschungen-im-internet-erkennen.html, besucht am 05.11.10.

401 http://www.spiegel.de/wirtschaft/0,1518,514334,00.html, besucht am 18.10.10.

402 Vgl. *Gedert*, S. 32.

403 Vgl. *Ingerl/Rohnke*, Nach § 15, Rdn. 198.

Angebotshandlungen im fraglichen Zeitraum, die Art der zum Verkauf gestellten Waren, deren Herkunft, der Anlass des Verkaufs sowie die Präsentation des Angebots.[404] Da der Täter im Fall „*Davidoff*" wiederholt mit gleichartigen und neuen Gegenständen gehandelt hat, ist das Merkmal ebenfalls erfüllt.

Es fällt markenrechtlich nicht ins Gewicht, wenn der Markenpirat die fraglichen Parfüms als „*Replika*"[405] oder „*Nachbildungen*" bezeichnet, denn bereits die Verwendung der Originalmarke „*Davidoff*" auf der Nachbildung stellt eine Verletzung des Identitätsschutzes gem. § 14 Abs. 2 Nr. 1 MarkenG dar. Bei einem Markenrechtsverstoß kommt es nicht auf die konkrete Verkaufssituation an, sondern auf die abstrakte Gefahr der Verwechslung, sodass es unerheblich ist, ob die Fälschung offen als solche ausgewiesen oder verschleiert wird.[406] Entscheidend ist vielmehr, dass die tatsächliche Funktion der Marke beeinträchtigt wird, nämlich die Herkunftsfunktion, indem der Verbraucher nicht mehr zuordnen kann, aus welchem Unternehmen die Ware stammt.[407]

a) Auskunftsanspruch (§ 19 MarkenG)

Weiterhin kann der Markeninhaber gegen einen Online-Marktplatz einen sog. Drittauskunftsanspruch gem. § 19 Abs. 2 Nr. 3 MarkenG geltend machen.[408] Hiernach müssen Personen bzw. Unternehmen, wie z. B. *eBay*, deren Dienstleistungen für rechtsverletzende Tätigkeiten im gewerblichen Ausmaß genutzt wurden, über den Anbieter – im vorliegenden Fall den Markenpiraten – Auskunft erteilen.[409] Dementsprechend hat das Oberlandesgericht München[410] entschieden, dass Online-Auktionshäuser Auskunft zu erteilen haben sowohl über Namen und Anschriften der Anbieter als auch über die Zeitdauer und Umfang des Angebots, denn hierzu sei das Online-Auktionshaus als sog. Störer[411] verpflichtet, auch wenn es schuldlos zu einer Schutzrechtsverletzung beigetragen habe.[412]

---

[404] Vgl. OLG Frankfurt, Beschluss v. 07.04.2005 – 6 U 149/04, abrufbar unter: http://www.internetrecht-rostock.de/markenrechturteil1.htm, besucht am 20.10.10.
[405] Vgl. *Heng*, S. 102.
[406] Vgl. *Heng*, S. 102.
[407] Vgl. BGH, Urt. v. 30.04.2008 – I ZR 73/05, abrufbar unter: http://www.jurpc.de/rechtspr/20080146.htm.
[408] Vgl. *Heydn/Schmid-Petersen/Vassilaki*, S. 67, Rdn. 223.
[409] Vgl. *Heydn/Schmid-Petersen/Vassilaki*, S. 66, Rdn. 216.
[410] Vgl. OLG München, MMR 2006, 739, 740 ff. – Online-Versteigerung, zitiert nach *Welser/González*, S. 112, Rdn. 149.
[411] Störer ist, wer in irgendeiner Weise willentlich und adäquat kausal zur Verletzung beiträgt. Vgl. *Heydn/Schmid-Petersen/Vassilaki*, S. 60, Rdn. 202.
[412] Vgl. OLG München, MMR 2006, 739, 740 ff. – Online-Versteigerung, zitiert nach *Welser/González*, S. 112, Rdn. 149.

Ferner kann der Auskunftsanspruch auch gem. § 19 Abs. 7 MarkenG in Fällen offensichtlicher Rechtsverletzung – die bei Markenpiraterie durchweg gegeben ist – im Wege der einstweiligen Verfügung (§§ 935 ff. ZPO) geltend gemacht werden.

Betreiber von Online-Marktplätzen können den Namen und die Anschrift des Verkäufers der markenverletzenden Waren gewöhnlich aufgrund der Daten ermitteln, die der Markenpirat bei seiner Anmeldung angegeben hat. Zu berücksichtigen ist, dass *eBay* die Kontaktdaten der Anbieter nach der Löschung des rechtswidrigen Angebots ohnehin herausgibt, sodass ein Auskunftsanspruch nicht gerichtlich geltend gemacht werden muss.[413] Mit den erforderlichen Kontaktdaten kann der Markeninhaber, soweit diese wahrheitsgemäß durch den Markenpiraten angegeben wurden, weitere rechtliche Schritte gegen diesen einleiten, wie z. B. Vernichtung gefälschter Markenwaren und Schadenersatz.

b) Pflichten eBays zur Unterlassung markenrechtswidriger Angebote

Um die Markenpiraterie im Internet – insbesondere über Maßnahmen gegen Online-Plattformen – zu bekämpfen, stellt sich die Frage, ob das Unternehmen *eBay* eine Verantwortlichkeit in der Weise trifft, dass es verpflichtet ist, markenrechtswidrige Angebote zu verhindern. Da *eBay* Diensteanbieter i. S. v. § 2 Nr. 1 TMG ist, richtet sich die Verantwortlichkeit nach dem Telemediengesetz.[414] Danach haftet nach allgemeinen Regeln, wer eigene Informationen im Internet veröffentlicht (§ 7 Abs. 1 TMG).[415] Aus § 7 Abs. 2 TMG ergibt sich, dass Diensteanbieter i. S. d. §§ 8-10 TMG bei der Speicherung, Durchleitung, oder Zwischenspeicherung fremder Informationen nicht verpflichtet sind, die von ihm gespeicherten oder übermittelten Informationen zu überwachen oder nach Umständen zu forschen, die auf eine rechtswidrige Tätigkeit hinweisen.[416] Angebote bei *eBay* werden typischerweise durch die Anbieter online gestellt, sodass der Betreiber des Online-Marktplatzes diese vor der Veröffentlichung nicht wahrnimmt; daher ist eine vorsätzliche Teilnahme[417] oder Beihilfe schon deshalb nicht anzunehmen.[418] Somit ist *eBay* als Online-Marktplatz lediglich beschränkt als Verantwortlicher[419] für die durch *eBay*-Mitglieder eingestellten Angebote zu betrachten, denn das Unternehmen tritt nur

---

[413] Vgl. *Heydn/Schmid-Petersen/Vassilaki*, S. 71, Rdn. 233.
[414] Vgl. *Schlömer/Dittrich*, S. 247, Rdn. 549-550.
[415] Vgl. *Schlömer/Dittrich*, S. 247, Rdn. 550.
[416] Vgl. *Schlömer/Dittrich*, S. 247-248, Rdn. 550.
[417] Vgl. BGH, Urt. v. 11.03.2004 – I ZR 304/01, MMR 2004, 668, 670-671.
[418] Vgl. *Welser/González*, S. 110, Rdn. 147.
[419] Vgl. *Schlömer/Dittrich*, S. 248, Rdn. 550.

als Mittelsperson zwischen Käufer und Verkäufer auf.[420] Ferner gilt, dass die Verkäufer die volle Verantwortung für das Einsetzen der angebotenen Artikel und den Inhalt übernehmen.[421] Folglich handelt es sich bei den Angeboten von *eBay* nicht um eigene Inhalte gem. § 7 Abs. 1 TMG oder um ein sog. „Zu-eigen-Machen“[422] fremder Informationen.[423]

Allerdings ist das LG Köln[424] anderer Auffassung. Es vertritt die Ansicht, dass es sich bei den auf einem Online-Marktplatz eingestellten Angeboten um eigene Inhalte handeln kann. Hier seien eigene Informationen anzunehmen, wenn für den Nutzer eine solche Verquickung der eigenen und fremden Inhalte stattfinde, sodass die Inhalte des Diensteanbieters – im vorliegenden Fall *eBay* – und der Fremdinhalt als Einheit erscheinen. Das könne dann vorliegen, wenn der einzelne Anbieter vom Betreiber des Online-Marktplatzes ein Pseudonym zugeteilt bekomme, sodass nach Ansicht des LG Köln der Betreiber dafür verantwortlich sei, dass für den Nutzer der tatsächliche Anbieter nicht mehr individualisierbar sei. Auch wenn der Käufer wisse, dass sich ein Dritter hinter dem Pseudonym verberge, sei der Betreiber des Online-Marktplatzes aus Sicht des Nutzers sein Partner.[425] Meines Erachtens ist der Ansicht des LG Köln nicht zuzustimmen, denn man kann die Tätigkeit von *eBay* mit der eines Messeausrichters gleichsetzen. Hiernach gibt *eBay* keine Angebote ab, sondern stellt nur die Handelsplattform zur Verfügung, denn die einzelnen Angebote auf der Webseite sind nicht von *eBay* selbst, sondern von den Mitgliedern des Online-Marktplatzes eingestellt.[426]

Dennoch kann nach Ansicht des BGH das Internetauktionshaus nach der sog. Störerhaftung gem. §§ 1004, 823 BGB analog haftbar[427] gemacht und ein Unterlassungsanspruch geltend gemacht werden. Der BGH[428] hat auch schon in seiner Entscheidung „*Internet-Versteigerung I*“ das Prinzip aufgestellt, dass das im Telemediengesetz normierte Haftungsprivileg für Host-Provider lediglich die Schadenersatzhaftung und die strafrechtliche Verantwortlichkeit ausschließt[429] nicht dagegen

---

420 Vgl. *Schlömer/Dittrich*, S. 249, Rdn. 551-552.

421 Vgl. *Schlömer/Dittrich*, S. 249, Rdn. 552.

422 Ein „Zu-eigen-Machen“ liegt vor, wenn sich der Diensteanbieter mit dem fremden Inhalt respektive den fremden Informationen derart identifiziert, dass er die Verantwortung für den gesamten Text oder für bewusst ausgewählte Teile davon übernimmt. Vgl. *Heckmann*, S. 94, Rdn. 12.

423 Vgl. *Welser/González*, S. 110, Rdn. 147, *Staniczek*, S. 49.

424 Vgl. LG Köln, Urt. v. 31.10.2000 – 33 O 251/00, zitiert nach *Schlömer/Dittrich*, S. 248, Rdn. 552.

425 Vgl. *Schlömer/Dittrich*, S. 248, Rdn. 552.

426 Vgl. *Schlömer/Dittrich*, S. 249, Rdn. 552.

427 Vgl. *Wilmer*, NJW 2008, 1845, 1846.

428 Vgl. BGH, Urt. v. 11.03.2004 – I ZR 304/01, *Lensing-Kramer/Ruess*, GRUR 2009, 722, 722, MMR 2004, 668, 670.

429 Vgl. BGH, Urt. v. 11.03.2004 – I ZR 304/01, MMR 2004, 668, 670.

den markenrechtlichen Unterlassungsanspruch[430] (§ 14 Abs. 5 MarkenG).[431] Dies wird damit begründet, dass z. B. *eBay* als Störer nach § 1004 BGB analog zur Unterlassung verpflichtet sei, da die Internetplattform erst das Angebot gefälschter Markenwaren ermögliche, auch wenn *eBay* selbst nicht Anbieter dieser gefälschten Markenwaren sei.[432] Erfordernis für eine solche Haftung ist naturgemäß, dass der Rechtsverletzer im geschäftlichen Verkehr gehandelt hat, weil ansonsten keine Markenrechtsverletzung vorliegt.[433]

Da die Störerhaftung nicht über Gebühr auf Dritte erstreckt werden darf, weil diese nicht selbst die Verletzung verursacht haben, sondern nur der Markenpirat, setzt die Haftung eines Störers die Verletzung sog. Prüfungspflichten voraus.[434] Der Umfang richtet sich danach, ob und inwieweit dem als Störer in Anspruch Genommenen nach den Umständen eine Prüfung zuzumuten ist.[435] In der Kosmetikkategorie, beispielsweise bei Parfüms der Marke „*Davidoff*" kann eine umfassende Prüfungspflicht angenommen werden, soweit in diesem Bereich massenhaft Fälschungen über *eBay* vertrieben werden. Allerdings ist es nach Auffassung des BGH[436] einem Unternehmen, welches im Internet eine Plattform für Fremdversteigerungen betreibt, nicht zuzumuten jegliches Angebot vor Veröffentlichung im Internet auf eine potenzielle Rechtsverletzung hin zu untersuchen. Dies würde seine Tätigkeit und sein Geschäftsmodell als solches infrage stellen. Anzumerken ist jedoch, dass Online-Marktplätze, wie *eBay* durch die geschuldete Provision an dem Verkauf der gefälschten Markenwaren beteiligt sind.[437]

Hieraus ergibt sich die Konsequenz, dass Betreiber von Online-Marktplätzen immer dann, wenn sie auf eine klare Rechtsverletzung hingewiesen worden sind, wie z. B. seitens der *Lancaster* Inc. im Fall des „*Davidoff*" Parfüms, nicht nur das konkrete Angebot unverzüglich sperren müssen, sondern darüber hinaus Vorsorgemaßnahmen treffen müssen, dass es nicht zu weiteren Markenrechtsverletzungen

---

[430] Vgl. auch § 7 Abs. 2 S. 2 TMG.
[431] Vgl. BGH, Urt. v. 11.03.2004 – I ZR 304/01, *Lensing-Kramer/Ruess*, GRUR 2009, 722, 722.
[432] Vgl. *Lensing-Kramer/Ruess*, GRUR 2009, 722, 722.
[433] Vgl. BGH, Urt. v. 11.03.2004 – I ZR 304/01, *Lensing-Kramer/Ruess*, GRUR 2009, 722, 722.
[434] Vgl. *Merveldt*, S. 121, *Welser/González*, S. 111, Rdn. 148.
[435] Vgl. BGH, Urt. v. 11.03.2004 – I ZR 304/01, MMR 2004, 668, 671, *Welser/González*, S. 111, Rdn. 148.
[436] Vgl. BGH, Urt. v.11.03.2004 – I ZR 304/01, MMR 2004, 668, 671, *Welser/González*, S. 111, Rdn. 148.
[437] Vgl. BGH, Urt. v. 11.03.2004 – I ZR 304/01, MMR 2004, 668, 671, *Welser/González*, S. 111, Rdn. 148.

kommt.[438] Soweit es zur Kumulation mehrerer klar erkennbarer Markenrechtsverletzungen kommt, muss der Betreiber des Online-Marktplatzes Angebote dieser Markenwaren einer besonderen Überwachung unterziehen.[439] Eine klar erkennbare Rechtsverletzung ist gegeben, wenn der Betreiber des Online-Marktplatzes nicht gegen solche Nutzer tätig wird, deren rechtsverletzendes Handeln der Markeninhaber bereits zuvor bei ähnlichen Angeboten mehrfach gegenüber dem Online-Marktplatz bemängelt hatte.[440] Allerdings fragt sich, welche konkreten Präventivmaßnahmen gegen künftige Schutzrechtsverletzungen im Einzelfall zu treffen sind. Der Betreiber des Online-Marktplatzes kann sich hierbei vor allem technischer Maßnahmen bedienen, wie z. B. eines Filterverfahrens oder manuelle Prüfungen vornehmen[441] und damit die entsprechenden Verdachtsfälle aufdecken. Im Falle von Markenverletzungen fordert der BGH[442] den Einsatz einer Filtersoftware, die Verdachtsfälle gefälschter Markenwaren aufgrund des niedrigen Preises und anhand von Hinweisen auf Nachbildungen,[443] welche durch Eingabe von Suchbegriffen ermittelt werden können,[444] aufdeckt. Auch könnte eine Bilderkennungssoftware durch *eBay* verwendet werden, die gefälschte von echten Bildern des „*Davidoff*“ Flacons unterscheiden kann.

Dennoch geht der BGH[445] noch weiter. Danach kann ein Störer – wie etwa *eBay* – schon vorbeugend auf Unterlassung in Anspruch genommen werden, auch wenn noch gar keine Rechtsverletzung stattgefunden hat, aber ein künftiger Verstoß aufgrund der Umstände zu befürchten ist.[446] Erforderlich ist, dass der Markeninhaber die Erstbegehungsgefahr[447]einer Markenrechtsverletzung nachweist.[448] Wenn also beispielsweise der Beweis erbracht wird, dass eine umfangreiche Angebotspalette von Fälschungen, wie etwa im Falle von Parfüms der Marke „*Davidoff*“, gegenwärtig auf dem Markt angeboten wird, ist auch mit zukünftigen Rechtsverstößen bei Internetauktionen zu rechnen. Zu Recht vertritt deshalb der BGH[449] die Ansicht,

[438] Vgl. BGH, Urt. v. 11.03.2004 – I ZR 304/01, MMR 2004, 668, 671 – 672, *Lensing-Kramer/Ruess*, GRUR 2009, 722, 722, *Welser/González,* S. 111, Rdn. 148.
[439] Vgl. *Welser/González*, S. 111, Rdn. 148.
[440] Vgl.OLG Hamburg MMR 2007, 256 ff. – Parfümtester, zitiert nach *Gedert*, S. 66.
[441] Vgl. BGH, Urt. v. 19.04.2007 – I ZR 35/04, MMR 2007, 507, 511.
[442] Vgl. BGH, Urt. v. 11.03.2004 – I ZR 304/01, MMR 2004, 668, 672.
[443] Vgl. BGH, Urt. v. 11.03.2004 – I ZR 304/01, MMR 2004, 668, 672, *Welser/González*, S. 111-112. Rdn. 148.
[444] Vgl. BGH, Urt. v. 19.04.2007 – I ZR 35/04, MMR 2007, 507, 511.
[445] Vgl. BGH, Urt. v. 19.04.2007 – I ZR 35/04, MMR 2007, 507, 510, *Staniczek*, S. 50.
[446] Vgl. *Staniczek*, S. 50.
[447] Vgl. BGH, Urt. v. 19.04.2007 – I ZR 35/04, MMR 2007, 507, 510, *Staniczek*, S. 50.
[448] Vgl. BGH, Urt. v. 19.04.2007 – I ZR 35/04, MMR 2007, 507, 510, K&R 2007, 387 f.
[449] Vgl. BGH Urteile „Internetversteigerung I-III“.

dass ein Online-Marktplatz dazu verpflichtet ist, technisch mögliche und zumutbare Vorkehrungen zu treffen, eine Rechtsverletzung so weit wie möglich zu verhindern und insoweit ein Unterlassungsanspruch des Markeninhabers besteht.

Wichtig für die Praxis sind zudem die prozessrechtlichen Fragen der Darlegungs- und Beweislast für die eine Störerhaftung begründenden Umstände. Nach Auffassung des I. Zivilsenats des BGH[450] liegen diese grundsätzlich beim Anspruchsgläubiger, allerdings in gemilderter Form. Den Plattformbetreiber trifft nach Treu und Glauben eine prozessuale Erklärungspflicht nach den Grundsätzen der sekundären Darlegungslast. Das bedeutet, dass ein Plattformbetreiber auch dazu verpflichtet werden kann, darzulegen, welche Schutzmaßnahmen er ergreifen kann und weshalb ihm, falls diese Maßnahmen keinen lückenlosen Schutz bieten, weitergehende Maßnahmen nicht zuzumuten sind.[451]

3. Ansprüche des Markeninhabers gegen Spediteure, Frachtführer, Lagerhalter

Markeninhaber können ferner Ansprüche gegen Spediteure, Frachtführer oder Lagerhalter haben. Wenn bei einem Spediteur mehrere Container gefälschter Markenschuhe der Marken „*Puma*“ und „*Adidas*“ entdeckt werden, kann seit der Novellierung des Markengesetzes durch die Durchsetzungsrichtlinie 2004 nun auch gegen den Spediteur als sog. Dritten ein Auskunftsanspruch im Wege der einstweiligen Verfügung über die Herkunft und den Vertriebsweg der markenverletzenden Waren (§§ 19 Abs. 2 Nr. 3 ,19 Abs. 7 MarkenG) durchgesetzt werden.[452] In einer solchen Konstellation handelt es sich um eine offensichtliche Rechtsverletzung, sodass der Markeninhaber durch das Eilverfahren schnell an Informationen gelangen kann. Dies ist insbesondere in Markenpirateriefällen wichtig. Denn Spediteure verfügen in der Regel über relevante Informationen, mit denen der Markeninhaber gegen die tatsächlichen Markenpiraten vorgehen kann. Hierdurch kann er die Information erhalten, wer dem Spediteur den Auftrag erteilt hat, die markenverletzenden Waren zu transportieren, wo er die Waren abgeholt hat, und wo er sie hinbringen sollte. Gewöhnlich sind diese Informationen aus den Frachtpapieren zu entnehmen, die beim Transport mitgeführt werden und bei Kontrollen, wie etwa durch Zollbehörden, ohnehin vorgelegt werden müssen.[453] Insoweit besteht keine Geheimhaltungspflicht und der Markeninhaber kann schnell an wichtige Informationen gelangen, die ihm den Vertriebsweg offenbaren können.[454]

---

[450] Vgl. *Schlömer/Dittrich*, K&R 2009, 145, 153.
[451] Vgl. *Schlömer/Dittrich*, K&R 2009, 145, 153.
[452] Vgl. *Heydn/Schmid-Petersen/Vassilaki*, S. 67, Rdn. 223.
[453] Vgl. *Heydn/Schmid-Petersen/Vassilaki*, S. 68, Rdn. 226.
[454] Vgl. *Heydn/Schmid-Petersen/Vassilaki*, S. 68, Rdn. 226.

In der Praxis kommt es häufig vor, dass neben dem Auskunftsanspruch auch ein Vernichtungsanspruch gem. § 18 Abs. 1 MarkenG hinsichtlich der widerrechtlich gekennzeichneten Waren gegen gutgläubige Besitzer geltend gemacht wird. Dazu gehören insbesondere Lagerhalter, Spediteure und Frachtführer, die mit der Beförderung oder der Lagerung der Waren beauftragt worden sind.[455] Jedoch kann von diesen unbeteiligten Besitzern nicht die eigenhändige Vornahme der Vernichtung der gefälschten Markenwaren, sondern lediglich die Duldung der Vernichtung oder von Zwangsvollstreckungsmaßnahmen – wie z. B. die Sicherstellung der Ware – gefordert werden.[456]

4. Ansprüche von Verbrauchern

Nicht unberücksichtigt dürfen die Ansprüche des Verbrauchers bleiben, die sich infolge der unwissend gekauften Fälschung ergeben. Weil die Übereignung gefälschter Markenware keine Erfüllung des Kaufvertrages nach § 433 BGB ist, hat der Käufer gegen den Markenpiraten als Verkäufer einen Anspruch auf Übereignung der echten Ware. Soweit der Verkäufer diesen Anspruch nicht erfüllt, weil er die Markenware tatsächlich nicht hat, kann der Käufer auf Lieferung der Markenware gem. § 439 Abs. 1 BGB klagen, oder einen Schadenersatz gem. § 437 Nr. 3 BGB geltend machen.[457] Ein Schaden liegt dann vor, wenn er eine minderwertige Fälschung zum Preis des Originals erworben hat. Hat der Käufer einen Verdacht, dass er eine Fälschung erworben hat, kann er bei der Staatsanwaltschaft Anzeige wegen Betrugsverdacht gem. § 263 StGB erstatten.[458] Dennoch werden sich Ansprüche von Verbrauchern gegen Markenpiraten schwer durchsetzen lassen, da die Täter oft nicht ermittelbar sind.

B. Voraussetzungen der Strafbarkeit von Markenpiraterie und Folgen

Während es beim zivilrechtlichen Vorgehen gegen Markenpiraten um die Interessen von Markeninhabern und Verbrauchern geht, dient das Strafrecht auch der Abschreckung. Deshalb ist es von Vorteil, gegen Markenpiraten mit den Mitteln des Strafrechts vorzugehen. Zudem bietet das Strafprozessrecht weitaus effektivere Bekämpfungsmöglichkeiten, weil mit Zwangsmitteln wie Durchsuchungen, Be-

[455] Vgl. *Schultz*, § 18, Rdn. 4, *Ingerl/Rohnke*, § 18, Rdn. 8 und 16-17.
[456] Vgl. *Ingerl/Rohnke*, § 18, Rdn. 8.
[457] Vgl. *Knöfel,* S. 60.
[458] Vgl. 3. Kapitel, B,III,1 zum Straftatbestand des Betrugs (§ 263 StGB).

schlagnahme, Abhören des Telefonverkehrs, Festnahme der Täter und kriminalpolizeilichen Vernehmungsmethoden gegen Markenpiraterie vorgegangen werden kann.

I. Allgemeines zur Bekämpfung mit strafrechtlichen Mitteln

Dieser Abschnitt gibt einen kurzen Überblick über die statistische Entwicklung der Straftaten gegen Rechte am geistigen Eigentum einschließlich der Markenstraftaten und bringt Beispiele aus der Strafverfolgungspraxis. Schließlich wird auf den vorsätzlichen Erwerb gefälschter Markenwaren durch Verbraucher und die Frage eingegangen, ob dieser strafbar ist.

1. Statistikwerte und Strafverfolgungspraxis

Der Straftatbestand des § 143 MarkenG, der die Markenpiraterie erfasst, wird in der Polizeilichen Kriminalstatistik, der sog. PKS, leider nicht gesondert ausgewiesen, sondern in die Gruppe „*Straftaten im Zusammenhang mit Urheberrechtsbestimmungen*“[459] eingeordnet,[460] sodass Taten nach § 143 MarkenG, §§ 106 bis 111 UrhG, § 25 GebrMG, § 142 PatG, § 51 GeschmMG und weitere Straftaten[461] zusammengefasst werden.

Tabelle 3: Entwicklung der Straftaten i. Z. m. Urheberrechtsbestimmungen[462]

Jahr	1997	1998	1999	2000	2001	2008	2009	2010	2011
Fälle	3.504	3.025	5.444	5.757	6.147	17.979	11.943	8.375	7.021

Der enorme Anstieg der polizeilich registrierten Straftaten gegen das geistige Eigentum von 3.504 Fällen im Jahr 1997 auf 17.979 Fälle im Jahr 2008 ist vermutlich auf Urheberrechtsverletzungen zurückzuführen, die insbesondere wegen der mas-

[459] PKS (2009), Straftaten-Schlüsselnummer: 715000; Straftaten im Zusammenhang mit Urheberrechtsbestimmungen, abrufbar unter: http://www.dpolg.de/upload/pdf/Polizeiliche_Kriminalstatistik_2009%5B1%5D.pdf, besucht am 08.10.10.

[460] Fälle von Marken- und Produktpiraterie werden auch der Obergruppe der Wettbewerbsdelikte zugeordnet. Hierzu gehören alle Deliktsformen gegen den unlauteren Wettbewerb (UWG), Urheberrechtsbestimmungen (UrhG) und das Wettbewerbsrecht nach dem StGB. Vgl. http://www.prohonore.de /uploads/media/wirtschaftskriminalitaet-bundeslagebild-2010.pdf, besucht am 10.10.10.

[461] Dazu gehören z. B. auch Taten nach § 17 UWG sowie KunstUrhG.

[462] Statistische Daten teilweise aus *Schiwek*, S. 30 und PKS (2011), S. 4-5, abrufbar unter: http://www.bmi.bund.de/SharedDocs/Downloads/DE/Broschueren/2012/PKS2011.pdf?__blob=publicationFile, besucht am 18.11.12.

senhaften illegalen Musikdownloads erheblich zugenommen haben. Dementsprechend hat der Rückgang auf 7.021 registrierte Straftaten im Jahr 2011 damit zu tun, dass sich das Anzeigeverhalten der Musikindustrie bei Urheberrechtsstraftaten gewandelt hat,[463] weil diese selbst verstärkt gegen illegale Downloads vorgeht.

Aufgrund der steigenden Zahl gefälschter Markenwaren, die beispielsweise die Zollbehörden sichergestellt haben, kann man davon ausgehen, dass auch die Zahl der strafrechtlichen Ermittlungsverfahren wegen Markenrechtsverletzungen in den letzten Jahren zugenommen hat, zumal in der Praxis im Wesentlichen die Bekämpfung der Markenpiraterie in den Zuständigkeitsbereich des Zolls fällt. Die Zollstatistik weist einen Anstieg der Beschlagnahmefälle von 7.217 im Jahr 2005 auf 23.635 Fälle im Jahr 2011 aus.[464]

Was Art und Höhe der Strafe für das Fälschen von Markenwaren anbelangt, kommen nach Angaben des Markenverbandes die Täter überwiegend mit einer Geldstrafe davon,[465] während Freiheitsstrafen für Markenrechtsverletzungen eher selten sind. Mögliche Gründe sind u. a., dass teilweise die Ansicht vertreten wird, „der im gewerblichen Rechtsschutz tätige Anwalt sei ein „Zivilprozessualist“ und scheue den Gang zum Staatsanwalt noch mehr als den Gang zum Zahnarzt“.[466] Auch bemängeln betroffene Unternehmen häufig, dass von den Strafverfolgungsbehörden – trotz des hierfür geschaffenen Produktpirateriegesetzes – hauptsächlich die Ansicht vertreten werde, dass es sich bei den Verletzungen geistigen Eigentums eher um „Kavaliersdelikte“ oder „Kleinkriminalität“ handele, die die Rechtsinhaber auf dem Zivilrechtsweg verfolgen sollten.[467] Die Staatsanwaltschaft wird in Fällen von Markenpiraterie häufig lediglich bei Anzeige des Rechtsinhabers oder vereinzelt auch durch die Zollbehörde informiert.[468]

Teilweise lässt die Vorgehensweise der Polizei und Staatsanwaltschaften gegen Marken- und Produktpiraterie auf unzureichende und zum Teil veraltete Rechtskenntnisse schließen. So soll bei mehr als 50 % der vom Arbeitskreis der deutschen Wirtschaft gegen Produkt- und Markenpiraterie (APM) angezeigten Fälle den zu-

---

[463] Vgl. PKS (2011), S. 10, http://www.bmi.bund.de/SharedDocs/Downloads/DE/Broschueren/2012/PKS2011.pdf?__blob=publicationFile, besucht am 18.11.12.
[464] Vgl. Zollstatistik (2011), abrufbar unter http://www.markenpiraterie-apm.de/files/zollstatistik_2011.pdf, besucht am 14.12.12.
[465] Vgl. *Gedert*, S. 125, http://www.markenverband.de/presse/pm/pmmvundvkezollbilanz2012/pmmvundvkezurzollbilanz2012, besucht am 08.03.13.
[466] Vgl. *Maske*, S. 263.
[467] Vgl. *Maske*, S. 264.
[468] Vgl. *Maske*, S. 264.

ständigen Polizeibeamten nicht bekannt gewesen sein, dass die Verletzung von Markenrechten unter Strafe steht und dass im Falle eines gewerbsmäßigen Handelns der Täter die Strafverfolgung sogar nach § 143 Abs. 2 MarkenG von Amtswegen geschehen muss.[469] Auch bezog man sich bei 25 % der Fälle von Markenpiraterie noch auf das seit 1994 nicht mehr geltende „Warenzeichengesetz". Die Staatsanwaltschaft spricht partiell noch von Warenzeichenverletzungen und verlangte selbst in gewerbsmäßigen Fällen, in denen über 2.000 nachweislich gefälschte Markenwaren bei ein und demselben Markenpiraten sichergestellt wurden, dass der Markeninhaber nachträglich Strafantrag stellt, obwohl die Strafverfolgung von Amtswegen geschehen muss.[470]

Die mangelnde Bereitschaft der Ermittlungsbehörden in Fällen vorsätzlicher Verletzung von Markenrechten tätig zu werden,[471] verdeutlicht folgendes Beispiel aus der Rechtspraxis:

In einem Fall wurde in Hamburg eine große Ladung gefälschter „*Levi Strauss*" Jeans beschlagnahmt und eingezogen. Die für die Einziehung zuständige Dienststelle brachte diese Großladung der gefälschten Jeans wieder in den Verkehr. Hierbei waren einige der auf „*Levi Strauss*" hinweisenden Etiketten entfernt worden, jedoch sind andere Aufmachungsmerkmale mit der geschützten Marke „*Levi Strauss*" an den Jeans belassen worden. Da diese Jeans wieder im Handel erschienen, musste der Markeninhaber diese mit zivilrechtlichen Mitteln erneut sicherstellen lassen.[472]

Jedoch gibt es auch Beispiele für eine wirksamere Vorgehensweise der Ermittlungsbehörden. Die Staatsanwaltschaft Lüneburg wendete beispielsweise unverzüglich nach Erstattung der Strafanzeige die im Weiteren dargestellten gesetzlich bestehenden Möglichkeiten an, sodass ein gesamtes Warenlager mit gefälschten Markenwaren sichergestellt bzw. beschlagnahmt und anschließend vernichtet werden konnte.[473]

Vorteil des strafrechtlichen Vorgehens ist zunächst einmal, dass den Strafverfolgungsbehörden im Rahmen der Ermittlungen Zwangsmittel zur Verfügung stehen, die es im Zivilverfahren nicht gibt. Dazu gehören insbesondere zum Beispiel die Beweismittelbeschlagnahme gem. §§ 94 ff. StPO und die Sicherstellung von Gegenständen (§§ 111 b – 111 d StPO),[474] wie etwa Produktionsmittel und Waren der Markenpiraten. Dem Markeninhaber ist zu empfehlen, von seinem Recht auf Ak-

---

469 Vgl. *Maske*, S. 264.
470 Vgl. *Maske*, S. 264.
471 Vgl. *Maske*, S. 265.
472 Vgl. *Harte-Bavendamm*, § 5, Rdn. 188, *Maske*, S. 266.
473 Vgl. *Harte-Bavendamm*, § 5, Rdn. 189.
474 Vgl. *Schuhmacher,* S. 147, *Harte-Bavendamm*, § 5, Rdn. 189.

teneinsicht Gebrauch zu machen und einen Rechtsanwalt damit zu beauftragen, um so an Beweise für ein zivilrechtliches Vorgehen gegen die Täter zu gelangen (§§ 385 Abs. 3, 406 e StPO).[475]

2. Vorsätzlicher Erwerb gefälschter Markenware durch Verbraucher

Für Verbraucher ist es wichtig zu wissen, ob sie sich strafbar machen, wenn sie vorsätzlich gefälschte Markenwaren erwerben.

a) Rechtslage in Deutschland

Der Erwerb gefälschter Markenwaren ist nach deutschem Recht gemäß § 143 Abs. 1 und 2 MarkenG nur dann strafbar, wenn der Käufer im geschäftlichen Verkehr oder gewerbsmäßig handelt. Somit kommt eine Strafbarkeit des Verbrauchers in der Regel nicht infrage.[476] Dennoch ist zu beachten, dass an das Merkmal des Handelns im geschäftlichen Verkehr nach § 143 Abs. 1 MarkenG keine hohen Erfordernisse zu stellen sind[477] und hierunter jede selbstständige, wirtschaftlichen Zwecken dienende Tätigkeit, die nicht rein privates oder geschäftsinternes Verhalten darstellt, fällt.[478] Erwirbt ein Käufer etwa zwei gefälschte „*Rolex*"-Uhren zum Weiterverkauf,[479] kann vermutlich ein strafbares Handeln im geschäftlichen Verkehr angenommen werden, da echte „*Rolex*"-Uhren besonders teuer und hochwertig sind. Deshalb ist auch der Gewinn des Verbrauchers als Weiterverkäufer entsprechend hoch. Fälschungen von „*Rolex*"-Uhren werden beispielsweise in der Türkei für etwa 200 Euro verkauft.[480] Dagegen werden gefälschte „*Puma*"-Shirts am Sandstrand von Gran Canaria für 5 Euro veräußert. Bereits die Einfuhr von zehn gefälschten T-Shirts kann ein Handeln im geschäftlichen Verkehr sein, insbesondere wenn es sich um Bekleidungsstücke in unterschiedlichen Größen handelt.[481] Da der Kauf gefälschter Markenwaren durch vorsätzlich handelnde Verbraucher in Deutschland straflos ist, fordert Rüdiger Stihl, der Vorsitzende des Aktionskreises gegen Produkt- und Markenpiraterie und Unternehmen, dass der Erwerb von Fälschungen als Ordnungswidrigkeit mit Bußgeld geahndet werden sollte.[482] Meines

---

[475] Vgl. *Schuhmacher*, S. 147, *Harte-Bavendamm*, § 5, Rdn. 195-197.
[476] Vgl. *Schiwek*, S. 163.
[477] Siehe 3. Kapitel, A, I, 1. zum „*Handeln im geschäftlichen Verkehr*".
[478] Vgl. *Welser/González*, S. 95, Rdn. 119.
[479] Vgl. *Schiwek*, S. 163.
[480] http://www.ek-profi.de/newsletterarticle.asp?his=5092.1918.6699&id=11707&year=2009, besucht am 29.11.10.
[481] Vgl. *Ingerl/Rohnke*, § 146, Rdn. 3.
[482] http://www.allgemeine-zeitung.de/nachrichten/wirtschaft/6367894.htm, besucht am 13.11.10.

Erachtens könnte dieser Vorschlag dazu beitragen, dass Markenpiraterie auch von Verbrauchern nicht mehr nur als „Kavaliersdelikt" angesehen wird.

b) Rechtslage in anderen Ländern

Schaut man in andere europäische Länder, so lässt sich erkennen wie unterschiedlich man mit dem Thema des vorsätzlichen Erwerbs gefälschter Markenwaren durch Verbraucher umgeht. Vermehrt ist in der Literatur zu lesen, dass in Italien in diesen Fällen hohe Geldbußen drohen. Es wird davon berichtet, dass mehrere Touristinnen bereits Bußgelder in Höhe von 3.000-10.000 Euro bezahlen mussten,[483] weil sie gefälschte „Designer-Schnäppchen", wie „*Dior*"-Brillen oder „*Louis Vuitton*"-Handtaschen bei einem „fliegenden Händler" erworben hatten und von der Polizei erwischt wurden. Jedoch ist es m. E. unwahrscheinlich, dass bei nur einer einzigen erworbenen „*Louis Vuitton*"-Handtasche eine Geldbuße in der angegeben Größenordnung verhängt wird. Zu vermuten ist, dass sich diese Beträge auf ein Handeln im geschäftlichen Verkehr beziehen und es sich um Geldstrafen handeln wird. Aber nicht nur Italien geht rigoros gegen Konsumenten vor, die Fälschungen kaufen, denn auch in anderen Ländern, wie z. B. Spanien, Malta, Ungarn und Bulgarien ist der Kauf von Fälschungen verboten. In Ungarn droht für den Kauf einer Fälschung eine Strafe bis zu 1000 Euro. Dagegen ist der Kauf nachgeahmter Modewaren für den privaten Gebrauch z. B. in Österreich, der Slowakei und Norwegen nicht strafbar.[484]

Dennoch haben Verbraucher zu befürchten, dass ihre aus dem Urlaub mitgebrachten gefälschten Markenartikel durch Zollbehörden beschlagnahmt oder nachträglich Bußgelder verhängt[485] werden. Dies kann nach § 2 Abs. 1 Nr. 5 EF-VO anzunehmen sein, wenn See- oder Flugreisende bei der Einreise nach Deutschland Waren im Wert von mehr als 430 Euro mit sich führen. Bei Personen, die mit einem anderen Verkehrsträger einreisen, z. B. mit einem Pkw oder mit der Bahn, beträgt die Obergrenze 300 Euro und bei Reisenden unter 15 Jahren darf der Warenwert – unabhängig vom gewählten Verkehrsträger – 175 Euro nicht übersteigen.

---

483 Vgl. *Thaler*, S. 51.
484 http://www.oeamtc.at/pdf/public_html/out/http___www_oeamtc_at_netautor_pages_resshp_anwendg_1143650_html.pdf, besucht am 28.10.10.
485 Vgl. *Esser/Rehaag*, S. 45.

Aus der europäischen Produktpiraterie-Verordnung[486] geht hervor, dass Waren ohne einen sog. „*kommerziellen Charakter*" ausgenommen sind, die sich im persönlichen Gepäck von Reisenden befinden (Art. 3 Abs. 2 PP-VO). Sobald Zollbeamte jedoch den Eindruck haben, dass das Gepäck einen kommerziellen Charakter[487] aufweist, wird die Zollbehörde unabhängig von den Wertgrenzen tätig.[488] Wird nur eine gefälschte „*Rolex*"-Uhr mitgeführt, wird sie dem Verbraucher nicht weggenommen. Soweit jedoch der Tourist mehrere „*Adidas*"-T-Shirts und ein paar „*Puma*"-Sportschuhe bei sich hat und sich hieraus Anhaltspunkte dafür ergeben, dass die Waren Gegenstand gewerblichen Handelns sind, werden sie beschlagnahmt[489] und der Markenhersteller darüber informiert. In der Praxis tritt oftmals das Problem auf, ab welcher Menge oder welchem Warenwert von einem kommerziellen Charakter gesprochen werden kann. Hierfür können jedoch keine eindeutigen Regeln aufgestellt werden, denn der Zollbeamte trifft eine individuelle Entscheidung aufgrund seiner konkreten Feststellungen und Erfahrungswerte in dem entsprechenden Einzelfall.[490]

Auch wird insbesondere in Frankreich härter gegen Verbraucher vorgegangen, die zum Beispiel gefälschte „*Lacoste*"-T-Shirts bei der Einreise aus einem Urlaubsland mitführen. Hier kann bereits ein einziges gefälschtes T-Shirt durch den französischen Zoll einem Touristen weggenommen werden, auch wenn es für Privatzwecke erworben wurde.[491]

Zunehmend ist festzustellen, dass immer mehr europäische Länder auch Verbraucher zur Verantwortung ziehen, sodass beispielsweise gefälschte Markenwaren beschlagnahmt werden und Geldbußen drohen.

---

[486] Verordnung (EG) Nr. 1383/2003 des Rates über das Vorgehen der Zollbehörden gegen Waren, die im Verdacht stehen, bestimmte Rechte geistigen Eigentums zu verletzen, und die Maßnahmen gegenüber Waren, die erkanntermaßen derartige Rechte verletzen. (ABl. EU Nr. L 196 v. 02.08.2003, S. 7; berichtigt in ABl. EU Nr. L 381 v. 28.12.2004, S. 87).

[487] Gem. Art. 1 Nr. 6 ZK-DVO sind Waren, die zu nicht kommerziellen Zwecken bestimmt sind, solche, deren Überführung in den zollrechtlich freien Verkehr oder in das Ausfuhrverfahren nur gelegentlich erfolgt und die ihrer Art und Menge nach ausschließlich zum privaten Ge- oder Verbrauch durch den Empfänger oder Reisende und Angehörige ihres Haushalts bestimmt sind oder als Geschenk überreicht werden sollen.

[488] http://www.zoll.de/b0_zoll_und_steuern/d0_verbote_und_beschraenkungen/f0_gew_rechtsschutz/a0_marken_piraterie/b0_grenzbeschlagnahme/e0_private_einfuhren/index.html, besucht am 28.10.10.

[489] Vgl. *Gedert*, S. 130.

[490] http://reisen.t-online.de/vorsicht-vor-luxus-schnaeppchen-vom-strassenhaendler/id_41908886/index, besucht am 02.12.12.

[491] Vgl. *Möller*, Zeitschrift für den deutsch-französischen Dialog 2/2010, 83, 84.

II. Die Straftatbestände nach § 143 MarkenG

Der strafrechtliche Schutz von Marken wurde im Markengesetz von 1994 in § 143 MarkenG verankert.[492] Hauptzweck dieser Vorschrift ist es, das Ausschließlichkeitsrecht des Markeninhabers vor rechtswidrigen und vorsätzlichen Verletzungen strafrechtlich zu schützen.[493] Hervorzuheben ist auch die Möglichkeit der Einziehung von Produktionsmitteln und Produkten gem. § 143 Abs. 5 MarkenG.

1. Grundtatbestände (§ 143 Abs. 1 Nr. 1 – 3 MarkenG)

Die unterschiedlichen Grundtatbestände der strafbaren Markenverletzungen nach § 143 Abs. 1 Nr. 1 – 3 MarkenG verweisen hinsichtlich der markenrechtlichen Voraussetzungen auf die zivilrechtlichen Verletzungstatbestände gem. § 14 MarkenG,[494] die in dieser Arbeit bereits oben dargestellt wurden.[495]

a) Voraussetzungen der Strafbarkeit (§ 143 Abs. 1 Nr. 1 – 3 MarkenG)

Der objektive Tatbestand des § 143 Abs. 1 Nr. 1 MarkenG enthält unter Verweis auf § 14 Abs. 2 Nr. 1 MarkenG und § 14 Abs. 2 Nr. 2 zwei Alternativen:

Zum einen ist das widerrechtliche Benutzen eines Kennzeichens im geschäftlichen Verkehr, das mit einer Marke identisch ist, mit Strafe bedroht (§§ 143 Abs. 1 Nr. 1, 14 Abs. 2 Nr. 1 MarkenG). Bei dieser Tatbestandsvariante handelt es sich um den typischen Fall der Markenpiraterie im engeren Sinn, nämlich um die Totalfälschung.[496] Voraussetzung einer Markenverletzung sind nach § 143 Abs. 1 Nr. 1 i. V. m. § 14 Abs. 2 Nr. 1 MarkenG Marken- und Produktidentität.

Zum anderen ist das widerrechtliche Benutzen eines Kennzeichens strafbar, das einer Marke ähnlich ist, sodass Verwechslungsgefahr besteht (§§ 143 Abs. 1 Nr. 1, 14 Abs. 2 Nr. 2 MarkenG). Verwechslungsgefahr liegt vor, wenn aufgrund der Ähnlichkeit die Gefahr besteht, dass das Kennzeichen mit einer bestimmten Marke gedanklich in Verbindung gebracht werden kann.[497]

Im ersten Fall soll der Identitätsschutz strafrechtlich gewährleistet werden im zweiten Fall der Verwechslungsschutz.

---

[492] Vgl. *Göpfert*, S. 59.
[493] Vgl. *Göpfert*, S. 60-61.
[494] Vgl. *Schiwek*, S. 39, *Göpfert*, S. 100.
[495] Siehe 3. Kapitel, A, I.
[496] Vgl. 1. Kapitel, A, I, 1, a) zur „Totalfälschung“.
[497] Vgl. *Schiwek*, S. 59.

Die dritte Variante der strafbaren Markenrechtsverletzung wird in § 143 Abs. 1 Nr. 2 MarkenG normiert, die auf die zivilrechtlichen Voraussetzungen des § 14 Abs. 2 Nr. 3 MarkenG des Schutzes bekannter Marken verweist. Danach liegt eine strafbare Markenrechtsverletzung vor, wenn der Täter im geschäftlichen Verkehr widerrechtlich entgegen § 14 Abs. 2 Nr. 3 ein Zeichen in der Absicht benutzt, die Unterscheidungskraft oder die Wertschätzung einer bekannten Marke auszunutzen oder zu beeinträchtigen (§ 143 Abs. 1 Nr. 2 MarkenG).

§ 143 Abs. 1 Nr. 3 MarkenG erfasst dagegen die Strafbarkeit von Vorbereitungshandlungen, deren Voraussetzungen in § 14 Abs. 4 MarkenG geregelt sind. Nach § 143 Abs. 1 Nr. 3 MarkenG macht sich strafbar, wer entgegen § 14 Abs. 4 Nr. 1 ein Zeichen anbringt oder entgegen § 14 Abs. 4 Nr. 2 oder 3 eine Aufmachung[498] oder Verpackung oder ein Kennzeichnungsmittel anbietet, in den Verkehr bringt, besitzt, einführt oder ausführt, soweit Dritten die Benutzung des Zeichens

a) nach § 14 Abs. 2 Nr. 1 oder 2 untersagt wäre oder

b) nach § 14 Abs. 2 Nr. 3 untersagt wäre und die Handlung in der Absicht vorgenommen wird, die Ausnutzung oder Beeinträchtigung der Unterscheidungskraft oder der Wertschätzung einer bekannten Marke zu ermöglichen.

Weitere Voraussetzung des § 143 Abs. 1 MarkenG ist, dass der Täter vorsätzlich[499] gehandelt hat (§ 15 StGB);[500] nur fahrlässige Rechtsverletzungen sind zu Recht straflos,[501] weil zum einen Markenfälschungen auch für einen sorgfältigen Beobachter in der Regel kaum zu erkennen sind und man zum anderen den gewerblichen Käufern und Verkäufern von Waren nicht übersteigerte Prüfpflichten auferlegen und deren fahrlässige Verletzung strafrechtlich ahnden sollte. Das Unterlassen einer Marktbeobachtung oder die Vernachlässigung von Prüfpflichten in Bezug auf die Herkunft der Waren führt erst dann zur Strafbarkeit, wenn zumindest ein Eventualvorsatz vorliegt.[502] Für diese Form des Vorsatzes genügt es, wenn der Täter den als möglich erkannten rechtswidrigen Erfolg billigend in Kauf nimmt.[503] Wird eine

---

[498] Der Begriff „*Aufmachung*" soll klarstellen, dass jede Art von Verpackung erfasst ist. Vgl. *Schiwek*, S. 67.

[499] Vorsatz ist zu bejahen, wenn der Täter weiß oder als sicher voraussieht, dass sein Handeln zur Verwirklichung des gesetzlichen Tatbestandes führt (§ 15 StGB). Vgl. *Wessels/Beulke*, S. 83, Rdn. 213.

[500] Vgl. *Schuhmacher*, S. 149, *Maske*, S. 136.

[501] Vgl. *Göpfert*, S. 156.

[502] Vgl. *Göpfert*, S. 156.

[503] Vgl. *Schuhmacher*, S. 149.

bekannte Marke durch einen Markenpiraten in identischer oder stark angenäherter Form für gleiche oder nahe verwandte Waren übernommen, so kann zumindest der bedingte Vorsatz angenommen werden.[504]

In der Konstellation des § 143 Abs. 1 Nr. 2 MarkenG muss zusätzlich die Absicht einer Ausnutzung oder Beeinträchtigung der Unterscheidungskraft oder Wertschätzung der verletzten bekannten Marke vorliegen.

b) Strafrahmen

Durch das Produktpirateriegesetz von 1990 wurde die Strafobergrenze im Fall der Grundtatbestände der Markenverletzung (§ 143 Abs. 1 MarkenG) von bisher sechs Monaten auf drei Jahre Freiheitsstrafe erhöht.[505] Weiterhin ist eine Geldstrafe möglich.[506]

2. Qualifikation bei Gewerbsmäßigkeit (§ 143 Abs. 2 MarkenG)

Um bei schwerwiegenden Markenrechtsverletzungen eine dem Unrechtsgehalt der Straftaten angemessene Sühne und eine wirksame Generalprävention sicherstellen zu können, wurde mit dem Produktpirateriegesetz am 01. Juli 1990 ein Qualifikationstatbestand der *gewerbsmäßigen* Markenrechtsverletzung gem. § 143 Abs. 2 MarkenG eingeführt.[507] Hierdurch können gezielte und planmäßige Rechtsgutverletzungen bekämpft werden. Das Merkmal des „*gewerbsmäßigen Handelns*“ soll ferner nach der Absicht des Gesetzgebers, „die mit dem Schlagwort Piraterie umschriebenen Fälle“ erfassen.[508]

a) Voraussetzungen der Strafbarkeit

Nach der Gesetzesbegründung zum Produktpirateriegesetz von 1990 hat der Gesetzgeber die Gewerbsmäßigkeit als strafschärfendes persönliches Merkmal i. S. von § 28 Abs. 2 StGB statuiert.[509] Unter „*Gewerbsmäßigkeit*“ wird die gezielte, wiederholte bzw. in Wiederholungsabsicht sowie mit Gewinnerzielungsabsicht begangene vorsätzliche Schutzrechtsverletzung verstanden,[510] was auf Markenpira-

---

[504] Vgl. *Göpfert*, S. 158.
[505] Vgl. *Schuhmacher*, S. 148.
[506] Vgl. § 40 Abs. 1 StGB. „Die Geldstrafe wird in Tagessätzen verhängt. Sie beträgt mindestens fünf und, wenn das Gesetz nichts anderes bestimmt, höchstens dreihundertsechzig volle Tagessätze“.
[507] Vgl. *Göpfert*, S. 162.
[508] Vgl. *Schuhmacher*, S. 150.
[509] Vgl. *Göpfert*, S. 162.
[510] Vgl. Begründung zum PrPG, BT-Drucks. 11/4792, S. 24.

ten durchweg zutrifft. Die „Gewerbsmäßigkeit“ ist nicht gleichbedeutend mit „Gewerblichkeit“,[511] da ein Handeln im Rahmen eines Gewerbebetriebes[512] weder ausreichend noch notwendig für eine Straftat nach § 143 Abs. 2 MarkenG ist. Ferner ist die „Gewerbsmäßigkeit“ auch nicht mit dem Handeln „im geschäftlichen Verkehr“ (§ 143 Abs. 1 MarkenG) vergleichbar,[513] da im Falle des § 143 Abs. 2 MarkenG lediglich derjenige „gewerbsmäßig“ handelt, der sich aus den Vorteilen wiederholt begangener, gleichartiger Straftaten eine fortlaufende Einnahmequelle von einigem Umfang sowie einiger Dauer verschaffen will.[514] Hiernach bedeutet der Begriff der „Gewerbsmäßigkeit“ im Sinne des § 143 Abs. 2 MarkenG, systematisch oder „monokausal“ in einer Weise vorzugehen, dass die Schutzrechtsverletzung den eigentlichen Kern[515] einer wirtschaftlichen Betätigung beinhaltet.[516]

Zur Verwirklichung des Qualifikationstatbestandes genügt bereits die erste, mit Wiederholungsabsicht begangene Handlung des Täters.[517] Allerdings lässt sich bei einem erstmals gefassten Täter eine derartige Absicht lediglich schwer nachweisen. In einem solchen Fall lässt sich jedoch möglicherweise aufgrund beschlagnahmter Unterlagen oder anderer Hinweise,[518] wie zum Beispiel das Entdecken mehrerer unterschiedlicher gefälschter Markenprodukte, der Beweis der Wiederholungsabsicht des Ersttäters erbringen.

Es wird teilweise zu Recht kritisiert, dass der Qualifikationstatbestand bei erstmals auffälligen Markenpiraten auch bei Sicherstellung großer Mengen, wie mehrerer Hundert nachgeahmter „*Lacoste*“ T-Shirts, durch Ermittlungsbehörden verneint wird.[519] Denn in einem solchen Fall kann zumindest die Absicht der wiederholten Begehung unterstellt werden, da größere Mengen von Fälschungen nicht auf einmal[520] und in einem „Schub“,[521] sondern gerade nach und nach abgesetzt werden und fortlaufende Einnahmen erzielt werden.[522] Bei Angeboten über Internetauktionsplattformen ist oft nicht lediglich die Anzahl der Angebote, sondern auch die Zahl der Bewertungen der Käufer entscheidend, um die Behauptung des Täters,

[511] Vgl. *Schuhmacher*, S. 150.
[512] Vgl. *Göpfert*, S. 163.
[513] Vgl. *Schuhmacher*, S. 150.
[514] Vgl. Begründung zum PrPG , BT-Drucks. 11/4792, S. 17, *Schuhmacher*, S. 150.
[515] Vgl. *Meister*, S. 108.
[516] Vgl. *Schuhmacher*, S. 150.
[517] Vgl. Begründung zum PrPG, BT- Drucks. 11/4792, S. 24, *Harte-Bavendamm*, § 5, Rdn. 156.
[518] Vgl. *Schuhmacher*, S. 150.
[519] Vgl. *Göpfert*, S. 164.
[520] Vgl. *Göpfert*, S. 164.
[521] Vgl. *Wabnitz/Janovsky*, S. 884, Rdn. 23.
[522] Vgl. *Göpfert*, S. 164.

es sei ein erstmaliges Angebot zu entkräften[523] und den Täter nach § 143 Abs. 2 MarkenG zu bestrafen.

Ein gewerbsmäßiges Handeln ist auch dann anzunehmen, wenn nachgeahmte Markenwaren verschiedener Markenhersteller entdeckt werden,[524] wie etwa von „*Nike*“, „*Louis Vuitton*“ oder „*Chopard*“. Dies gilt auch für den Aufgriff unterschiedlicher Arten von Markenwaren, wie etwa Jeans, Taschen und Gürteln usw.

Ferner steht auch das Mischen des Warenbestandes mit Original- und Fälschungsware für ein gewerbsmäßiges Handeln. Weitere Hinweise für eine gewerbsmäßige Begehung kann auch beispielsweise das Unterhalten einer Fälschungswerkstatt sein, in der Gegenstände wie Druckformen mit imitierten Marken vorgefunden werden.[525]

Einige weitere Beispiele verdeutlichen, welche Fälle § 143 Abs. 2 MarkenG erfasst:

Ein 23-jähriger Mann hat vor dem Krefelder Landgericht ca. 5000 Fälle von Verstößen gegen § 143 Abs. 2 MarkenG eingeräumt. Angeklagt war er jedoch, zwischen Februar 2005 und Oktober 2006 in mehr als 16.000 Fällen über den Online-Marktplatz *eBay* gefälschte T-Shirts und Jeans unterschiedlicher Luxusmarken veräußert zu haben.[526]

Das Landgericht Karlsruhe[527] hat über einen Markenpiraten urteilen müssen, der innerhalb von drei Monaten 1.877 nachgeahmte „*Carrera*-Porsche-Sonnenbrillen“ in Verkehr gebracht hatte. Hierbei handelte es sich um einen Verstoß gegen die damalige Strafvorschrift des § 24 Abs. 3 WZG, die dem geltenden § 143 Abs. 2 MarkenG entspricht und bis zum 31.12.1994 galt. Das Gericht verhängte eine Freiheitsstrafe von fünf Monaten zur Bewährung. Auch erhielt der Täter eine Geldauflage i. H. v. 24.000 DM, die er an eine gemeinnützige Einrichtung zu zahlen hatte. Dieser Fall war bis dahin die höchste Strafe, die aufgrund des Tatbestands einer Warenzeichenverletzung entschieden wurde.[528]

In einem Fall soll ein Geschäftsmann aus Mannheim einen Internetshop betrieben haben und über diesen exklusive Bekleidungsstücke der Marken „*La Martina*“, „*Paul & Shark Yachting*“ und „*Ed Hardy*“ sowie weitere vermeintliche Markenwaren im großen Stil angeboten und veräußert haben. Es handelte sich dabei überwiegend um gefälschte Markenwaren. Im Rahmen von zwei Durchsuchungen seiner Privat- und Geschäftsräume wurden 10 Kisten mit gefälschten Markenwaren sichergestellt. Die Staatsanwaltschaft beantragte

---

[523] Vgl. *Wabnitz/Janovsky*, S. 884, Rdn. 23.
[524] Vgl. *Göpfert*, S. 164, *Wabnitz/Janovsky*, S. 884, Rdn. 24-25.
[525] Vgl. *Käbisch*, S. 210.
[526] http://www.jurablogs.com/de/markenpiraterie-gewerbsmaessiger-verstoss-gegen-das-markengesetz-angeklagt, besucht am 20.10.10.
[527] Vgl. *H. Wölfel*, S. 132.
[528] Vgl. *H. Wölfel*, S. 132.

beim Amtsgericht Mannheim gegen den Geschäftsmann einen Strafbefehl über 9 Monate Freiheitsstrafe zur Bewährung.[529]

Weil verschiedene Markeninhaber selten gemeinsam gegen Markenpiraten vorgehen, kann es vorkommen, dass Hinweise über denselben Markenpiraten bei unterschiedlichen Markeninhabern vorliegen, ohne dass diese voneinander wissen. Hier wäre es zu empfehlen, über Verbände wie den Aktionskreis gegen Produkt- und Markenpiraterie (APM), weitere Informationen anzufordern; da diese oftmals Hinweise und Informationen über schwerwiegende Markenpirateriefälle haben, die zur Aufklärung im Einzelfall schnell beitragen können.[530]

b) Strafrahmen

Aufgrund des Produktpirateriegesetzes von 1990 wurde für die vorsätzliche „gewerbsmäßige" Schutzrechtsverletzung und damit für Fälle der Markenpiraterie ein Qualifikationstatbestand mit einer Strafdrohung von bis zu fünf Jahren Freiheitsstrafe oder Geldstrafe eingeführt (damals in § 25 d Abs. 2 WZG).[531] Diese Strafandrohung wurde in das heutige Markengesetz übernommen.

aa) Freiheitsstrafe

Als Strafrahmen sieht § 143 Abs. 2 MarkenG bei gewerbsmäßigem Handeln eine Freiheitsstrafe von bis zu fünf Jahren vor.

bb) Geldstrafe

Eine nach § 143 Abs. 2 MarkenG ebenfalls mögliche Geldstrafe wird nach den allgemeinen Grundsätzen gem. §§ 40 ff. StGB festgesetzt. Als Obergrenze können bei Tateinheit 1,8 Mio. Euro, bei Tatmehrheit 3,6 Mio. Euro verhängt werden. Der Betrag errechnet sich aus der Anzahl der Tagessätze, die nach der Schwere der Schuld bestimmt wird, sowie aus der Höhe der Tagessätze, die sich nach den finanziellen Verhältnissen des Täters richtet.[532]

---

[529] http://www.stamannheim.de/servlet/PB/menu/1274720/index.html?ROOT=1176041, besucht am 15.11.12.
[530] Vgl. *Wabnitz/Janovsky*, S. 884, Rdn. 25.
[531] Vgl. Begründung zum PrPG , BT-Drucks. 11/4792, S. 22.
[532] Vgl. *Käbisch*, S. 212.

3. Versuchsstrafbarkeit (§ 143 Abs. 3 MarkenG)

Beim Versuch einer Straftat und damit auch bei Markenstraftaten ist die Frage zu klären, ob noch eine straflose Vorbereitungshandlung vorliegt oder ob bereits das Stadium des Versuchs erreicht ist. Allerdings ist zu beachten, dass § 143 Abs. 1 Nr. 3 i. V. m. § 14 Abs. 4 MarkenG – wie oben dargestellt (II, 1, a)) – typische Vorbereitungshandlungen, wie etwa das Einführen von Verpackungen, die mit einer fremden Marke versehen sind, als selbständige Markenrechtsverletzungen unter Strafe stellt.[533]

Nach der Legaldefinition des § 22 StGB ist eine Straftat versucht, wenn der Täter „nach seiner Vorstellung von der Tat zur Verwirklichung des Tatbestands unmittelbar ansetzt". Für die Markenfälschung bedeutet dies zum Beispiel, dass die Beschaffung von Tatwerkzeugen[534] – wie etwa Druckmaterialien, Rohstoffen oder z. B. Kleiderstoffen – noch straflose Vorbereitungshandlungen sind.[535] Der Versuch einer Straftat nach § 143 Abs. 3 MarkenG kann demgegenüber z. B. vorliegen, wenn der Täter beginnt, Kennzeichnungsmittel für Textilien herzustellen, diese aber noch nicht fertig gestellt hat.[536] Nach der Gesetzesbegründung zum Produktpirateriegesetz[537] sollten mit der Versuchsstrafbarkeit diejenigen Fälle erfasst werden, in denen Einzelteile eines Produkts bis zuletzt getrennt gehalten und erst kurz vor dem Verkauf oder Vertrieb zu einer schutzrechtsverletzenden Ware zusammengefügt werden,[538] um nicht den vollendeten Tatbestand einer Schutzrechtsverletzung zu erfüllen.[539] Dies führte in der Vergangenheit bei der Entdeckung von Fälschungswerkstätten dazu, dass keine strafrechtliche Handhabe vorhanden war, weil keine „fertigen" gefälschten Markenwaren vorgefunden wurden.[540] Ein solches Vorgehen ist insbesondere bei Textilfälschungen typisch. Hier werden falsche Markenlabels, Aufnäher, Embleme etc. bis zum Vorliegen einer bestimmten „Kundenbestellung" gewöhnlich getrennt von der „Rohware" gelagert.[541] Zum Beispiel werden ein „*Lacoste*"-Label und ein weißes Poloshirt bis zur Versendung an den Empfänger einzeln gelagert.

---

[533] Vgl. *Göpfert*, S. 143, *Harte-Bavendamm*, § 5, Rdn. 157.
[534] Vgl. *Käbisch*, S. 209.
[535] Vgl. *Käbisch*, S. 209.
[536] Vgl. *Käbisch*, S. 206, *Schiwek*, S. 183.
[537] Begründung zum PrPG, BT-Drucks. 11/4792, S. 24.
[538] Begründung zum PrPG, BT-Drucks. 11/4792, S. 24.
[539] Vgl. *Käbisch*, S. 206.
[540] Vgl. *Göpfert*, S. 166.
[541] Vgl. *Harte-Bavendamm*, § 5, Rdn. 157, *Göpfert*, S. 166.

Jedoch ist die praktische Relevanz der Versuchsstrafbarkeit teilweise entfallen,[542] da die Tat schon vollendet ist, wenn eine einzige Benutzungshandlung i. S. d. § 14 Abs. 3 und 4 MarkenG vorgenommen wird,[543] wie z. B. der Besitz von Kennzeichnungsmitteln zum Zweck des Anbietens oder Inverkehrbringens.[544]

Darüber hinaus fällt auch das sog. „Domain-Grabbing"[545] unter die Versuchsstrafbarkeit.[546]

4. Strafantrag bei Markenstraftaten nach § 143 Abs. 4 i.V. m. Abs. 1 MarkenG

Während qualifizierte Markenverletzungen als Offizialdelikte gem. § 143 Abs. 2 MarkenG von Amtswegen verfolgt werden, erfordert die *„einfache"* Markenverletzung nach § 143 Abs. 1 MarkenG einen Strafantrag (§ 143 Abs. 4 MarkenG), dessen allgemeine Voraussetzungen in den §§ 77 bis 77 d StGB geregelt sind. Mit den Ermittlungen kann bei *„einfachen"* Markenrechtsverletzungen erst nach Stellung des Antrags begonnen werden.[547] Der Strafantrag wird durch den Markeninhaber gestellt, wenn beispielsweise der Markenpirat nicht erreichbar ist, er auf eine Abmahnung nicht reagiert oder auch keine strafbewehrte Unterlassungserklärung abgeben möchte.[548]

Die Staatsanwaltschaft kann darüber hinaus auch Ermittlungen aufnehmen, wenn ein Strafantrag nicht vorliegt, etwa wenn markenrechtsverletzende Ware als Zufallsfund im Rahmen anderer Ermittlungen oder vom Zoll bei der Einfuhr aus einem Drittstaat entdeckt wird und ein besonderes öffentliches Interesse an der Strafverfolgung besteht (§ 143 Abs. 4 MarkenG).[549] Dieses ist nach der Vorschrift „Nr. 261 a der Richtlinie für das Straf- und Bußgeldverfahren" (RIStBV) gewöhnlich dann zu bejahen, wenn eine nicht lediglich geringfügige Schutzrechtsverletzung gegeben ist.[550] Insbesondere kann ein öffentliches Interesse nach der Vorschrift Nr. 261 a RIStBV angenommen werden, wenn der Täter einschlägig vorbestraft ist, ein erheblicher Schaden droht oder eingetreten ist, die Tat den Verletzten in seiner wirtschaftlichen Existenz bedroht oder die öffentliche Sicherheit oder die Gesundheit der Verbraucher gefährdet ist. Ein solcher Fall liegt häufig bei organi-

---

542 Vgl. *Göpfert*, S. 166, *Harte-Bavendamm*, § 5, Rdn. 157.
543 Vgl. *Ingerl/Rohnke*, § 143, Rdn. 2.
544 Vgl. *Schiwek*, S. 183.
545 Registrierung von bekannten Markennamen enthaltenden Domain-Namen in der Absicht, diese auf Nachfrage an den Berechtigten zu verkaufen. Vgl. *Ingerl/Rohnke*, § 143, Rdn. 2.
546 Vgl. *Göpfert*, S. 167, *Ingerl/Rohnke*, § 143, Rdn. 2.
547 Vgl. *Göpfert*, S. 227.
548 Vgl. *Göpfert*, S. 227.
549 Vgl. *Göpfert*, S. 229.
550 Vgl. *Göpfert*, S. 230.

siertem Handeln vor. Insbesondere kann die öffentliche Sicherheit bei Fälschungen im Arzneimittelbereich oder auch bei Waren für Luft- und Straßenverkehr gefährdet sein.[551] Hierbei sind das Ausmaß der Schutzrechtsverletzung, der eingetretene oder drohende wirtschaftliche Schaden und die vom Täter erstrebte Bereicherung im Einzelfall zu beachten.[552]

5. Einziehung von Produktionsmitteln und Produkten (§ 143 Abs. 5 MarkenG)

Neben einer Freiheits- oder Geldstrafe können die gefälschten Markenwaren und die zur Fälschung verwendeten Mittel gem. § 143 Abs. 5 MarkenG i. V. m. § 74 Abs. 1 und Abs. 2 StGB eingezogen werden.[553] Der Einziehung unterliegen auch die Gegenstände, die als Tatmittel zur Begehung oder Vorbereitung der Tat verwendet wurden oder dazu bestimmt waren. Deshalb besteht die Möglichkeit, Vorrichtungen zur Produktion der Fälschungen, oder die zu ihrem Transport verwendeten Fahrzeuge und die als Vorlage dienenden originalen Markenwaren einzuziehen.[554] Der Einziehung unterliegen auch solche Gegenstände, die unmittelbar durch eine mit der Strafe bedrohte Handlung hervorgebracht wurden. In Fällen der Markenpiraterie sind dies gewöhnlich die im Geltungsbereich des Markengesetzes und des Strafgesetzbuches hergestellten Fälschungen. Hierzu gehört allerdings nicht durch die Tat Erworbenes, wie zum Beispiel das für die Fälschungen gezahlte Entgelt.[555] Ferner können Kennzeichnungsmittel, wie Anhänger oder Etiketten sowie Vorlagen zur Produktion gefälschter Markenwaren (§ 14 Abs. 4 Nr. 1 MarkenG) eingezogen werden.[556]

Zu berücksichtigen ist, dass der zivilrechtliche Vernichtungsanspruch nach § 18 Abs. 1 MarkenG im strafrechtlichen sog. Adhäsionsverfahren gem. §§ 403 ff. StPO auf Antrag des Markeninhabers geltend gemacht werden kann.[557] Wird dem Antrag stattgegeben, so ist dies vorteilhafter als die Anordnung der Einziehung der gefälschten Waren nach § 74 a StGB durch das Strafgericht, weil so die Waren nicht in den Verkehr gelangen können.[558]

---

[551] Vgl. *Käbisch,* S. 256, *Göpfert,* S. 230.
[552] Vgl. *Göpfert*, S. 230.
[553] Vgl. *Maske*, S. 209.
[554] Vgl. *Braun*, S. 225-226, *Maske*, S. 209.
[555] Vgl. *Maske*, S. 209-210.
[556] Vgl. *Maske*, S. 210.
[557] Vgl. *Göpfert*, S. 253-254, *Achenbach/Ransiek*, S. 1008, Rdn. 83, *Anduleit*, S. 112-113.
[558] Nach § 143 Abs. 5 S. 3 MarkenG scheidet die strafrechtliche Einziehung aus, wenn dem zivilrechtlichen Vernichtungsanspruch nach § 18 MarkenG im Adhäsionsverfahren stattgegeben wird.

6. Öffentliches Bekanntmachen der Verurteilung (§ 143 Abs. 6 MarkenG)

Gemäß § 143 Abs. 6 MarkenG hat der Markeninhaber zudem die Möglichkeit, auf Antrag im Rahmen des Strafurteils die Verurteilung des Täters öffentlich bekannt zu machen. Hierzu ist erforderlich, dass ein berechtigtes Interesse vorliegt. Ein solches kann dann bestehen, wenn in der Öffentlichkeit der Eindruck erweckt wurde, dass die in Verkehr gebrachten Fälschungen als Originalwaren wahrgenommen wurden.[559] Ferner kann die Urteilsveröffentlichung, die an eine strafrechtliche Verurteilung anknüpft, das private Genugtuungsinteresse des verletzten Markeninhabers stillen,[560] wenn eine bestimmte Anzahl gefälschter Markenwaren bereits an Verbraucher gelangt sind. Für die Abwägung des berechtigten Interesses an der Bekanntmachung der Verurteilung sind zudem der Verbreitungsgrad und die Anzahl der gefälschten Markenware von Bedeutung.[561] Nach § 143 Abs. 6 S. 2 MarkenG hat das Gericht im Urteil die Art der Bekanntmachung zu bestimmen, so etwa die Anzeige in einer Zeitung.

III. Straftaten von Markenpiraten nach dem StGB

Strafbare Markenverletzungen nach § 143 MarkenG, insbesondere die gewerbsmäßige Verletzung von Markenrechten (§ 143 Abs. 2 MarkenG), treffen oftmals mit Betrug gegenüber den Käufern nach § 263 StGB zusammen, weil diese getäuscht und geschädigt werden. Ferner kann mit einer Markenwarenfälschung eine Urkundenfälschung gem. § 267 StGB einhergehen.

1. Betrug (§ 263 StGB) als Schwerpunkt

Wegen Betrugs nach § 263 Abs. 1 StGB macht sich strafbar, wer in der Absicht, sich oder einem Dritten einen rechtswidrigen Vermögensvorteil zu verschaffen, das Vermögen eines anderen dadurch beschädigt, dass er durch Vorspiegelung falscher oder durch Entstellung oder Unterdrückung wahrer Tatsachen einen Irrtum erregt oder unterhält. Der Betrug wird mit Freiheitsstrafe bis zu fünf Jahren oder mit Geldstrafe bestraft.

Dies soll zunächst an einem Beispiel aus der Praxis verdeutlicht werden:

---

[559] Vgl. *Käbisch*, S. 217.
[560] Vgl. *Göpfert*, S. 271-272, *Käbisch*, S. 217.
[561] Vgl. *Käbisch*, S. 217, *Göpfert*, S. 271.

Ein Täter verkaufte gefälschte Schmuckstücke unter der Marke „*Joop*“ als Originale über den Onlinemarktplatz *eBay* und betrog massenhaft *eBay* Käufer, weil es sich um billige Imitate aus der Türkei handelte. Er wurde wegen 3.371 Verstößen gegen § 143 Abs. 2 MarkenG und insgesamt 270 Betrugsfällen nach § 263 StGB zu einem Jahr und acht Monaten Haftstrafe verurteilt, die jedoch auf drei Jahre zur Bewährung ausgesetzt wurde. Ferner musste er 10.000 Euro an gemeinnützige Vereine zahlen. Daneben wurde der Betrüger durch das „*Joop*“-Unternehmen auf Schadenersatz verklagt.[562]

Voraussetzung für den Tatbestand des § 263 StGB ist zunächst, dass der Konsument getäuscht wird. Die Täuschungshandlung des Täters besteht im Anbieten bzw. im Inverkehrbringen der gefälschten Markenware, da dadurch der Eindruck erweckt wird, dass es sich um die originale Markenware handelt.[563] Die Täuschung muss nicht ausdrücklich geschehen. Sie kann auch konkludent durch das Anbieten der gefälschten Ware erklärt werden, wodurch der Täter zum Ausdruck bringt, es handele sich um das Original.[564] Das Anbieten der gefälschten Markenware erzeugt i. S. v. § 263 StGB beim Konsumenten einen Irrtum, da er annimmt, dass er das Original erwirbt.[565] Ein solcher Irrtum ist umso wahrscheinlicher, je ähnlicher die Fälschung der Originalmarkenware ist.[566] Auch ein ähnlich hoher Preis führt zum Irrtum.[567] Wenn dagegen durch den Konsumenten bewusst eine billige nachgeahmte Markenware gekauft wird, ist der Betrugstatbestand nach § 263 StGB zu verneinen, da der Konsument keinem Irrtum unterliegt[568] und die Mängel der Ware bewusst in Kauf nimmt.[569]

Im Wortlaut des § 263 StGB nicht enthalten, aber nach allgemeiner Rechtsansicht als sog. ungeschriebenes Tatbestandsmerkmal notwendig, ist eine sog. Vermögensverfügung des Getäuschten.[570] Eine Vermögensverfügung ist jedes Handeln, Dulden oder Unterlassen, das sich unmittelbar, das bedeutet ohne zusätzliche deliktische Zwischenhandlungen des Täters, vermögensmindernd auswirkt.[571] Eine Verfügung, die das Vermögen des Konsumenten mindert, liegt sowohl im Kauf der gefälschten Markenware als auch in der Zahlung des Originalkaufpreises, wenn er eine qualitativ minderwertige „Markenware“ erwirbt.[572] Daneben beruht der nach

---

562 http://www.mediendenk.de/index.php?AID=0000002066, besucht am 15.10.10.
563 Vgl. *Welser/González*, S. 153, Rdn. 239, *Maske,* S. 179.
564 Vgl. *Maske*, S. 179.
565 Vgl. *Anduleit*, S. 114-115, *Maske*, S. 179.
566 Vgl. *Maske*, S. 179.
567 Vgl. *Anduleit,* S. 115.
568 Vgl. *Welser/González*, S. 153, Rdn. 239.
569 Vgl. *Göpfert,* S. 211.
570 Vgl. *Lackner/Kühl*, § 263, Rdn. 21.
571 Vgl. *Lackner/Kühl*, § 263, Rdn. 22.
572 Vgl. *Braun*, S. 169.

§ 263 StGB nötige Vermögensschaden auch auf rechtlichen Mängeln der gefälschten Markenware, da es dem Markeninhaber aufgrund seiner rechtlichen Stellung möglich ist, dem Konsumenten die Verwendung der Ware zu verbieten.[573]

Hinsichtlich der Schuld des Täters ist für den Betrug zunächst der Vorsatz (§ 15 StGB) notwendig. Bei Markenpiraten als Tätern ist dies regelmäßig anzunehmen, weil sie wissentlich die Verbraucher täuschen, einen Irrtum erregen, sodass diese durch den Kauf eine Verfügung treffen, die einen Vermögensschaden verursacht. Weiterhin muss der Täter die Absicht haben, sich einen rechtswidrigen Vermögensvorteil zu verschaffen. Der Verkauf der gefälschten Markenwaren dient regelmäßig dem primären Zweck, sich einen Vermögensvorteil in Form des Gewinns zu verschaffen. Weiterhin ist die Rechtswidrigkeit der Bereicherung aufgrund des fehlenden rechtsverbindlichen Anspruches auf den Vermögensvorteil gegeben.[574]

Betrügt der Täter gewerbsmäßig, oder als Mitglied einer Bande mit falscher Markenware liegt ein besonders schwerer Fall gem. § 263 Abs. 3 Nr. 1 StGB vor, der mit Freiheitsstrafe von sechs Monaten bis zu zehn Jahren geahndet wird.

2. Urkundenfälschung (§ 267 StGB)

Mit Markenpiraterie kann auch in Einzelfällen, vor allem bei der Fälschung von Arzneimittelverpackungen, eine Urkundenfälschung nach § 267 StGB verbunden sein. Nach § 267 Abs. 1 StGB macht sich strafbar, wer zur Täuschung im Rechtsverkehr eine unechte Urkunde herstellt, eine echte Urkunde verfälscht oder eine unechte oder verfälschte Urkunde gebraucht. Hiernach wird der Täter mit Freiheitsstrafe bis zu fünf Jahren oder mit Geldstrafe bestraft.

Bei Markenpiraterie können zwei Vorgehensweisen der Täter in Betracht kommen. Das unbefugte Markieren der kopierten Waren mit Marken oder Unternehmenskennzeichen sowie das unbefugte Anbringen von kundenbezogenen Kontrollnummern auf der Ware und ihrer Verpackung.[575]

Voraussetzung des § 267 StGB ist zunächst, dass es sich um eine Urkunde handelt. Eine Urkunde ist definiert als verkörperte Gedankenerklärung, die allgemein oder für Eingeweihte verständlich ist und einen Aussteller erkennen lässt und die zum Beweis einer rechtlich erheblichen Tatsache geeignet und bestimmt ist, gleichviel, ob ihr die Bestimmung schon bei der Ausstellung oder erst später gegeben wird.[576] Allerdings stellt das widerrechtliche Versehen einer Ware mit einer

[573] Vgl. *Maske*, S. 180.
[574] Vgl. *Maske*, S. 181.
[575] Vgl. *Harte-Bavendamm*, § 5, Rdn. 174.
[576] Vgl. *Lackner/Kühl*, § 267 StGB, Rdn. 2.

fremden Marke keine Urkundenfälschung dar, da die Marke den Begriff der Urkunde nicht erfüllt.[577] Dies hat der BGH[578] im sog. „*Faber Castell*" Urteil hinsichtlich des Anbringens der Marke „*Faber Castell*" auf Bleistiften entschieden, weil einer Marke keine Beweisfunktion i. S. einer Urkunde zukomme, sondern diese lediglich den Zweck eines Kenn- und Unterscheidungszeichens habe.[579]

Jedoch hat der BGH festgestellt, dass es Fälle gibt, in denen eine Markenverletzung und eine Urkundenfälschung in Tateinheit vorliegen können.[580] Dies trifft dann zu, wenn der Täter neben der Marke zusätzliche zum Beweis bestimmte Zeichen, wie beispielsweise kundenspezifische Codenummern, Chargennummern[581] oder Gütezeichen[582] auf der Markenware anbringt, die den Eindruck erwecken, dass sie vom Markeninhaber angebracht worden sind. Dies kann etwa bei Medikamentenverpackungen der Fall sein, die Kontrollnummern aufgedruckt haben und Urkundsqualität aufweisen können. Diese haben nicht die Aufgabe als Kenn- oder Unterscheidungszeichen, wie etwa Marken zu dienen, sondern stellen eine bestimmte Gütezusicherung dar und sind somit ein Beweiszeichen mit Urkundsqualität, denn die Kontrollnummer steht für die Echtheit der Markenware und für spezifische Modalitäten des Vertriebs.[583]

Weitere Voraussetzung des § 267 StGB ist, dass der Aussteller der Urkunde erkennbar sein muss. Die Erklärung wird bei gefälschten, codierten und verpackten Arzneimitteln dem Hersteller zugeordnet, der diese aber tatsächlich gar nicht abgegeben hat.[584]

§ 267 StGB nennt als Tathandlungen das Herstellen, Verfälschen oder Gebrauchen der Urkunde. Das Herstellen ist das Hervorbringen einer Urkunde, die den unrichtigen Anschein erweckt, von dem aus ihr erkennbaren Aussteller herzurühren.[585] Demgegenüber ist das Verfälschen das anschließende Abändern des gedanklichen Inhalts einer echten Urkunde, sodass der Eindruck erweckt wird, als habe der Aussteller den Inhalt von Beginn an abgegeben.[586] Das Gebrauchen einer unechten Urkunde gem. § 267 StGB liegt vor, wenn sie dem zu Täuschenden zugänglich gemacht wird, sodass er sie als solche erkennen kann.[587]

---

[577] Vgl. *Göpfert*, S. 211, *Maske*, S. 182, *Anduleit*, S. 115.
[578] Vgl. BGHSt 2, 370 f. – Faber Castell, zitiert nach *Anduleit*, S. 115.
[579] Vgl. *H. Wölfel*, S. 139, *Maske*, S. 182.
[580] Vgl. *Göpfert*, S. 211.
[581] Vgl. *Göpfert*, S. 212.
[582] Vgl. *Braun*, S. 188, *Anduleit*, S. 115.
[583] Vgl. *Maske*, S. 182-183.
[584] Vgl. *Maske*, S. 183.
[585] Vgl. *Lackner/Kühl*, § 267, Rdn. 17.
[586] Vgl. *Lackner/Kühl*, § 267, Rdn. 20.
[587] Vgl. *Lackner/Kühl*, § 267, Rdn. 23.

Gewöhnlich ist bei Markenpiraterie die Tathandlung des Herstellens[588] und des Gebrauchens einer falschen Urkunde anzunehmen. Dabei stellen die Markenpiraten anhand der originalen Markenwaren eigenständige Fälschungen her,[589] die etwa als „echte Arzneimittel" über das Internet veräußert werden.

Ferner ist nach §§ 267, 15 StGB Vorsatz für eine Urkundenfälschung nötig. Des Weiteren muss die Handlung zur Täuschung im Rechtsverkehr dienen.[590] Dies ist bei den Tätern der Markenpiraterie stets anzunehmen.

IV. Markenpiraterie durch Arzneimittelfälschung (§§ 8, 95 AMG)

Eines der ernsthaftesten Probleme der Markenpiraterie sowie in der Fälschungsthematik besteht darin, dass namhafte Arzneimittel wie z. B. „*Viagra*" oder „*Aspirin*" und viele andere gefälscht werden, weil hier Gesundheit und Leben von Menschen gefährdet werden. Das internationale Geschäft mit gefälschten Arzneimitteln boomt derzeit.[591] Insbesondere die Einfuhr und der Vertrieb von „Lifestyle-Produkten", wie z. B. Haarwuchsmitteln, Mitteln zur Gewichtsreduktion sowie Appetitzüglern aus Indien und China haben stark zugenommen.[592]

Nach § 8 Abs. 2 AMG ist es verboten, gefälschte Arzneimittel oder gefälschte Wirkstoffe herzustellen, in den Verkehr zu bringen oder sonst mit ihnen Handel zu treiben. Ein solcher Verstoß kann nach § 95 Abs. 1 Nr. 3 a AMG mit einer Freiheitsstrafe von bis zu drei Jahren oder einer Geldstrafe bestraft werden. Laut § 95 Abs. 3 AMG ist die Folge von besonders schweren Fällen eine Freiheitsstrafe von einem Jahr bis zu zehn Jahren. Dies ist der Fall, wenn der Täter durch die Handlung die Gesundheit einer großen Anzahl von Menschen gefährdet, einen anderen der Gefahr des Todes oder einer schweren Schädigung an Körper oder Gesundheit aussetzt oder aus grobem Eigennutz für sich oder einen anderen Vermögensvorteile großen Ausmaßes erlangt (vgl. § 95 Abs. 3 AMG).

Betrachtet man aktuelle Schätzungen über die Zahl gefälschter Arzneimittel, so soll nach einer Berechnung der Weltgesundheitsorganisation (WHO) ihr Anteil weltweit besorgniserregende 10% betragen.[593] Den globalen Umsatz beziffert die WHO

---

[588] Vgl. *Maske*, S. 183.
[589] Vgl. *Maske*, S. 183.
[590] Vgl. *Lackner/Kühl*, § 267, Rdn. 24-25.
[591] http://www.lifeline.de/news/medizin-gesundheit/Arzneimittelfaelschung-Versandapotheke-Internet-Apotheke-id51031.html, besucht am 12.12.12.
[592] http://www.deutsche-apotheker-zeitung.de/spektrum/news/2011/10/05/pfizer-informiert-ueber-arzneimittelfaelschungen/5449.html, besucht am 02.12.12.
[593] Vgl. *Winkler/Wang*, S. 24.

auf 75 Milliarden US-Dollar im Jahr 2010.[594] Wie hoch der Anteil in Europa an gefälschten Arzneimitteln ist, lässt sich jedoch nicht exakt beziffern.[595] Laut der Bundesvereinigung Deutscher Apothekerverbände (ABDA) wurden 2006 an den EU-Grenzen 2, 5 Millionen gefälschte Arzneimitteleinheiten beschlagnahmt, 2005 waren es „lediglich“ 500.000 Stück.[596] Die Zahl der gefälschten Arzneimittel in Europa steige immer mehr, beklagt der ehemalige Kommissions-Vizepräsident Günter Verheugen.[597] Die gefälschten Arzneimittel werden zumeist über das Internet vertrieben und in Kleinstsendungen aus Asien in Absatzländer versendet.[598]

Nach Angaben der Weltgesundheitsorganisation liegt der Anteil gefälschter Arzneimittel in Deutschland in der regulären Lieferkette zwischen Hersteller, Apotheker und Arzt bei weniger als 1 %. [599] Die Polizei hat im Jahr 2011 in Deutschland 268 Ermittlungsverfahren durchgeführt, bei denen es um Verstöße gegen das Arzneimittelgesetz ging. Im Jahr 2009 wurden durch das Bundeskriminalamt 72 Webseiten abgeschaltet, auf welchen in Deutschland gefälschte Arzneimittel angeboten und verkauft wurden.[600] Des Weiteren soll jedes zweite im Internet gekaufte Arzneimittel nach Schätzungen der WHO eine Fälschung sein.[601]

Bei der Markenpiraterie im Arzneimittelbereich überwiegen die Fälle, in denen die Waren zwar wie Arzneimittel aussehen, aber keinen Wirkstoff beinhalten. Ihr Anteil beträgt nach einer Studie der Weltgesundheitsorganisation ca. 60 %. Immerhin 16 % der gefälschten Arzneimittel enthielten gesundheitsschädliche oder giftige Stoffe, die zum Tode führen können. Lediglich bei 7 % handelte es sich um Imitationen eines Präparates mit demselben Wirkstoff und korrekter Dosierung, während 17% zwar den identischen Wirkstoff, aber in falscher Zusammensetzung enthielten.[602]

---

594 http://www.apotheker-ohne-grenzen.de/wie-und-wo-wir-helfen/impact/fakten-impact.html, besucht am 12.12.12.

595 http://www.pharmazeutische-zeitung.de/index.php?id=3510, besucht am 12.12.12.

596 http://www.pharmazeutische-zeitung.de/index.php?id=3510, besucht am 12.12.12.

597 http://www.deutsche-apotheker-zeitung.de/politik/news/2009/12/07/verheugen-arzneimittelfaelschungen-sind-versuchter-massenmord.html, besucht am 20.10.10.

598 http://www.deutsche-apotheker-zeitung.de/politik/news/2009/12/07/verheugen-arzneimittelfaelschungen-sind-versuchter-massenmord.html, besucht am 20.10.10.

599 http://www.pfizer.de/nc/medien/pressemappen.htm?cid=18953&did=7111&sechash=7e601b1f, besucht am 15.12.12.

600 http://www.pfizer.de/nc/medien/pressemappen.htm?cid=18953&did=7111&sechash=7e601b1f, besucht am 15.12.12.

601 http://www.deutsche-apotheker-zeitung.de/spektrum/news/2011/10/05/pfizer-informiert-ueber-arzneimittelfaelschungen/5449.html, besucht am 02.12.12.

602 Vgl. *Winkler/Wang*, S. 25-26, o. V. MA 1-2/2005, S. 22.

Abbildung 9: Studie der WHO über Arzneimittelfälschungen[603]

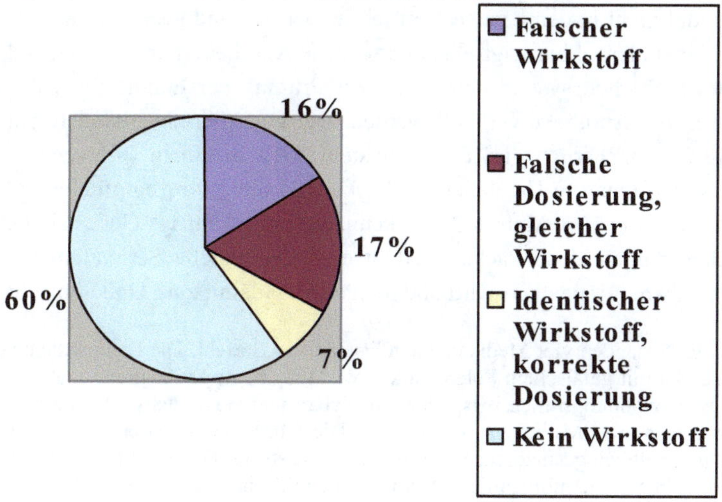

Bei Arzneimitteln wird heutzutage nahezu alles gefälscht: Wirkstoffe, Dosierungen, Beipackzettel, Verpackungen, Herstellernamen bzw. Marken, Chargennummern, Verfallsdaten sowie Dokumente über vermeintliche Kontrollen.[604]

Exemplarisch seien einige erschreckende Fälle von Arzneimittelfälschungen genannt:

In Nigeria wurde Hustensaft mit giftigem Lösungsmittel gemischt, an dem 100 Kinder verstorben sind. Vorgebliche Anti-Malaria-Präparate erwiesen sich in Kenia und Kambodscha als wirkungslos.[605] Ferner wurde ein Herzmedikament gefälscht, das aus einer Mischung aus Ziegelstaub, gelber Farbe zur Straßenmarkierung und Möbelpolitur bestand, um damit die Farbe des Originalpräparates optisch zu treffen.[606]

Da gefälschte Arzneimittel ohne moderne Analysemethoden sogar von Experten nur schwer erkannt werden können, werden Überlegungen darüber angestellt, wie man die Echtheit von Arzneimitteln einfacher überprüfen kann.[607] Dabei ist geplant, etwa mithilfe eines individuellen Matrix-Codes mit einer Datenbank eine Me-

---

[603] Vgl. *Winkler/Wang*, S. 25-26.
[604] Vgl. o. V., MA 1-2/2005, S. 22.
[605] Vgl. o. V., MA 1-2/2005, S. 22.
[606] Vgl. Markenverband, Broschüre Markenpiraterie, 2007, S. 11-12, abrufbar unter: http://www.original-ist-genial.de/fileadmin/icc_dokumente/markenverband_Broschuere.pdf, besucht am 20.10.10.
[607] http://www.original-ist-genial.de/fileadmin/icc_dokumente/markenverband_Broschuere.pdf, besucht am 20.10.10.

dikamentenverpackung auf ihre Echtheit überprüfen zu lassen.[608] Damit gefälschte Arzneimittel nicht in den legalen Vertrieb in Deutschland gelangen, wird von Arzneimittelherstellern, Pharmagroßhändlern sowie Apothekern in Deutschland derzeit ein neues Sicherheitssystem konstruiert zur Prüfung der Echtheit von Arzneimitteln, die in der Apotheke verkauft werden. Die von Pharmaverbänden gegründete Initiative „SecurPharm" wird dieses System 2013 in einem Pilotversuch testen. Hierbei sollen mehrere Hersteller die Packungen einiger rezeptpflichtiger Arzneimittel mit einem „Data Matrix-Code" kennzeichnen, derartige Codes sind etwa bei Bahntickets üblich. Jede Packung erhält eine individuelle Seriennummer, die in einer Datenbank gespeichert wird und die Packung damit zum Unikat macht.[609]

Im Jahre 2005 standen vier Medikamentenfälscher vor Gericht. Die Kriminellen haben per Internethandel mit gefälschten Potenzmitteln wie Viagra, Appetitzüglern wie z. B. Reductil, Nikotinentwöhnungspillen beispielsweise Zyban und Haarwuchsmitteln einen Umsatz von mindestens zwei Millionen Euro erlangt. Die Fälschungen waren teilweise verunreinigt und beinhalteten gesundheitsgefährdende Inhaltsstoffe. Die Saarbrücker Staatsanwaltschaft erhob gegen die mutmaßliche Medikamentenfälscherbande aus St. Wendel Anklage wegen vielfachen Betrugs und Verstößen gegen das Marken- und Arzneimittelgesetz.[610]

Untenstehende Abbildung zeigt die nahezu identische „*Viagra*"-Pillen Verpackung. Der minimale Unterschied liegt darin, dass der Markenpirat das untere Label „*Pfizer*" nicht exakt wie beim Original auf der Fälschung angebracht hat.

Abbildung 10: Fälschung der „*Viagra*" Pillen-Verpackung[611]

Original **Fälschung**

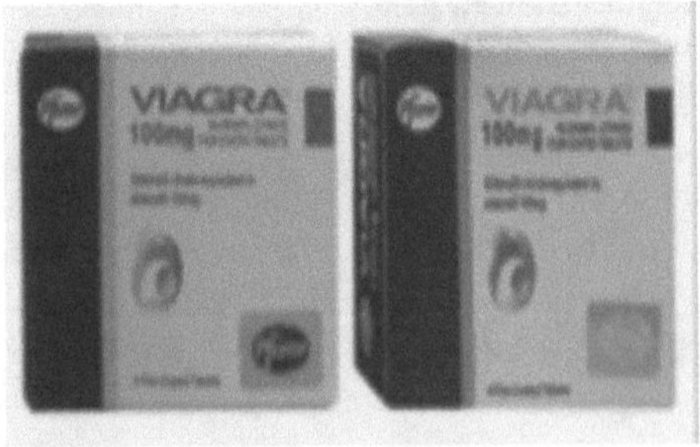

[608] Vgl. *Bejeuhr*, MA 5/2010, S. 50.
[609] http://www.spiegel.de/wissenschaft/medizin/gefaelschte-arzneimittel-lebensgefahr-durch-illegale-onlineapotheken-a-838228-2.html, besucht am 15.12.12.
[610] http://www.spiegel.de/netzwelt/web/0,1518,371670,00.html, besucht am 18.10.10.
[611] Quelle:http://wwwstud.fhzwickau.de/~gb/DOWNLOAD/Vortrag%20MC%20Baier%2006-04-26.pdf, besucht am 10.10.10.

Im Jahr 2011 veranstaltete das Pharmaunternehmen *Pfizer* aufgrund der steigenden Anzahl von Arzneimittelfälschungen das „1. Berliner Informationsforum Arzneimittelfälschungen“. Im Rahmen dieser Veranstaltung schilderten neben Unternehmensvertretern auch Ermittler der Zollfahndung ihre Tätigkeit gegen den kriminellen Arzneimittelhandel im Internet. Dabei sehen die Internetseiten der Markenpiraten überwiegend seriös aus, sodass für den Verbraucher wenig ersichtlich ist, ob es sich um illegale Arzneimittel-Angebote handelt. Hans-Joachim Mill, Director der *Pfizer* Global Security, erklärte, dass gefälschte Arzneimittel oftmals gerade nicht preiswerter als die Originale sind. Um sich zu schützen, solle der Verbraucher deshalb das online erworbene Arzneimittel mit einem Original hinsichtlich Form, Farbe und seiner Verpackung vergleichen. Das Unternehmen *Pfizer* kooperiert mit der Zollfahndung, der Polizei und der Staatsanwaltschaft, um den illegalen Arzneimittel-Handel zu bekämpfen. Dabei bearbeitet beispielsweise das Zollkriminalamt als Teil des Bundesministeriums der Finanzen jährlich 15.000 Ermittlungsverfahren, wovon allein 1.000 Fälle auf den Bereich des Arzneimittelschmuggels entfallen.[612]

V. Steuerhinterziehung, Bannbruch und Schmuggel (§§ 370 , 372, 373 AO)

Die Einfuhr gefälschter Markenwaren aus Drittstaaten – wie etwa China oder Thailand – erfüllt den Straftatbestand der Steuerhinterziehung nach § 370 AO. Ausdrücklich stellt § 370 Abs. 5 AO klar, dass die Tat auch hinsichtlich solcher Waren begangen werden kann, deren Einfuhr verboten ist. Auch für illegale Einfuhren, wie etwa das Schmuggeln von Drogen, Waffen oder eben von gefälschten Markenprodukten (vgl. §§ 143 Abs. 1 Nr. 1, 14 Abs. 3 Nr. 4 MarkenG), sind somit Steuern zu entrichten, deren Hinterziehung strafbar ist.

Weiterhin begehen die Täter einen Bannbruch nach § 372 AO, wenn sie Gegenstände entgegen einem Verbot einführen. Verboten ist die Einfuhr gefälschter Markenwaren nach §§ 143 Abs. 1 Nr. 1, 14 Abs. 3 Nr. 4 MarkenG. Allerdings ist der Bannbruch gegenüber dem Straftatbestand des § 143 MarkenG subsidiär, d.h. er tritt hinter dem Markendelikt zurück, sodass die Strafbarkeit wegen Bannbruchs entfällt. Dies hat zur Folge, dass der Täter ausschließlich wegen der Einfuhr verbotener Waren nach §§ 143 Abs. 1 Nr. 1, 14 Abs. 3 Nr. 4 MarkenG bestraft wird, sowie wegen Steuerhinterziehung nach § 370 AO, wenn er die eingeführten gefälschten Waren nicht angemeldet und versteuert hat.

---

[612] http://www.deutsche-apotheker-zeitung.de/spektrum/news/2011/10/05/pfizer-informiert-ueber-arzneimittelfaelschungen/5449.html, besucht am 02.12.12.

Hinterziehen Markenpiraten gewerbsmäßig oder als Mitglieder einer Bande Einfuhr- oder Ausfuhrabgaben,[613] machen sie sich strafbar nach § 373 AO wegen gewerbsmäßigem, gewaltsamem und bandenmäßigem Schmuggel.

Strafrechtliche Ermittlungen in Steuerstraftaten werden von Zollfahndungsbeamten durchgeführt. Sie werden gem. §§ 208 Abs. 1, 404 AO[614] sowie gem. § 26 Abs. 1 ZFdG, § 12 b ZollVG als sog. „Ermittlungspersonen der Staatsanwaltschaft" (§ 152 GVG) und damit in Polizeifunktion tätig, sodass sie zum Beispiel gem. § 94 StPO gefälschte Markenwaren beschlagnahmen können.

Im Folgenden soll dem Leser ein Überblick über die Steuerstraftaten nach §§ 370, 372, 373 AO gegeben werden, die mit Markenpiraterie zusammentreffen können.

1. Steuerhinterziehung (§ 370 AO)

Die Steuerhinterziehung nach § 370 AO beim Import gefälschter Markenwaren aus Drittstaaten besteht zum einen in der Hinterziehung des sog. Drittlandszolls[615] (Einfuhrzoll),[616] zusätzlich wird zum anderen Einfuhrumsatzsteuer[617] hinterzogen.[618] In der Sache ist die Einfuhrumsatzsteuer[619] nach § 1 Abs. 1 Nr. 4 UStG nur ein Fall der Umsatzsteuer; sie beträgt gem. § 12 Abs. 1 UStG derzeit 19 %.[620] Die Einfuhrumsatzsteuer wird von der Bundeszollverwaltung erhoben. Das Aufkommen der Umsatzsteuer steht Bund und Ländern gemeinsam zu (Art. 106 Abs. 3

---

[613] Dies wird praktisch nicht vorkommen, da der Fall sein müsste, dass in Deutschland produzierte Markenfälschungen in einen Drittstaat ausgeführt werden müssten.
[614] Vgl. *Schuhmacher*, S. 171.
[615] Zölle sind kraft gesetzlicher Definition Steuern (§ 3 Abs. 3 AO). Der sog. „Drittlandszoll" ist der Zollsatz für Waren aus Nicht-EU-Ländern.
[616] Nach Art. 106 Abs. 1 Nr. 1 GG steht das Aufkommen der Zölle dem Bund zu.
[617] Die Einfuhrumsatzteuer wird als Verbrauchsteuer i. S. der AO von den Zollbehörden erhoben und verwaltet (§ 21 Abs. 1 und 2 UStG). Die Einordnung der (Einfuhr-) Umsatzsteuer als Verbrauchsteuer ist umstritten. Teilweise wird sie als Verkehrssteuer qualifiziert. Verkehrssteuern unterscheiden sich von den Verbrauchsteuern dadurch, dass sie nicht an einen tatsächlichen Vorgang, sondern an einen Akt des Rechtsverkehrs anknüpfen und den Aufwand treffen wollen, der bei Abschluss eines Rechtsgeschäfts entsteht. Vgl. *Birk*, S. 25-27.
[618] Zweck der Einfuhrumsatzsteuer ist die Belastung von Einfuhren mit der Umsatzsteuer, weil auf die eingeführten Gegenstände, aufgrund der Entlastung von der Umsatzsteuer durch den Ausfuhrstaat, noch keine Umsatzsteuer aufgeschlagen wurde. Vgl. http://www.steuertipps.de/lexikon/e/einfuhrumsatzsteuer, besucht am 22.03.13.
[619] Bei der Einfuhrumsatzsteuer handelt es sich um eine Einfuhrabgabe i. S. des Zollrechts, sodass die Vorschriften für Zölle sinngemäß gelten (vgl. § 21 UStG).
[620] Nach § 12 Abs. 2 UStG gibt es einen ermäßigten Steuersatz von 7 %, der für Markenfälschungen nicht relevant ist, sondern z. B. für Erzeugnisse von Verlagen, Druckereien und grafischem Gewerbe und für kulturelle Veranstaltungen sowie Getreide gilt.

GG),[621] soweit das Aufkommen der Umsatzsteuer nicht nach Art. 106 Abs. 5 a GG den Gemeinden zugewiesen wird.[622]

Demgegenüber ist bei den relativ seltenen Einfuhren gefälschter Waren aus einem EU-Staat nach Deutschland kein Zoll zu zahlen (vgl. Art. 28 AEUV), weil die EU ein einheitliches Zollgebiet (vgl. Art. 3 ZK)[623] in Form einer Zollunion ist und Zölle nach EU-Recht nur gegenüber Nicht-EU-Staaten, d.h. sog. „Drittstaaten" erhoben werden. Da es sich steuerrechtlich nicht um eine Einfuhr[624] handelt, wenn Waren aus einem EU-Staat nach Deutschland verbracht werden, wird hier auch nicht der Begriff Einfuhrumsatzsteuer verwendet, sondern es wird schlicht Umsatzsteuer erhoben, bzw. von den Schmugglern hinterzogen, in Höhe des in Deutschland geltenden Satzes von 19 % (§ 12 Abs. 1 UStG).

Was die Herstellung gefälschter Markenwaren in Deutschland betrifft, ist in der Literatur und Rechtsprechung kein einziger Fall zu finden gewesen. Jedoch ist es nicht ausgeschlossen, dass es in der Praxis vereinzelt solche Fälle geben kann, sodass unter 1. c) kurz zu erläutern ist, welche Arten von Steuern hinterzogen werden.

Die Steuerhinterziehung setzt vorsätzliches Handeln (§ 15 StGB) voraus. Hierzu gehört beim sog. direkten Vorsatz[625] das Wissen, dass der Täter eine täuschende Handlung vornimmt und dadurch einen Steueranspruch beeinträchtigt. Nötig ist die Kenntnis, dass ein Steueranspruch besteht, auf den eingewirkt wird. Bei der Einfuhr gefälschter Waren wird eine derartige Kenntnis regelmäßig anzunehmen sein.[626]

Eine Steuerhinterziehung nach § 370 Abs. 1 AO wird mit Freiheitsstrafe bis zu fünf Jahren oder mit Geldstrafe bestraft, während in besonders schweren Fällen ein Strafrahmen von sechs Monaten bis zu zehn Jahren nach § 370 Abs. 3 AO vorgesehen ist.

---

[621] http://www.manager-magazin.de/unternehmen/artikel/0,2828,225360-2,00.html, besucht am 22.03.13.

[622] Vgl. Art. 106 Abs. 5 a GG: "Die Gemeinden erhalten ab dem 1. Januar 1998 einen Anteil an dem Aufkommen der Umsatzsteuer. Er wird von den Ländern auf der Grundlage eines orts- und wirtschaftsbezogenen Schlüssels an ihre Gemeinden weitergeleitet. Das Nähere wird durch Bundesgesetz, das der Zustimmung des Bundesrates bedarf, bestimmt."

[623] Verordnung (EWG) Nr. 2913/92 des Rates v. 12.10.1992 zur Festlegung des Zollkodex der Gemeinschaften (ABl. Nr. L 302, S. 1, ber. ABl. 1993 Nr. L 79, S. 84 und ABl. 1996 Nr. L 97, S. 38).

[624] Beim grenzüberschreitenden Warenverkehr zwischen den EU-Mitgliedern, also Handelsgeschäften im EU-Binnenmarkt, spricht man vom Eingang, Bezug oder Erwerb von Waren. Vgl. http://www.hk24.de/international/export/import_vorschriften/361780/importvorschriften.html, besucht am 22.03.13.

[625] Der Eventualvorsatz liegt hingegen vor, wenn der Täter es ernstlich für möglich hält und sich damit abfindet, dass sein Verhalten zur Verwirklichung des gesetzlichen Tatbestandes führt. Vgl. *Wessels/Beulke*, S. 83, Rdn. 214.

[626] Vgl. *Schiwek*, S. 129, *Kettner*, S. 160.

a) Steuerhinterziehung bei Einfuhr aus einem Drittstaat

Um Waren aus einem Drittstaat nach Deutschland zu importieren, ist eine Zollanmeldung[627] erforderlich. Diese ist bei der Zollstelle einzureichen, bei der die Waren gestellt[628] werden können.[629] Nach Art. 4 Nr. 18 ZK ist Anmelder, die Person, die in eigenem Namen eine Zollanmeldung abgibt, oder die Person, in deren Namen eine Zollanmeldung abgegeben wird. Zu berücksichtigen ist, dass der Zollanmelder oder sein Vertreter grundsätzlich in der Gemeinschaft ansässig sein muss (Art. 64 Abs. 2 b) ZK),[630] sodass keine Anmeldung z. B. durch ein chinesisches Unternehmen erfolgen kann, wenn dieses keine Niederlassung in der EU hat. In diesem Fall gibt der deutsche Importeur die Zollanmeldung ab. Allerdings muss der Zollanmelder bei der Abgabe einer Zollanmeldung nicht selbst in Erscheinung treten. Er kann sich auch vertreten lassen. Diese Vertretung kann eine direkte[631] oder indirekte Stellvertretung[632] sein (Art. 5 Abs. 2 ZK), die in beiden Fällen offen zu legen ist (Art. 5 Abs. 4 Unterabs. 1 ZK), sodass ein beauftragtes Speditionsunternehmen die Waren für einen Importeur abholen kann.

Die aufgrund der Zollanmeldung nach Art. 201 ff. ZK fällig werdenden Einfuhrabgaben[633] in Form von Zoll[634] sowie Einfuhrumsatzsteuer nach § 1 Abs. 1

[627] Nach Art. 4 Nr. 17 ZK ist die Zollanmeldung eine Handlung, mit der eine Person in der vorgeschriebenen Form und nach den vorgeschriebenen Bestimmungen die Absicht bekundet, eine Ware in ein bestimmtes Zollverfahren überführen zu lassen.

[628] Nach Art. 4 Nr. 19 ZK ist die Gestellung die Mitteilung an die Zollbehörden in der vorgeschriebenen Form, dass sich die Waren bei der Zollstelle oder an einem anderen von den Zollbehörden bezeichneten oder zugelassenen Ort befinden.

[629] http://www.zoll.de/DE/Fachthemen/Zoelle/Zollanmeldung/Unterlagen-schriftliche-Zollanmeldung/unterlagen_schriftliche_zollanmeldung_node.html, besucht am 28.03.13.

[630] Nach Art. 64 Abs. 2 b) ZK gilt dies nicht, wenn eine Anmeldung zum Versandverfahren oder zur vorübergehenden Verwendung abgegeben wird oder gelegentlich Waren angemeldet werden, sofern die Zollbehörden dies für gerechtfertigt halten. Dies wird in den meisten Fällen der Markenpiraterie nicht anwendbar sein.

[631] Direkt ist die Stellvertretung, wenn der Vertreter im Namen und für Rechnung eines anderen handelt (Art. 5 Abs. 2 Unterabs. 1, 1. Anstrich ZK). Dies ist der Fall, wenn ein beauftragtes Speditionsunternehmen die Waren für den Empfänger abholt.

[632] Indirekt ist die Stellvertretung, wenn der Vertreter im eigenen Namen, aber für fremde Rechnung handelt (Art. 5 Abs. 2 Unterabs.1, 2. Anstrich ZK).

[633] Vgl. Art. 4 Nr. 10 ZK. Hiernach sind Einfuhrabgaben: „Zölle und Abgaben mit gleicher Wirkung bei der Einfuhr von Waren." Siehe auch Definition des § 1 Abs. 1 S. 3 ZollVG: „Einfuhr- und Ausfuhrabgaben im Sinne dieses Gesetzes sind die im Zollkodex geregelten Abgaben sowie die Einfuhrumsatzsteuer und die anderen für eingeführte Waren zu erhebenden Verbrauchsteuern."

[634] Es entsteht eine sog. Zollschuld gem. Art. 4 Nr. 9 ZK. Diese ist definiert als Verpflichtung einer Person, die für eine bestimmte Ware im geltenden Gemeinschaftsrecht vorgesehenen Einfuhrabgaben (Einfuhrzollschuld) oder Ausfuhrabgaben (Ausfuhrzollschuld) zu entrichten.

Nr. 4 UStG, entrichten die Warenschmuggler oftmals nicht in voller Höhe oder gar nicht.[635]

Zwei Praxisbeispiele sollen veranschaulichen, wie Einfuhrabgaben hinterzogen werden, sodass der Straftatbestand der Steuerhinterziehung gem. § 370 AO erfüllt ist. Um den Umfang des durch Steuerhinterziehung verursachten Schadens zu verdeutlichen, soll im zweiten Beispiel die Summe der von den Tätern nicht abgeführten Abgaben ermittelt werden.

Die Täter deklarieren eine Warensendung als Spielzeugtelefone zu einem niedrigen Stückpreis. Tatsächlich sind in dem Container teure Kopien von Mobiltelefonen einer bekannten Marke versteckt.[636]

Eine deutsche Importeur Firma (D) erwirbt bei einem chinesischen Unternehmen (Ch. Ltd.) ohne Sitz in der EU gefälschte Markentextilien, wie etwa Jeans und T-Shirts im Wert von 60.000 Euro, um sie in Deutschland zu veräußern. Ch. Ltd. lässt die Waren über dem Seeweg zum deutschen Bestimmungsort transportieren. D macht bei der Zollanmeldung falsche Angaben zu den Waren, indem sie Seidenstoffe und Schuhe im Wert von 15.000 Euro anmeldet und die Fälschungen verheimlicht.[637] Die Waren werden der zollamtlichen Warenabfertigung unterzogen und unentdeckt abgefertigt.[638]

---

[635] Zusätzlich können auch Verbrauchsteuern, wie etwa Branntwein- oder Kaffeesteuern bei der Einfuhr erhoben werden, die aber auf Fälle der Markenpiraterie nicht zutreffen.

[636] Vgl. *Kettner*, S. 165.

[637] Fälscher setzen hierbei auf die geringe Quote an Containerinspektionen, da der Zoll aufgrund seines umfangreichen Aufgabenspektrums primär nach Sprengstoff, Drogen und Waffen Container inspiziert. *OECD*, S. 194.

[638] Die Täter ergreifen hier zusätzliche Vorsichtsmaßnahmen, um die Aufdeckung auf ein Mindestmaß zu reduzieren, indem einige der Waren ohne Markenzeichen transportiert werden, sodass diese erst vor Markteintritt im Zielland angebracht werden. Vgl. *OECD*, S. 194.

Der in diesem Fall hinterzogene Zoll ergibt sich aus folgender Berechnung:

Warenwert bzw. Rechnungsbetrag von 60.000 Euro + Transportkosten (inklusive Versicherungskosten) von 6.000 Euro

= Zollwert von 66.000 Euro

Bei Textilien beträgt der durchschnittliche Zollsatz[639] 12 %,[640] welcher mit 66.000 Euro multipliziert wird.

= Zollbetrag von 7.920 Euro

Die Einfuhrumsatzsteuer von 19% berechnet sich wie folgt:

Warenwert von 60.000
+ Transportkosten und -versicherungskosten von 6.000
+ Zollbetrag von 7.920 Euro
= 73.920 Euro
von dieser Gesamtsumme sind 19 % Einfuhrumsatzsteuer
= 14.044,80 Euro Einfuhrumsatzsteuer zu entrichten.

D ist als Empfänger und Anmelder der Waren im Regelfall Steuerschuldner des Einfuhrzolls[641] und der Einfuhrumsatzsteuer, da die Waren von dem chinesischen Unternehmen zumeist „unverzollt und unversteuert" geliefert werden.[642] Denn das Unternehmen aus China könnte nur dann die Zollanmeldung durchführen und damit eine Steuerpflicht begründen, wenn es einen Geschäftssitz in der EU hätte, was in der Praxis durchweg nicht der Fall ist.[643] Dementsprechend ist Zollanmelder im Beispiel oben der deutsche Importeur D, der nach der vorstehenden Berechnung 21.964,80 Euro Steuern an die Zollbehörden abführen müsste. Da D im Fallbeispiel

[639] Die Berechnung erfolgt nach dem Zolltarif „TARIC" (Verordnung (EG) Nr. 2658/1987), der für einzelne Waren Zölle festsetzt. Vgl. http://eur-lex.europa.eu/LexUriServ/LexUriServ.do?uri=OJ:L:1987:256:0001:0675:DE:PDF, besucht am 12.12.12.

[640] Die Zollsätze können teils abweichen, da diese nach verschiedenen Kriterien zu differenzieren sind. In den elektronischen Zolldatenbanken „TARIC" und „Elektronischer Zolltarif (EZT)" kann nach Zollsätzen recherchiert werden. Es wird nach unterschiedlichen Positionen unterteilt z. B. Kleidung und Bekleidungszubehör sowie T-Shirts und Unterhemden aus Gewirken oder Gestricken usw. Beispielsweise gilt für Schuhe aus Leder ein Zollsatz von 8 %. In einer anderen Quelle wird ein Zolltarif von 15 % für Textilien genannt. Vgl. http://www.online-artikel.de/article/erfolgreich-aus-china-importieren-84307-1.html, besucht am 22.03.13.

[641] Zollschuldner ist der Anmelder (Art. 201 Abs. 3 ZK).

[642] Vgl. *Büter*, S. 56-57.

[643] Vgl. Art. 64 Abs. 2 b) ZK.

falsche Angaben hinsichtlich der Art und insbesondere des Wertes der Waren bei der Zollanmeldung gemacht hat, zahlt er einen deutlich geringeren Steuerbetrag als die tatsächlich geschuldete Summe von 21.964,80 Euro.

D begeht damit eine Steuerhinterziehung in der Konstellation des § 370 Abs. 1 Nr. 1 AO. Diese Variante des Tatbestandes setzt voraus, dass der Täter gegenüber Finanzbehörden – wozu auch die Zollbehörden gehören (§ 6 Abs. 2 Nr. 5 AO) – unrichtige oder unvollständige Angaben über steuerlich erhebliche Tatsachen macht. Tatsachen sind dann steuerlich erheblich, wenn sie zur Ausfüllung eines Besteuerungstatbestands angewendet werden müssen[644] und insofern Grund und Höhe des Steueranspruchs oder des Steuervorteils beeinflussen.[645] Ebenso sind Einkünfte aus sittenwidrigen oder verbotenen Geschäften, wie gefälschten Markenwaren, Schmuggel, Waffenhandel oder Erpressung gemäß § 370 Abs. 5 AO steuerlich erheblich.[646] D macht bei der Alternative des § 370 Abs. 1 Nr. 1 AO falsche Angaben über Menge, Stückzahl, Beschaffenheit und damit über den Zollwert[647] der Waren,[648] weil er die Fälschungen als Seidenstoffe und als Schuhlieferung mit einem falschen Warenwert anmeldet und die Waren zwar zollrechtlich „gestellt", aber die Fälschungen unter Seidenstoffen versteckt hat.[649]
Darüber hinaus ist auch die Möglichkeit denkbar, dass der deutsche Importeur D gefälschte Markenwaren über ein Drittland – wie die Schweiz[650] – abseits einer Zollstelle[651] über den Landweg nach Deutschland schmuggelt, ohne sich der zollamtlichen Warenabfertigung zu unterziehen. In diesem Fall werden durch D gem. § 370 Abs. 1 Nr. 2 AO die Finanzbehörden pflichtwidrig über steuerlich erhebliche Tatsachen in Unkenntnis gelassen. Hier ist der objektive Tatbestand des § 370 Abs. 1 Nr. 2 AO dadurch erfüllt, der darin besteht, dass der Steuerpflichtige keine Erklä-

644 Auch solche Tatsachen sind steuerlich erheblich, welche die Finanzbehörden sonst zur Einwirkung auf den Steueranspruch veranlassen können. Vgl. *Franzen/Gast/Joecks*, § 370, Rdn. 130.
645 Vgl. *Franzen/Gast/Joecks*, § 370, Rdn. 130.
646 Vgl. Veröffentlichung zum Steuerstrafrecht, S. 5, https://www.lieb-online.com/veroeffentlichungen.html?.../Steuerstrafr, besucht am 14.01.13.
647 Art. 29-33 ZK beinhalten sechs Methoden, um den Wert einer Ware zu ermitteln. Zumeist wird zunächst der sog. Transaktionswert (Art. 29 ZK) für die Waren ermittelt. Vgl. *Witte/Wolffgang*, S. 528.
648 Vgl. *Schiwek*, S. 128, *Franzen/Gast/Joecks,* § 370, Rdn. 220c.
649 Die Zollwertverkürzung wird auch über eine sog. Unterfakturierung mithilfe fingierter Rechnungen oder durch Aufteilung des Rechnungspreises erreicht. Hier werden Teile des Rechnungspreises als andere Kosten getarnt. Vgl. http://www.steuerstrafrecht-rechtsanwalt.de/rechtsanwalt-zollhinterziehung.html, besucht am 20.03.13.
650 Laut der Zollstatistik (2011) kommen 1,56 % der Fälschungen aus der Schweiz.
651 Vgl. *Schiwek*, S. 128.

rungen abgibt.[652] Pflichtwidrig handelt dabei derjenige, der eine Rechtspflicht zur Offenbarung steuerlich erheblicher Tatsachen verletzt.[653] In diesem Fall umgeht D die zollamtliche Warenabfertigung und bringt Waren über die Grenze, indem er keine Erklärungen abgibt, trotz seiner Gestellungspflicht gem. Art. 40 ZK[654] i.V. m. § 4 ZollVG,[655] um dem markenrechtlichen Einfuhr- und Ausfuhrverbot (§§ 143 Abs. 1 Nr. 1, 14 Abs. 3 Nr. 4 MarkenG) und einer potenziellen Grenzbeschlagnahme zu entgehen.

Abschließend sei darauf hingewiesen, dass Fälschungen zwar überwiegend in Südostasien und Lateinamerika hergestellt werden, aber die Industrieländer oftmals Auftraggeber der nachgeahmten Waren sind, oder sie kaufen diese günstig ein, um sie vor Ort weiter zu veräußern.[656]

b) Steuerhinterziehung bei Einfuhr aus einem EU- Staat

Nach Art. 28 AEUV „umfasst die Union eine Zollunion (…) und das Verbot, zwischen den Mitgliedstaaten Ein- und Ausfuhrzölle und Abgaben gleicher Wirkung zu erheben (...)“, sodass kein Zoll bei der Einfuhr in einen Mitgliedstaat der EU zu zahlen ist. Da die EU umsatzsteuerrechtlich Inland ist,[657] entfällt auch die beim Drittstaaten-Import bestehende Einfuhrumsatzsteuerpflicht innerhalb der Europäischen Union. An deren Stelle wird der im Inland geltende Umsatzsteuersatz erhoben, der in Deutschland ebenso wie bei der Einfuhrumsatzsteuer 19 % gem. § 12 Abs. 1 UStG beträgt.

EU Staaten, die in der deutschen Zollstatistik[658] im Zusammenhang mit gefälschten Markenwaren genannt werden, sind Polen und Tschechien. Allerdings sind dies keine „typischen“ „Piraterieländer“ im Sinne der Produktion falscher Markenwaren, sondern sie dienen Fälscherbanden in der Regel nur als Transitländer,[659] was jedoch nicht ausschließt, dass es Fälle geben kann, in denen in EU-Ländern Fälschungen produziert werden. Die Täter transportieren die Waren z. B. zunächst

---

652 Vgl. *Klein*, § 370, Rdn. 39.
653 Vgl. *Klein*, § 370, Rdn. 40.
654 Vgl. *Franzen/Gast/Joecks*, § 370, Rdn. 220c.
655 Vgl. *Schiwek*, S. 128.
656 http://www.focus.de/panorama/welt/plagiatsjaeger-rido-busse-plagiieren-und-faelschen-tun-alle-weltweit_aid_621165.html, besucht am 02.02.13.
657 http://www.bpb.de/nachschlagen/lexika/lexikon-der-wirtschaft/19147/einfuhrumsatzsteuer, besucht am 13.03.13.
658 Fälschungen stammen nur zum geringen Teil aus Polen (0,04 %) sowie (zu 0,01 %) aus Tschechien. Vgl. 1. Kapitel, B, II zu „Piraterieländern“.
659 Vgl. *Maske*, S. 40.

nach Polen, um sie danach in ein Absatzland wie Deutschland zu verbringen, sodass der Eindruck erzeugt wird, dass die Waren nicht aus einem Drittstaat stammen. Auch sind Fälle denkbar, dass Markenpiraten aus Drittstaaten Fälschungen zunächst nach Tschechien einführen, um sie dort weiterzuverkaufen oder die Täter selbst in EU-Länder wie Tschechien reisen, um dort günstige „Markenwaren" zu erwerben und sie anschließend als Originale in Deutschland über Flohmärkte oder Onlineshops weiterzuverkaufen.

Zur Veranschaulichung soll folgender Fall dienen:

Ein Ehepaar (E) erwarb in Tschechien über 900 Fußball Trikots mit den Emblemen verschiedener Fußball Vereine, wie z. B. „*FC Bayern München*" für neun Euro pro Stück und importierte diese nach Deutschland. Anschließend versteigerte E die Trikots für 20 bis 50 Euro über den Onlinemarktplatz *eBay*. Das Amtsgericht Augsburg verurteilte den Mann zu einem Jahr und sechs Monaten und seine Ehefrau zu einem Jahr und drei Monaten Haftstrafe. Darüber hinaus kommen auf die Verurteilten noch Schadenersatzklagen der Markeninhaber und möglicherweise einzelner Käufer zu.[660]

Im vorliegenden Fall haben sich die Eheleute nicht nur wegen des Vertriebs gefälschter Markenwaren nach §§ 143 Abs. 1 Nr. 1, 14 Abs. 3 Nr. 2 MarkenG strafbar gemacht; vielmehr kommt auch eine Strafbarkeit wegen Steuerhinterziehung nach § 370 AO in Betracht, weil sie über steuerlich erhebliche Tatsachen – nämlich ihre Einnahmen aus dem Online-Verkauf – unrichtige oder unvollständige Angaben gegenüber Finanzbehörden gemacht haben (§ 370 Abs. 1 Nr. 1 AO) oder die Finanzbehörden pflichtwidrig über steuerlich erhebliche Tatsachen in Unkenntnis gelassen haben (§ 370 Abs. 1 Nr. 2 AO). In diesem Zusammenhang stellt sich aber zunächst die Frage, welche Steuern E hinterzogen haben und wie hoch der hinterzogene Steuerbetrag und damit der Schaden für die Finanzbehörden bzw. für den Staat ist.

In Betracht kommen die Umsatzsteuer, die Einkommensteuer sowie unter Umständen die Gewerbesteuer.

Zur Berechnung der hinterzogenen Umsatzsteuer ist zunächst zu ermitteln, welchen Umsatz die Eheleute mit ihren 900 Trikots, die sie in Tschechien für insgesamt

[660] In der Quelle ist zwar kein Hinweis enthalten, dass die Täter eine Steuerhinterziehung nach § 370 AO begangen haben; allerdings ist davon auszugehen, dass sie Einnahmen verschwiegen und eine Steuerhinterziehung nach § 370 AO zusätzlich begangen haben. http://www.stern.de/wirtschaft/news/maerkte/markenpiraten-wm-lockt-faelscher-bei-ebay-564936.html, besucht am 18.11.10.

8.100 Euro gekauft haben, in Deutschland gemacht haben. Da nach dem Sachverhalt der Verkaufspreis zwischen 20 und 50 Euro lag, gehen wir von einem Durchschnittspreis von 35 Euro pro Trikot aus. Multipliziert mit der Stückzahl 900 ergibt dies einen Umsatz von 31.500 Euro für E. Von diesem Betrag sind 19 % Umsatzsteuer abzuführen, d.h., der durch den Verkauf erzielte Nettoerlös beträgt 26.470,60 Euro. Die von E zu zahlende Umsatzsteuer beläuft sich auf 5.029,40 Euro, welche Bund und Ländern gemeinsam zusteht (Art. 106 Abs. 3 GG). Wirtschaftlicher Steuerlastträger der Umsatzsteuer ist der getäuschte Käufer der gefälschten Trikots, während der gewerbliche Verkäufer verpflichtet ist, die Umsatzsteuer anstelle des Verbrauchers an das Finanzamt abzuführen. Zu berücksichtigen ist aber, dass bei sog. Kleinunternehmern nach § 19 Abs. 1 UStG die geschuldete Umsatzsteuer nicht erhoben wird. Als Kleinunternehmer gelten nach § 19 Abs. 1 UStG im Inland oder in den in § 1 Abs. 3 UStG bezeichneten Gebieten ansässige Unternehmer, deren Umsatz zuzüglich der darauf entfallenden Steuer im vorangegangenen Kalenderjahr nicht über 17.500 Euro gelegen hat und im laufenden Kalenderjahr voraussichtlich 50.000 Euro nicht übersteigen wird. Diese Voraussetzungen sind im vorliegenden Fall nicht erfüllt, da E einen Umsatz von 31.500 Euro gemacht haben. Sie haben es pflichtwidrig unterlassen, einen Betrag von 5.029,40 Euro Umsatzsteuer an das Finanzamt abzuführen.

Bei der Berechnung der Einkommensteuer ist der erzielte Gewinn abzüglich der Betriebskosten zugrunde zu legen. E haben einen Gewinn von 23.400 Euro erlangt, welcher sich aus dem Einkaufspreis von 8.100 Euro und dem Umsatz von 31.500 Euro errechnet. Allerdings hätte der Gewinn nur 18.370,60 Euro betragen, wenn E pflichtgemäß die Umsatzsteuer von 5.029,40 Euro an das Finanzamt abgeführt hätten. Der Gewinn unterliegt der Einkommensteuer; es handelt sich um Einkünfte aus Gewerbebetrieb nach § 2 Abs. 1 Nr. 2 EStG. Der Eingangssteuersatz für Einkommen ab 8005 Euro[661] im Jahr beträgt 14 % (§ 32 a Abs. 1 Nr. 2 EStG). Der Spitzensteuersatz ab einem Einkommen von 250731 Euro beträgt 45 % (§ 32 a Abs. 1 Nr. 5 EStG). Hierbei ist zu berücksichtigen, dass die Eurobeträge verdoppelt werden müssen, wenn Eheleute in Form des sog. „Ehegattensplitting“[662] eine Zusam-

[661] Der Betrag bezieht sich auf Angaben aus dem Jahr 2012.

[662] Ehegatten lassen sich regelmäßig zusammen zur Einkommensteuer veranlagen (Vgl. §§ 26, 26 b, 32 a Abs. 5 EStG), um einen niedrigeren Steuersatz als Alleinstehende zu unterfallen. Beim Splitting-Verfahren wird das zu versteuernde Einkommen halbiert; auf der Grundlage dieses halbierten Betrages wird die Steuer berechnet. Der sich ergebende Steuerbetrag wird danach verdoppelt. Vgl. http://www.steuertipps.de/lexikon/s/splittingverfahren, besucht am 02.04.13.

menveranlagung hinsichtlich der Einkommensteuer wählen.[663] Der Grundfreibetrag für Verheiratete beträgt 16.008 Euro.[664]

Die Eheleute haben durch den Verkauf der 900 Fußball Trikots ein Einkommen von 23.400 Euro erzielt, wovon der Ehegatten-Freibetrag von 16.008 Euro abzuziehen ist, sodass sie 7.392 Euro zu versteuern haben. Aus der Einkommensteuer-Splittingtabelle 2010-2012 des Bundesministeriums der Finanzen[665] ergibt sich für ein Jahreseinkommen von 23.400 Euro ein Steuerbetrag von 1.284 Euro, den E hinterzogen haben.

Da die Eheleute 8.100 Euro investieren konnten, um die gefälschten Trikots zu beschaffen, ist zu vermuten, dass sie über weiteres Einkommen z. B. aus nichtselbständiger Arbeit (§§ 2 Abs. 1 Nr. 4, 19 EStG) oder möglicherweise auch aus gewerblicher Tätigkeit (§§ 2 Abs. 1 Nr. 2, 15 EStG) verfügten. Unterstellt man beispielsweise, dass E – neben dem Trikotverkauf – ein gemeinsames Jahreseinkommen von 24.000 Euro erzielt und ordnungsgemäß mit einem Betrag von 1.410 Euro versteuert haben,[666] so ergäbe sich aufgrund des nicht versteuerten Gewinns von 23.400 Euro aus dem Trikotverkauf ein Jahres-Gesamteinkommen von 47.400 Euro. Nach der Einkommensteuer-Splittingtabelle 2010-2012 des Bundesministeriums der Finanzen[667] würde die Einkommensteuerschuld dann 7.868,19 Euro betragen (16,6%). Wegen des progressiv mit dem Jahreseinkommen steigenden Steuersatzes von 5,88% (bei 24.000 Euro) auf 16,6 % (bei 47.400 Euro) hätten deshalb die Eheleute in diesem Fall 6.458,19 Euro Einkommensteuer hinterzogen, denn von der Steuerschuld von 7.868,19 Euro ist die ordnungsgemäß gezahlte Einkommensteuer von 1.410 Euro abzuziehen.

Nach Art. 106 Abs. 3 GG steht das Aufkommen der Einkommensteuer dem Bund und den Ländern gemeinsam zu, soweit das Aufkommen der Einkommensteuer nicht nach Art. 106 Abs. 5 GG den Gemeinden zugewiesen wird.[668]

---

[663] Vgl. *Kußmaul*, S. 298.

[664] Vgl. *Creifelds/Weber*, S. 333.

[665] Vgl. Lohn- und Einkommensteuerrechner des BMF. Abrufbar unter: https://www.bmf-steuerrechner.de/ekst/?, besucht am 08.04.13.

[666] https://www.bmf-steuerrechner.de/ekst/ekst.jsp, besucht am 08.04.13.

[667] https://www.bmf-steuerrechner.de/ekst/?, besucht am 08.04.13.

[668] Nach Art. 106 Abs. 5 GG erhalten die Gemeinden einen Anteil an dem Aufkommen der Einkommensteuer, der von den Ländern an ihre Gemeinden auf der Grundlage der Einkommensteuerleistungen ihrer Einwohner weiterzuleiten ist. Das Nähere bestimmt ein Bundesgesetz, das der Zustimmung des Bundesrates bedarf. Es kann bestimmen, dass die Gemeinden Hebesätze für den Gemeindeanteil festsetzen.

Hinsichtlich der Gewerbesteuerpflicht stellt sich die Frage, ob allein der Verkauf von 900 Trikots genügt, um die Eheleute rechtlich als Gewerbetreibende einzustufen, zumal davon auszugehen ist, dass sie ein Gewerbe nicht beim zuständigen Gewerbeamt der Stadt Augsburg angemeldet haben.

Unter einem Gewerbe versteht die Rechtsprechung jede äußerlich erkennbare, erlaubte, selbständige, planmäßig auf gewisse Dauer angelegte und auf Gewinnerzielung gerichtete oder zumindest entgeltliche Tätigkeit, die nicht freier Beruf ist.[669]

Zudem ist in § 15 Abs. 2 S. 1 EStG geregelt, dass „eine selbständige nachhaltige Betätigung, die mit der Absicht, Gewinn zu erzielen, unternommen wird und sich als Beteiligung am allgemeinen wirtschaftlichen Verkehr darstellt, Gewerbebetrieb ist, wenn die Betätigung weder als Ausübung von Land- und Forstwirtschaft noch als Ausübung eines freien Berufs noch als eine andere selbständige Arbeit anzusehen ist." Darüber hinaus liegt nach § 15 Abs. 2 S. 3 EStG auch ein Gewerbebetrieb vor, wenn die Gewinnerzielungsabsicht nur ein Nebenzweck ist.

Im vorliegenden Fall handelt es sich um ein nach außen erkennbares, marktorientiertes Tätigwerden von E, denn diese bieten über den Onlinemarktplatz *eBay* Trikots an. Auch handeln E selbständig, da sie z. B. nicht der Weisungsgebundenheit eines Arbeitgebers unterliegen. Die Tätigkeit von E erfolgt planmäßig und ist auf eine unbestimmte Vielzahl von Geschäften ausgerichtet, denn die Täter handeln mit Wiederholungsabsicht, da sie mehrere Hundert Trikots zum Weiterverkauf erworben haben. Zweck des wiederholten Anbietens ist, sich eine ständige Erwerbsquelle zu verschaffen. Auch die Beschränkung auf einen kurzen Zeitraum schadet nicht. An planmäßiger Tätigkeit fehlt es bei Gelegenheitsgeschäften,[670] was im vorliegenden Fall nicht anzunehmen ist. E handeln in der Absicht, die Trikots zu einem höheren Preis zu veräußern und Gewinn zu erzielen. Gemeinnützige Zwecke werden nicht verfolgt. Auch handelt es sich um keinen freien Beruf,[671] sodass von einem Gewerbe auszugehen ist. Nach § 14 Abs. 1 GewO besteht für die Aufnahme eines stehenden Gewerbes Anzeigepflicht bei der zuständigen Behörde. E haben vermutlich ihr Gewerbe nicht angezeigt, was aber nichts daran ändert, dass recht-

---

[669] Vgl. *Glimski*, S. 143.
[670] Vgl. *Koller/Roth/Morck*, § 1, Rdn.7.
[671] Nach § 1 Abs. 2 S. 2 PartGG „ist die Ausübung eines Freien Berufs im Sinne dieses Gesetzes die selbständige Berufstätigkeit der Ärzte, Zahnärzte, Tierärzte, Heilpraktiker, Krankengymnasten, Hebammen, Heilmasseure, Diplom-Psychologen, Mitglieder der Rechtsanwaltskammern, Patentanwälte, Wirtschaftsprüfer, Steuerberater, beratenden Volks- und Betriebswirte, vereidigten Buchprüfer (vereidigte Buchrevisoren), Steuerbevollmächtigten, Ingenieure, Architekten, Handelschemiker, Lotsen, hauptberuflichen Sachverständigen, Journalisten, Bildberichterstatter, Dolmetscher, Übersetzer und ähnlicher Berufe sowie der Wissenschaftler, Künstler, Schriftsteller, Lehrer und Erzieher.

lich ein Gewerbe vorliegt, sodass zu prüfen ist, ob die Voraussetzungen der Gewerbesteuerpflicht erfüllt sind.

Gewerbesteuer ist grundsätzlich an die Gemeinde zu zahlen, in welcher der Betrieb seinen Sitz hat (§§ 2, 4 GewStG). Allerdings besteht hier ein Freibetrag gem. § 11 Abs. 1 Nr. 1 GewStG von 24.500 Euro, sodass keine Gewerbesteuer an die Gemeinde Augsburg abzuführen ist, wenn man unterstellt, dass der Gewinn von 23.400 Euro die einzigen gewerblichen Einnahmen der Eheleute im fraglichen Jahr waren.

Anders wäre die Sachlage, wenn die Eheleute – wie oben dargelegt – weitere 24.000 Euro Gewinn aus gewerblicher Tätigkeit erzielt hätten. Zu beachten ist in diesem Fall, dass die Einkommensteuerschuld durch die Gewerbesteuerschuld nach § 35 Abs. 1 Nr. 1 EStG vermindert wird, um eine Doppelbesteuerung des Gewinns als Einkommen und als Gewerbeertrag zu vermeiden. Angerechnet wird nach § 35 Abs. 1 Nr. 1 EStG das „….3,8-fache des jeweils für den dem Veranlagungszeitraum entsprechenden Erhebungszeitraum nach § 14 des Gewerbesteuergesetzes für das Unternehmen festgesetzten Steuermessbetrags (Gewerbesteuer-Messbetrag)". Hätten die Eheleute E neben dem Gewinn aus dem Trikotverkauf von 23.400 Euro weitere 24.000 Euro – insgesamt 47.400 Euro – im fraglichen Jahr als gewerbliches Einkommen erzielt, so wäre der Gewerbesteuerfreibetrag (§ 11 Abs. 1 Nr. 1 GewStG) von 24.500 Euro um 22.900 Euro überschritten worden. Multipliziert man diesen Gewerbeertrag mit der Steuermesszahl von 3,5 Prozent (§ 11 Abs. 2 GewStG), ergibt dies einen Steuermessbetrag[672] von 801,50 Euro, was bei dem in Augsburg geltenden Hebesatz von 435 Prozent[673] eine Gewerbesteuerschuld von 3.486,53 Euro begründen würde. Da aber nach § 35 Abs. 1 Nr. 1 EStG nur das 3,8-fache des Steuermessbetrags von 801,50 Euro auf die Einkommensteuer angerechnet werden kann, d.h. nur 3045,70 Euro, würde sich die oben ermittelte Einkommensteuerschuld der Eheleute von 7.868,19 Euro um diesen Betrag vermindern. Demgemäß hätten E in diesem Fall 4.822,49 Euro Einkommensteuer und 3.486,53 Euro Gewerbesteuer an die Stadt Augsburg zu zahlen gehabt.

Zusammenfassend ist festzustellen, dass die Eheleute im Ausgangsbeispiel Umsatzsteuer in Höhe von 5.029,40 Euro hinterzogen haben und, wenn sie außer dem Gewinn von 23.400 Euro aus dem Trikotverkauf keine weiteren Einkünfte hatten,

---

[672] Gemäß § 16 Abs. 1 GewStG wird die Steuer auf Grund des Steuermessbetrags (§ 14) mit einem Prozentsatz (Hebesatz) festgesetzt und erhoben, der von der hebeberechtigten Gemeinde (§§ 4, 35 a) zu bestimmen ist.

[673] http://www.augsburg.de/index.php?id=1081, besucht am 08.04.13.

Einkommensteuer von mindestens 1.284 Euro nicht abgeführt haben. Indem sie weder den erzielten Umsatz noch den Gewinn den Finanzbehörden mitteilten, haben sie gemäß der Alternative in § 370 Abs. 1 Nr. 2 AO die Finanzbehörden pflichtwidrig über steuerlich erhebliche Tatsachen in Unkenntnis gelassen und sich wegen Steuerhinterziehung strafbar gemacht. Was den durch Hinterziehen der Einkommensteuer verursachten Schaden betrifft, ist dieser in der Praxis wahrscheinlich deutlich höher als die hier berechneten 1.284 Euro. Dies zeigen die oben angestellten alternativen Berechnungen, in denen ein weiteres fiktives Jahreseinkommen der Eheleute von mindestens 24.000 Euro zugrunde gelegt wurde.

c) Steuerhinterziehung bei Herstellung und Verkauf in Deutschland

Auch wenn es – wie oben festgestellt – in der Literatur keinen Fall gibt, dass in Deutschland hergestellte, gefälschte Markenwaren im Inland oder in einem EU-Land verkauft wurden, soll dennoch kurz die Frage der Steuerhinterziehung geklärt werden,[674] denn zumindest ist es nicht auszuschließen, dass auch in Deutschland gelegentlich Markenprodukte gefälscht werden.

Die Herstellung selbst, in der Absicht die Ware später zu veräußern, ist noch keine Steuerhinterziehung, sondern es liegt nur eine Markenstraftat nach §§ 143 Abs. 1 Nr. 1 i. V. m. 14 Abs. 3 Nr. 1 MarkenG vor. Die spätere Veräußerung der Ware fällt markenrechtlich unter den Straftatbestand §§ 143 Abs. 1 Nr. 1 i. V. m. 14 Abs. 3 Nr. 2 MarkenG. Steuerrechtlich wird – wie unter b) dargestellt – Umsatzsteuer und Einkommensteuer sowie Gewerbesteuer hinterzogen, was in allen drei Fällen nach § 370 strafbar ist.

2. Bannbruch (§ 372 AO)

Bannbruch ist die vorsätzliche, rechtswidrige Einfuhr, Ausfuhr oder Durchfuhr von Gegenständen (§ 372 Abs. 1 AO), d.h. von beweglichen, körperlichen Sachen.[675] Verbote der Einfuhr bzw. der Aus- oder Durchfuhr finden sich in zahlreichen nichtsteuerlichen Vorschriften, die aus Sicherheits- oder Gesundheitsgründen bestehen, ferner wirtschafts- oder kulturpolitischen Zwecken dienen oder Tiere und Pflanzen schützen sollen.[676] Nur soweit es sich bei diesen Vorschriften nicht um

[674] Laut *Maske* werden auch in Deutschland und der EU Fälschungen produziert. So sollen teilweise deutsche Firmen Arzneimittelfälschungen herstellen und in sog. Schwellenländer exportieren. Vgl. *Maske*, S. 40.
[675] Vgl. *Franzen/Gast/Joecks*, § 372, Rdn. 8.
[676] Vgl. *Klein, § 372,* Rdn. 1.

Straf- oder Bußgeldvorschriften handelt, hat der Bannbruch eine eigenständige Bedeutung.[677] Der Täter wird in diesen Fällen aufgrund der Rechtsfolgenverweisung in § 372 Abs. 2 AO auf § 370 Abs. 1, 2 AO wegen Steuerhinterziehung bestraft. Gibt es dagegen für den Verstoß gegen Ein-, Aus- oder Durchfuhr Verbote in anderen Gesetzen Straf- oder Bußgeldvorschriften, wie z. B. die Strafvorschrift nach § 143 Abs. 1 Nr. 1 MarkenG, ist der Bannbruch gem. § 372 Abs. 2 AO subsidiär. Das bedeutet der Täter wird gerade nicht wegen Bannbruch, sondern nur nach § 143 MarkenG bestraft, und wenn er Drittlandszoll oder Einfuhrumsatzsteuer hinterzieht, macht er sich zudem wegen Steuerhinterziehung nach § 370 AO strafbar. Deshalb erübrigt sich im Zusammenhang mit Markenfälschungen eine detaillierte Erörterung des Bannbruchs.

3. Gewerbsmäßiger, gewaltsamer und bandenmäßiger Schmuggel (§ 373 AO)

Wer hingegen gewerbsmäßig Einfuhr- oder Ausfuhrabgaben hinterzieht oder gewerbsmäßig durch Zuwiderhandlungen gegen Monopolvorschriften Bannbruch begeht, verwirklicht den Qualifikationstatbestand des § 373 Abs. 1 AO, bei welchem keine gesetzliche Subsidiarität greift.[678] Der Täter wird hiernach mit einer Freiheitsstrafe von sechs Monaten bis zu zehn Jahren bestraft. In minder schweren Fällen ist die Strafe Freiheitsstrafe bis zu fünf Jahren oder Geldstrafe (§ 373 Abs. 1 AO).

Nach § 373 Abs. 1 AO handelt derjenige gewerbsmäßig,[679] der berufsmäßig um des Erwerbs willen tätig wird, oder derjenige, der die Absicht hat, sich durch wiederholte Begehung eine fortlaufende Einnahmequelle mindestens von einiger Dauer zu verschaffen. Darüber hinaus setzt die Gewerbsmäßigkeit eigennütziges Handeln voraus.[680]

In der Literatur wird diskutiert, ob es für den Nachweis der Wiederholungsabsicht des Täters genügt, wenn er bei nur einer Schmuggelaktion erwischt wird, aber der Einbau von Schmuggelverstecken – wie Schmuggelstanks oder doppelte Böden – vermuten lässt, dass er mehrere illegale Transporte geplant hat.[681] Meines Erachtens deutet der Einbau doppelter Böden auf eine Wiederholungsabsicht des Täters hin, weil es sich um eine professionelle und gezielte Vorgehensweise handelt.

---

[677] Vgl. *Klein, § 372,* Rdn. 2, *Rieper,* S. 26.
[678] Vgl. *Göpfert*, S. 219.
[679] Es kann bereits eine einzelne Handlung für die Bejahung einer Gewerbsmäßigkeit genügen, wenn der Täter die Absicht der Wiederholung hat. Vgl. *Klein*, § 373, Rdn. 5.
[680] Vgl. *Klein*, § 373, Rdn. 5.
[681] Vgl. *Klein*, § 373, Rdn. 5.

Ferner ist die Absicht der Erzielung von Einnahmen von einigem Gewicht erforderlich; wiederholte Bagatelldelikte dagegen können die Voraussetzungen gewerbsmäßigen Handelns nicht erfüllen.[682] Der typische Markenpirat wird gerade eine größere Menge unterschiedlicher, gefälschter Markenwaren in ein Land schmuggeln wollen, um diese nach und nach an Konsumenten zu veräußern, sodass von einer Gewerbsmäßigkeit auszugehen ist.

Weitere Voraussetzung des § 373 Abs. 1 AO ist, dass Einfuhr- oder Ausfuhrabgaben hinterzogen werden. Nach § 1 Abs. 1 S. 3 ZollVG sind dies „die im Zollkodex[683] geregelten Abgaben sowie die Einfuhrumsatzsteuer und die anderen für eingeführte Waren zu erhebenden Verbrauchsteuern". Wenn die Täter die Waren aus einem Drittland nach Deutschland einschmuggeln, hinterziehen sie dadurch Einfuhrabgaben in Form von Zoll und Einfuhrumsatzsteuer, sodass alle Voraussetzungen des „gewerbsmäßigen Schmuggels" nach § 373 Abs. 1 AO erfüllt sind.

Ferner kommt eine Strafbarkeit der Täter nach § 373 Abs. 2 Nr. 3 AO in Betracht. Hiernach wird bestraft, wer als Mitglied einer Bande, die sich zur fortgesetzten Begehung der Hinterziehung von Einfuhr- und Ausfuhrabgaben oder des Bannbruchs verbunden hat, eine solche Tat begeht.

Der Begriff der Bande erfordert den Zusammenschluss von mindestens drei Personen, die sich mit dem Willen verbinden, zukünftig für eine gewisse Dauer mehrere selbständige im Einzelnen noch ungewisse Straftaten zu begehen.[684] Die Verbindung zur mehrfachen Tatbegehung muss auf einer ausdrücklichen oder stillschweigenden Abrede beruhen, eine feste Organisation ist dagegen nicht nötig ebenso wie gewerbsmäßiges Handeln.[685] Damit genügt eine lose Übereinkunft, ähnliche Taten bei Gelegenheit zu wiederholen.[686]

Für die Markenpiraterie ist es gerade typisch, dass mehrere Täter sich zusammenschließen, um Fälschungen in ein Land zu schmuggeln und anschließend zu veräußern. Gewöhnlich werden sich diese zusammenschließen, um fortgesetzt Waren zu schmuggeln, sodass der Tatbestand des „bandenmäßigen Schmuggels" nach § 373 Abs. 2 Nr. 3 AO erfüllt ist.

---

[682] Vgl. *Franzen/Gast/Joecks,* § 373, Rdn. 12.
[683] Vgl. Art. 4 Nr. 10 ZK. Hiernach sind Einfuhrabgaben: „Zölle und Abgaben mit gleicher Wirkung bei der Einfuhr von Waren". Nach Art. 4 Nr. 11 ZK sind Ausfuhrabgaben: „Zölle und Abgaben mit gleicher Wirkung bei der Ausfuhr von Waren".
[684] Vgl. *Klein,* § 373, Rdn. 11.
[685] Vgl. *Klein,* § 373, Rdn. 11.
[686] Vgl. *Klein,* § 373, Rdn. 11.

Hingegen sind die Fälle des § 373 Abs. 2 Nr. 1 und 2 AO, des „gewaltsamen Schmuggels“ eher auszuschließen, da die Täter zum einen unauffällig und unentdeckt die Fälschungen in ein Land einführen wollen und damit nicht gewaltsam mit Waffen vorgehen werden, weil sie dadurch das Entdeckungsrisiko drastisch erhöhen würden. Zum anderen gelangen zumeist gefälschte Markenwaren auf Schiffen, in Flugzeugen sowie partiell über Lastwagen aus Drittstaaten nach Deutschland. Oftmals werden sie durch beauftragte Speditionen an die Empfänger weitergeleitet und nicht durch die tatsächlichen Täter aus Drittstaaten ausgeführt. Auch wissen häufig die Spediteure und Reedereien nicht, welche Waren sich in den Kartons und Containern befinden und würden diese auch nicht gegen die Zollbehörden gewaltsam verteidigen.[687]

[687] Vgl. *Kettner*, S. 167.

4. Kapitel: Bekämpfung der Markenpiraterie

Obwohl es grundsätzlich Aufgabe des Staates ist, die Markenkriminalität präventiv und repressiv zu bekämpfen, ist es auch Sache der betroffenen Markeninhaber dagegen vorzugehen, weil diese schon ein Eigeninteresse haben, die Verletzung ihres Markenrechts zu verhindern und zudem bei der Ermittlung von Markenfälschungen in der Regel über das bessere Know-How verfügen. Geeignete Maßnahmen von Markenunternehmen sind z. B.: Das sog. Internetmonitoring ***(A.)***, ferner ist die Zusammenarbeit mit dem Zoll von erheblicher praktischer Bedeutung ***(B.)***. Da sich das Internet mehr und mehr zum Hauptumschlagsort für Pirateriewaren entwickelt, spielt die Überwachung von Angeboten bei Online-Marktplätzen, wie etwa *eBay*, für Markeninhaber eine wichtige Rolle ***(C.)***. Zunehmend an Bedeutung gewinnt auch das Vorgehen gegen Anbieter kopierter Markenprodukte auf Messen ***(D.)***; zudem sind nationale und internationale Initiativen oder Organisationen – wie z. B. die 2009 eingerichtete „Europäische Beobachtungsstelle für Marken- und Produktpiraterie" ***(E.)*** – notwendig, um international agierende Fälscherbanden effektiv zu bekämpfen.

A. Tätigwerden der Markeninhaber selbst

Um erfolgreich gegen Markenpiraterie vorgehen zu können, muss ein Unternehmen zunächst erkannt haben, dass es von Markenpiraterie betroffen ist. Dies lässt sich unter anderem an folgenden Merkmalen feststellen:

- ein unerwarteter Rückgang von Marktanteilen, insbesondere im Exportgeschäft
- zunehmende Kundenbeschwerden bezüglich vermeintlicher Markenwaren mit minderer Qualität
- eine erhöhte Aktivität neuer Marktteilnehmer, zum Beispiel auf Fachmessen[688] und insbesondere aus dem asiatischen Raum.

Ferner werden in diesem Zusammenhang auch häufig Informationen über Markenpiraten von Mitbewerbern, Branchenverbänden, aus Zeitungen oder dem Internet an die Markeninhaber übermittelt.[689] Für Markeninhaber bestehen diverse Mög-

[688] Vgl. *Thaler*, S. 32, *T. Wölfel*, S. 87.
[689] Vgl. *Thaler*, S. 32, *T. Wölfel*, S. 87.

lichkeiten präventive Maßnahmen einzuleiten, so etwa Testkäufe, Einsatz von Detekteien und unternehmensinterner Ermittler sowie das sog. „Internetmonitoring". Von Fälschungen erfahren Markeninhaber gewöhnlich erst Wochen oder Monate später, wenn die nachgeahmte Markenware eine Produktionsstätte[690] in Asien verlassen hat. Deshalb sind neben Grenzkontrollen insbesondere Kontrollen von Märkten nötig. Mittlerweile werden jedoch Fälschungen oft zu einem ähnlich hohen Preis angeboten, um keinen Verdacht zu erregen, sodass nicht mehr wie früher lediglich „Ramschläden"[691] oder „fliegende Händler" gefälschte Markenwaren im Angebot haben.[692]

Dennoch gibt es noch immer die klassischen Fälle von Markenpiraterie, bei denen der Preis weit unter dem des Originals liegt, sodass dies weiterhin als Indiz für gefälschte Markenwaren gewertet werden kann. Wird jedoch der Preis für gefälschte Markenwaren dem des Originals angeglichen, sodass er kein Fälschungsindiz mehr ist, müssen Spezialisten anhand kleiner optischer oder technischer Details – wie etwa verborgener sog. „Security Labels" bzw. „Sicherheitstags"[693] – Unterschiede gegenüber der Markenware erkennen. Um wirksam gegen Markenpiraten vorzugehen, wird folglich ein umfassendes Aufspür- und Marktbeobachtungssystem benötigt.

I. Testkauf

Der Testkauf[694] stellt die klassischste Form des Aufspürens von Markenfälschungen dar und dient zugleich der Beweismittelbeschaffung. Dies geschieht entweder durch spezielle Ermittlungsorganisationen, Detekteien[695] oder von Unternehmen beauftragte Testkäufer, beispielsweise unverdächtig erscheinende Jugendliche.[696] Gewöhnlich werden Testkäufer dann eingesetzt, wenn bereits ein konkreter „Anfangsverdacht" besteht, beispielsweise wenn vermeintlich günstige „Markenwaren"

---

690 Vgl. *Winter*, MA 8/1983, S. 393.
691 Vgl. *Welser/González*, S. 359, Rdn. 839.
692 Vgl. *Welser/González*, S. 359-360, Rdn. 839.
693 Das Original „Security Label" von *Puma* hat einen Hologrammfaden, eine im UV-Licht sichtbare Markierung und mikroskopisch kleine, codierte Partikel. An diesem Sicherheitsetikett kann man Fälschungen erkennen, denn Nachahmungen weisen derzeit selten Security Labels auf. Dies hat den Grund, dass es technisch äußerst aufwendig ist, neben der eigentlichen Markenware auch das Security Label zu kopieren. Vgl. *Balibey,* MA 5/2010, S. 17.
694 Das Unternehmen *Adidas* setzt etwa 40 Testkäufer weltweit ein. Vgl. http://www.tagesspiegel.de/zeitung/schlechter-stoff/1549416.html, besucht am 12.12.12.
695 Vgl. *Welser/González,* S. 359, Rdn. 838.
696 Vgl. *Schmidl*, S. 134.

in Prospekten beworben werden[697] oder vermehrt Kunden Markeninhabern Hinweise über mögliche Fälschungen mitteilen. Allerdings werden zunehmend auch Testbestellungen über das Internet gemacht, da es sich im Internet als Problem darstellt, Fälschungen zu erkennen, weil etwa Originalbilder von Markenprodukten verwendet werden.

In einem Markenpirateriefall des amerikanischen Unternehmens „*Converse All Star Chuck Taylor* Inc." wurde ein Testkauf eines „*Converse*"-Schuhs in einer Großmarktkette in Deutschland durchgeführt. Die Lizenznehmerin des Unternehmens konnte dem Gericht aufgrund unterschiedlicher Details, wie beispielsweise einer fehlerhaften Anbringung des Innenlabels, die Unechtheit der Freizeitschuhe beweisen. Mit einem speziellen Scan-Stift konnte ein Mitarbeiter des Unternehmens darlegen, welche offenen und verborgenen Merkmale dieser Schuh hat, um die Kopie als Fälschung zu enttarnen. Beispielsweise enthielt der Original „*Converse*"-Schuh einen verborgenen Sicherheitstag, den die Fälschung nicht enthielt. Allerdings musste die Lizenznehmerin den gefälschten „*Converse*"-Schuh zunächst nach China zur Überprüfung schicken, da ein Großteil dieser Freizeitschuhe dort produziert wurde.[698]

Dieses Beispiel verdeutlicht die Problematik, dass vor allem jene Unternehmen bzw. Personen die Echtheit einer Markenware erkennen und bestätigen können, die diese hergestellt und spezifische Kenntnisse haben, wohingegen Verbraucher oftmals unwissentlich zu Nachahmerware greifen. Im angeführten Beispiel hat die Lizenznehmerin der „*Converse Inc.*" einen Auskunftsanspruch gem. § 19 Abs. 7 MarkenG gegen die Großmarktkette als Schuhverkäufer durch einstweilige Verfügung (§§ 935 ff. ZPO) geltend gemacht, da es sich um eine offensichtliche Rechtsverletzung handelte. Hierdurch konnten Namen und Anschrift des Herstellers, Lieferanten und anderer Vorbesitzer der Waren sowie der gewerblichen Abnehmer und Verkaufsstellen und die Menge der hergestellten, ausgelieferten, erhaltenen oder bestellten Schuhe ermittelt werden (§ 19 Abs. 3 Nr. 1 und 2 MarkenG). Ferner beanspruchte die Lizenznehmerin gem. § 18 Abs. 1 MarkenG die Vernichtung der gefälschten „*Converse*-Freizeitschuhe".

Weiterhin kommen als Testkäufer oftmals auch Jugendliche infrage, um in den betreffenden Geschäften keinen Verdacht zu erwecken. Testkäufe durch Jugendliche werden z. B. dann angewendet, wenn aufmerksame Fachhändler die Markeninhaber auf Anbieter hinweisen, die vermeintliche Markenware deutlich unter dem

[697] Vgl. *Gaul*, S. 143.
[698] Vgl. LG Hamburg, Urt. v. 19.05.2009 – 312 O 243/09, abrufbar unter: http://openjur.de/u/32055.html, besucht am 09.10.10.

Marktwert veräußern,[699] aber auch um Geschäfte spontan zu überprüfen und auch Fälschungen zu entdecken, die dem Preis des Originals ziemlich nahe kommen wie im „*Converse*-Fall".[700]

II. Detekteien und unternehmensinterne Ermittler

Viele Markeninhaber setzen Detekteien ein, um Markenpiraten zu entdecken bzw. die Vertriebswege von diesen ausfindig zu machen. So beschäftigen Unternehmen wie „*Louis Vuitton*" oder „*Adidas*" ganze Teams von Ermittlern. [701] Ferner kann sich insbesondere der Einsatz eines örtlichen Ermittlers an typischen Warenumschlagplätzen im Mittleren Osten lohnen.[702] Der seit 21.01.2006 zur „*Adidas*"-Gruppe gehörende Markeninhaber „*Reebok*",[703] verfügt zum Beispiel über einen eigenen Ermittlerstab, dessen verdeckte Ermittler auf unterschiedlichen Märkten nicht sofort zugreifen, sondern die Händler überwachen, um Aufschluss über die Zulieferungskanäle bis hin zu den Herstellungsstätten der Piraterieware zu bekommen.[704] Für dieses Unternehmen haben sich Testkäufe und der Einsatz von Detektiven als adäquates Mittel zur Bekämpfung der Markenpiraterie erwiesen. So machte „*Reebok*" in einer Pressemitteilung aus dem Jahre 1997 bekannt, dass in China, in Kooperation mit den örtlichen Behörden, die Schließung von 45 Fälschungswerkstätten und die Vernichtung von 12.000 gefälschten „*Reebok*-Sportschuhen" durchgeführt werden konnte.[705] Hauptgrund dieses Erfolgs ist, dass das Unternehmen kontinuierlich gegen Markenpiraten vorgeht und das Spektrum der in diesem Kapitel aufgezeigten Methoden zum Aufspüren von Fälschungen verwendet.

Schwierig ist bei Markenpirateriefällen jedoch, dass bei der Fahndung nach gefälschten Markenwaren sich teilweise nicht feststellen lässt, wie viele Fälschungen einer bestimmten Markenware im Umlauf sind, wie sie vertrieben werden und woher sie tatsächlich stammen[706] und ob bereits welche an Verbraucher gelangt sind.

---

[699] Vgl. *Schmidl*, S. 134.
[700] Vgl. LG Hamburg, Urt. v. 19.05.2009 – 312 O 243/09, abrufbar unter: http://openjur.de/u/32055.html, besucht am 09.10.10.
[701] http://www.abendblatt.de/wirtschaft/article408887/Wenn-die-falsche-Rolex-teuer-wird.html, besucht am 15.10.10.
[702] Vgl. *Stöckel/Lüken*, S. 277.
[703] *Reebok* ist eine Tochtergesellschaft der *Adidas* AG, vgl. „Die Geschichte der *Adidas* Gruppe", S. 2 und 22, http://www.adidas-group.com/de/ourgroup/assets/history/pdfs/history-d.pdf, besucht am 20.12.12.
[704] Vgl. *Schmidl*, S. 134.
[705] Vgl. *Schmidl*, S. 136.
[706] Vgl. *T. Wölfel*, S. 104.

Folglich ist deshalb eine permanente Marktüberwachung[707] für populäre Unternehmen – wie *„Adidas"*, oder *„Nike"* – unabdingbar, um zumindest einen Teil der Fälschungen vom Markt zu nehmen. Dies geschieht in der Regel, indem die Markeninhaber ihren zivilrechtlichen Anspruch auf Vernichtung der gefälschten Waren (§ 18 Abs. 1 MarkenG) durchsetzen.

III. Internetmonitoring

Die Methode des sog. „Internetmonitoring" kommt im Bereich der Internetpiraterie, also im Onlinehandel bei unterschiedlichen Online-Plattformen, wie z. B. *eBay,* wo mit gefälschten Markenwaren gehandelt wird, zum Einsatz. Mittlerweile haben sich eine Vielzahl von Unternehmen auf das Internetmonitoring spezialisiert. Ein solches Unternehmen ist etwa *„P4M-Partners for Management GmbH"*[708] aus München.[709] Die Internetdetektei *P4M* deckt beispielsweise monatlich 2.000 Fälle derartiger Rechtsverletzungen im Internet auf und hat über 5.000 Testkäufe im Jahre 2006 zur Beweissicherung durchgeführt.[710] Daneben führt *„P4M"* anonyme Testkäufe zur Beweismittelbeschaffung durch, die durch Mitarbeiter des Unternehmens vor Ort oder online erfolgen.[711] Internetdetekteien bieten Markeninhabern die systematische Überwachung des Internets mithilfe spezieller Software an.[712] Hier wird über zunächst verdächtig niedrige Preise nach gefälschter Markenware gefahndet,[713] da insbesondere im Internet mit niedrigeren Preisen geworben wird. Allerdings machen Fahnder auch zunehmend Testkäufe, wenn der Preis dem des Originals entspricht. Der Markeninhaber bekommt hierdurch eine Übersicht über aktuelle Angebote im Internet sowie auch über Vertriebsketten und kann entscheiden, ob und gegen wen er erfolgversprechende rechtliche Schritte einleiten möchte.[714]
Weiterhin stellen bekannte Unternehmen auch eigene Mitarbeiter ein, um im Internet mittels einer speziellen Software nach Fälschungen zu suchen und damit die Markenverletzungen zu unterbinden. Ein Mitarbeiter des Markenherstellers *„Ed*

---

[707] Vgl. *T. Wölfel*, S. 104.
[708] Weitere Informationen unter: www.p4m.de.
[709] Weitere Anbieter von Internetüberwachungssoftware sind z. B.: „r.o.l.a business solutions GmbH", *„gridpatrol* GmbH" und *„iprguard"* der i-relations GmbH. Vgl. http://www.rola-solutions.de, http://www.gridpatrol.de, http://www.iprguard.de.
[710] http://www.muenchen.ihk.de/de/recht/Anhaenge/Vortrag-Produktpiraten-und-Internet.pdf, besucht am 08.10.10.
[711] http://www.sauberes-netz.de/html/plagiate.html, besucht am 20.11.10.
[712] Vgl. *Welser/González*, S. 350, Rdn. 812 - 813.
[713] Vgl. *Welser/González*, S. 350, Rdn. 812.
[714] Vgl. *Welser/González*, S. 350, Rdn. 812.

Hardy" verweist darauf, dass er mittlerweile fast 90 % seiner Arbeitszeit darauf verwendet, sich um Fälschungen zu kümmern, wovon wiederum 50 % allein für das Aufspüren von Fälschungen bei *eBay* benötigt werden.[715]

Teilweise beauftragen Unternehmen auch Anwaltskanzleien, nach Fälschungen zu fahnden. Mithilfe einer besonderen Software wird das Internet Tag und Nacht nach gefälschten Markenwaren „getrackt". Erweckt ein Markenartikel den Verdacht gefälscht zu sein, wird ein Profi benötigt, um die Frage zu beantworten, ob es sich um ein Original oder um eine Fälschung handelt. Zumindest bei sehr guten Fälschungen können dies insbesondere Mitarbeiter des Markenherstellers feststellen.[716]

Neben der Überwachung von Online-Marktplätzen geht es um das Aufspüren von besonderen Webseiten, die offen gefälschte Markenwaren offerieren. Werden beispielsweise in Internet-Suchmaschinen – wie beispielsweise „*Google*" – Suchwörter wie „*Replika*", „*Plagiat*" oder „*günstige*" in Verbindung mit einer gesuchten Marke z. B. „*Plagiat und Louis Vuitton*" eingegeben, gelangt man häufig ohne Weiteres zu Internetseiten, auf denen Fälschungen als solche offen angepriesen werden. Derartige Internetseiten liegen zumeist auf Servern im Ausland.[717] Hier besteht das Problem, dass sofern ein Impressum angegeben wird, es oftmals zu einer „Briefkastenfirma" und folglich ins Leere führt. Auch werden die Internetdomains, unter denen diese Internetseiten aufzufinden sind, zumeist unter falschem Namen registriert,[718] was eine weitere Schwierigkeit für die Verfolgung von Markenpiraten bedeutet.

Beispielsweise haben Markenpiraten die „Fußball WM 2010" in Südafrika dazu genutzt, um auf der Webseite „*Meintrikot.com*" gefälschte Sportartikel zu vertreiben. Ob das Trikot 2010 der Elfenbeinküste, das Vereinsleibchen vom „*FC Bayern München*", „*Breitling*"-Uhren für 108,90 Euro, oder „*Ray-Ban*"-Sonnenbrillen für 27,49 Euro, die Markenpiraten hatten nahezu alle bekannte Marken im Angebot. Doch für die Lieferung der Waren nach Deutschland wurde überraschend die automatische E-Mail-Benachrichtigung, „*Der Versand von Sportartikeln nach Deutsch-*

---

[715] http://www.winterstein-law.de/files/tatort__ebay_x-ray_global_style_+_fashion_4_2007.pdf, besucht am 18.10.10.
[716] http://www.winterstein-law.de/files/tatort__ebay_x-ray_global_style_+_fashion_4_2007.pdf, besucht am 18.10.10.
[717] Vgl. *Welser/González*, S. 360, Rdn. 840.
[718] Vgl. *Welser/González*, S. 360, Rdn. 840.

land ist leider nicht mehr möglich",[719] versendet. Der Grund hierfür war, dass die Polizei die Betrugswebseite entdeckt hatte.[720] Allerdings ist es in solchen Fällen schwer herauszufinden, aus welchen Ländern derartige Internethändler kommen und wie sie die Ware verschicken.[721] Deshalb besteht die Aufgabe der oben genannten spezialisierten Überwachungsfirmen weniger darin, derartige Webseiten herauszufiltern, als die Betreiber der Seiten aufzuspüren,[722] was ein langwieriger Prozess sein kann. Dennoch hat eine Detektei unterschiedliche Möglichkeiten Ermittlungsmaßnahmen durchzuführen, zum Beispiel über die Verfolgung von Zahlungsströmen[723] oder durch den Einsatz von Mitarbeitern, die direkt vor Ort tätig werden. Der Markenschutzbeauftragte[724] Neil Narriman der „*Puma*" AG verweist darauf, dass Sportartikel, insbesondere Trikots, häufig in Thailand hergestellt werden und von dort aus in unterschiedliche Länder versandt werden.[725] Die Zahl solcher Internetshops, die gefälschte Trikots vertreiben, hat in den vergangenen Jahren stark zugenommen. Die Schwierigkeit liegt darin, den Vertriebsweg zu unterbrechen und an die tatsächlichen Produzenten der Fälschungswaren heran zu kommen. Während beispielsweise 2006 Sportschuhe tausendfach in Containern verpackt nach Deutschland kamen,[726] hat der ständig wachsende Internethandel die Folge, dass zunehmend Sportschuhe an Einzelabnehmer per Post versendet werden, sodass der Arbeitsaufwand gestiegen ist,[727] um Fälschungen aus dem Verkehr zu ziehen. Hier empfiehlt sich eine enge Zusammenarbeit mit dem Zoll,[728] der einzelne Postsendungen mit Fälschungen nach Art. 5 ff. PP-VO oder gem. § 146 ff. MarkenG beschlagnahmen kann.[729]

---

719 http://www.vhs.wissen.de/wde/generator/wissen/services/nachrichten/ftd/PW/50149182.html, besucht am 20.10.10.

720 http://www.ftd.de/it-medien/medien-internet/:wachstumsmarkt-unterwelt-die-piraten-liefern-frei-haus/50149182.html, besucht am 10.12.12.

721 http://www.vhs.wissen.de/wde/generator/wissen/services/nachrichten/ftd/PW/50149182.html, besucht am 20.10.10.

722 Vgl. *Welser/González*, S. 360, Rdn. 840.

723 Vgl. *Welser/González*, S. 360, Rdn. 840.

724 Engl. „*Brand Protection Manager*".

725 http://www.ftd.de/it-medien/medien-internet/:wachstumsmarkt-unterwelt-die-piraten-liefern-frei-haus/50149182.html, besucht am 20.10.10.

726 http://www.rp-online.de/wirtschaft/weltgroesste-menge-gefaelschter-sportartikel-beschlagnahmt-1.2336319, besucht am 10.12.12.

727 http://www.ftd.de/it-medien/medien-internet/:wachstumsmarkt-unterwelt-die-piraten-liefern-frei-haus/50149182.html, besucht am 20.10.10.

728 Sportartikelhersteller wie *Nike*, *Adidas* und *Puma* haben vor der Fußball-WM 2010 die Zollbehörden darüber aufgeklärt, wie sie Fälschungen enttarnen können. Vgl. http://www.ftd.de/it-medien/medien-internet/:wachstumsmarkt-unterwelt-die-piraten-liefern-frei-haus/50149182.html, besucht am 28.10.10.

729 Vgl. 4. Kapitel, B, II, III zur Grenzbeschlagnahme.

Ferner hat das Netzwerk *„markenpiraten.de"* einen Verbund gegen Markenpiraterie im Internet gegründet. Mit der Aktion *„Kaufen Sie nur Original-Produkte"* möchte dieses Netzwerk der Markenpiraterie gegensteuern. Dafür wurde ein sog. *„Original-Produkte-Siegel"* entwickelt. Sofern Betreiber von Online-Shops dieses Kennzeichen übernehmen, garantieren sie den Verkauf von Original Markenwaren und damit die Einhaltung von Marken-, Lizenz- und Urheberrechten, was für den Verbraucher von Nutzen ist.[730]

IV. Unternehmensinterne Schutzmaßnahmen

Insbesondere diejenigen Unternehmen, die seit Jahren von Markenpiraterie betroffen sind, haben eigene Teams zur Bekämpfung eingerichtet und diese mit relativ hohen Budgets ausgestattet. Multinationale Konzerne, wie die *„Puma"* AG und die *„Adidas"* AG, geben weltweit sieben bis achtstellige Summen für das Management und den Schutz ihrer Marken sowie für Verletzungsprozesse aus, während es bei mittleren Unternehmen gewöhnlich sechsstellige Beträge[731] sind.[732]

1. Puma AG

Bei der *„Puma"* AG hat die Bekämpfung der Markenpiraterie einen hohen Stellenwert, sodass das eigene Team zum Schutz des geistigen Eigentums nicht lediglich für ein starkes weltweites Portfolio an Schutzrechten – wie Marken, Geschmacksmustern und Patenten – sorgt, sondern auch mit einem globalen Netzwerk an Markenschutzbeauftragten, externen Rechtsanwaltskanzleien und Detekteien die Zunahme von gefälschten Markenwaren verhindert. Daneben arbeitet *„Puma"* weltweit mit Zoll- und Polizeibehörden zusammen und wirkt ferner bei der Implementierung effektiver Gesetze zum Schutze des geistigen Eigentums mit.[733]

---

[730] Details abrufbar unter: http://www.markenpiraten.de.

[731] Laut Markenverband liegen die Ausgaben bei mittleren Unternehmen im fünf- bis sechsstelligen Bereich, bei Großunternehmen erreichen sie zweistellige Millionenbeträge. Vgl. Pressemitteilung des Markenverbandes „Markenverband, TU Berlin und Fraunhofer Institut veröffentlichen erste Ergebnisse zu Studie zu Markenpiraterie" vom 14.09.2012.

[732] http://www.chinabrand.de/publikationen/download-document/68-lohnt-sich-die-bekampfung-der-produkt-und-markenpiraterie-german.html, besucht am 14.12.12.

[733] Vgl. Geschäfts- und Nachhaltigkeitsbericht *Puma* (2011), S. 138, abrufbar unter: http://www.puma-annual-report.com/en/PUMAGeschaeftsbericht2011_DEU.pdf, besucht am 09.12.12.

2. Adidas AG

Nach einer Aussage von Tim Behean, Leiter der Markenschutz-Abteilung bei „*Adidas*", werden jährlich 30 Millionen Produkte dieser Firma gefälscht.[734] Deshalb arbeitet der beliebte Sportartikelhersteller mit deutschen und ausländischen Polizei- und Zollbehörden zusammen und kooperiert mit privaten Agenturen, die weltweit ein Netzwerk bilden, um die Markenfälscherkriminalität zu bekämpfen. 1997 wurde bei dem Unternehmen eine sog. Intellectual-Property[735]-Abteilung mit dem Zweck errichtet, alle IP-Funktionen weltweit zu zentralisieren.[736] Daneben verfolgt die „*Adidas*" AG eine Strategie zum aktiven Schutz von Markenzeichen. Das Unternehmen besitzt ein umfangreiches Portfolio an eingetragenen Markenzeichen für die Marken des Konzerns. Im Rahmen der Geschäftspolitik setzt das Unternehmen die Markenrechte konsequent in der Weise durch, dass Markenrechtsverletzungen frühzeitig identifiziert und Maßnahmen ergriffen werden, um derartige Verletzungen zu verhindern. Darüber hinaus verfügt das Unternehmen über ein spezielles Programm zur Bekämpfung der Produkt- und Markenpiraterie.[737]

3. Levi Strauss & Co.

Der Markenschutzbeauftragte der „*Levi Strauss*" Germany GmbH beschreibt das Engagement und die Abwehrmaßnahmen seines Unternehmens wie folgt: „*Kopiert wird, wer sich nicht wehrt!*". Weil Markenpiraten zumeist international organisiert sind, ist für den Konzern die Zusammenarbeit mit Verbänden und Behörden in anderen Ländern von besonderer Bedeutung. Zum Beispiel hat „*Levi Strauss*" stetigen Kontakt mit den Fahndungsbehörden in Südamerika und Südostasien, da ein Großteil der Fälschungen aus diesen Gebieten stammt.[738] Hauptsächlich arbeitet das Unternehmen mit der Zollfahndung und dem Zollkriminalamt zusammen und betreibt auf jedem wichtigen Markt in Europa ein Markenschutzbüro.[739] Darüber hinaus führt das Unternehmen stetig Marktbeobachtungen durch, beteiligt sich an der Implementierung von Gesetzen zum Schutze geistigen Eigentums, hilft Straf-

---

[734] http://www.sueddeutsche.de/wirtschaft/produktpiraterie-stellen-jaehrlich-gefaehrdet-1.824624, besucht am 13.01.13.

[735] Engl. für Geistiges Eigentum.

[736] Vgl. *T. Wölfel*, S. 44.

[737] Vgl. Geschäftsbericht *Adidas* (2011), S. 96, abrufbar unter: http://adidas-group.corporate-publications.com/2011/gb/files/pdf/de/adidas_Group_GB2011.pdf, besucht am 09.12.12.

[738] http://www.presseportal.de/pm/14822/178784/levi-strauss-germany-apm-und-microsoft-vereint-gegen-produktpiraterie, besucht am 15.11.12.

[739] http://www.absatzwirtschaft.de/content/_p=1004040,sst=isYrN884V8qbWaxuEGrVXdE244PmOZX%252f, besucht am 15.12.12.

verfolgungsbehörden bei der Aufklärung von Markenfälschungen und sorgt dafür, dass Gerichtsverfahren gegen Markenpiraten eingeleitet werden.[740]

B. Zollrechtliches Vorgehen gegen Markenpiraten

Zunächst ist allgemein festzustellen, dass die Aufgabe des Zolls, den grenzüberschreitenden Warenverkehr hinsichtlich verbotener Waren zu überwachen, im Einzelnen in § 1 Abs. 3 des Zollverwaltungsgesetzes geregelt ist. Die Zollbeamten fahnden, neben gefälschten Markenwaren, nach eingeschmuggelten Drogen, Waffen, Sprengstoffen, Kriegsmaterial, pornografischen Schriften sowie auch nach chemischen oder biologischen Stoffen.[741] Deshalb kommt, neben den im 3. Kapitel vorgestellten zivil- und strafrechtlichen Maßnahmen gegen Markenpiraten, der Kooperation der Markeninhaber mit den nationalen und internationalen Zollbehörden eine Schlüsselrolle zu.[742] Außer der sog. „Grenzbeschlagnahme", die bei Markenpiraterie besonders wichtig ist, haben Zollbeamte im Rahmen strafrechtlicher Ermittlungen weitgehende Befugnisse, z. B. kann wegen der Verletzung bestehender Ein- und Ausfuhrverbote (§ 372 AO)[743] eine strafprozessuale Zollbeschlagnahme gem. §§ 94 ff. StPO erfolgen.[744]

Betroffene Unternehmen haben ferner die Möglichkeit, einen „Grenzbeschlagnahmeantrag" nach Art. 5 Abs. 1 der europäischen sog. *„Produktpiraterie-Verordnung"*[745] zu stellen, wenn die Ware aus Drittstaaten, die nicht der EU angehören, importiert wird. Hingegen ist bei Importen aus EU-Staaten der Beschlagnahmeantrag des Markeninhabers auf die §§ 146 Abs. 1, 148 Abs. 1 MarkenG zu stützen, um den Vertrieb gefälschter Markenwaren zu verhindern. Dementsprechend handelt es sich bei dem Instrumentarium der Grenzbeschlagnahme durch den Zoll nicht um ein strafprozessuales Vorgehen, sondern um ein Verwaltungsverfahren,

---

[740] Vgl. *Levi Strauss & Co.*, Annual Report (2010), http://levistrauss.com/sites/default/files/librarydocument/2011/4/levistrauss-annualreport-2010.pdf, besucht am 09.12.12.
[741] Vgl. *Witte/Wolffgang*, S. 5, Rdn. 5.
[742] Vgl. *Gedert*, S. 125-126.
[743] Vgl. 3. Kapitel, B, V. zu Steuerstraftaten.
[744] Vgl. *Schuhmacher*, S. 171.
[745] Verordnung (EG) Nr. 1383/2003 des Rates über das Vorgehen der Zollbehörden gegen Waren, die im Verdacht stehen, bestimmte Rechte geistigen Eigentums zu verletzen, und die Maßnahmen gegenüber Waren, die erkanntermaßen derartige Rechte verletzen. (ABl. EU Nr. L 196 v. 02.08.2003, S. 7; berichtigt in ABl. EU Nr. L 381 v. 28.12.2004, S. 87).

welches in der Praxis regelmäßig durch einen Antrag des Markeninhabers eingeleitet wird.[746]

I. Tätigwerden des Zolls als Ermittlungspersonen der Staatsanwaltschaft (StPO)

Zollbeamte und Zollfahndungsbeamte nehmen bei der Verfolgung von Straftaten im grenzüberschreitenden Verkehr polizeiliche Aufgaben wahr und sind damit auch für die Bekämpfung der strafbaren Einfuhr gefälschter Markenwaren (§§ 143 Abs. 1 Nr. 1, 14 Abs. 3 Nr. 4 MarkenG) zuständig. Nach § 1 StAErmpVO sind sie sog. „Ermittlungspersonen der Staatsanwaltschaft" i. S. d. § 152 Abs. 1 GVG,[747] die bei Eilfällen mit zahlreichen Befugnissen nach der Strafprozessordnung – wie etwa dem Recht Geschäftsräume oder Verdächtige (§ 102 ff. StPO) zu durchsuchen – ausgestattet sind und so Beweismittel auffinden und Tatverdächtige festnehmen können (§ 127 StPO). Ihre Ermittlungen erstrecken sich dabei nicht nur auf den Straftatbestand der Markenverletzungen, sondern auch auf den der Steuerhinterziehung gem. § 370 AO, denn in der Regel machen Markenpiraten bei der Abfertigung der Waren falsche Zollanmeldungen[748] und geben falsche Papiere ab.[749] Letztlich zuständig für Entscheidungen im Strafverfahren ist jedoch die Staatsanwaltschaft bzw. das Gericht; die Zollbeamten müssen deren Anordnungen nach § 152 Abs. 1 GVG Folge leisten.

Darüber hinaus verfügt der Zoll über mobile Einsatzgruppen – die sog. „Kontrolleinheiten Verkehrswege (KEV)" –, die in Deutschland im Landesinneren tätig werden,[750] um Waren, die gegen gesetzliche Verbote verstoßen, aus dem Verkehr zu ziehen.

Rechtsgrundlage sind u. a. die §§ 1 Abs. 3, 10 ZollVG,[751] die die Zollbehörden ermächtigen, Kontrollen im gesamten Bundesgebiet durchzuführen, wenn Grund zur Annahme besteht, dass Waren, die der zollamtlichen Überwachung unterliegen,

---

[746] Vgl. Monatsbericht des BMF – Februar 2006, S. 92.

[747] Nach § 152 Abs. 2 GVG werden die Landesregierungen ermächtigt, durch Rechtsverordnung diejenigen Beamten- und Angestelltengruppen zu bezeichnen, auf die diese Vorschrift anzuwenden ist.

[748] Mit der Zollanmeldung nach Art. 4 Nr. 17 ZK bestimmt der Anmelder, in welches Zollverfahren eine Ware übergeführt werden soll. Vgl. *Witte/Wolffgang*, S. 84.

[749] Vgl. *Schuhmacher*, S. 171.

[750] Vgl. *Wabnitz/Janovsky*, Rdn. 15, *Witte*, Art. 58, Rdn. 35.

[751] Vgl. *Haft/Hacker/Baumgärtel/Grabinski/Grabienski/Heusch/Joachim/Kühnen/Lunze/Kefferpütz*, GRUR Int. 2009 , 826, 827, *Witte*, Art. 58, Rdn. 35.

wie etwa gefälschte Markenwaren, mitgeführt werden. Beispielsweise können Zollbeamte gem. § 10 Abs. 1 ZollVG, Personen-, Gepäck- und Ladungskontrollen durchführen, so etwa auch an Fernstraßen und Flughäfen.[752] Dies gilt auch für den grenznahen Raum, d. h. eine 30 km-Zone entlang der EU-Landeszollgrenze sowie eine 50 km-Zone an der seewärtigen EU-Zollgrenze (vgl. Art. 3 Abs. 3 ZK[753], §§ 13 Abs. 1, 14 ZollVG).[754] Beispielsweise kann ein Zollbeamter der „Kontrolleinheiten Verkehrswege" einen Pkw im grenznahen Raum anhalten und den Fahrer auffordern, sich auszuweisen und den Kofferraum zu öffnen,[755] um möglicherweise gefälschte Markenwaren zu entdecken.

Des Weiteren werden die „Kontrolleinheiten Verkehrswege" insbesondere auf Messen eingesetzt, um gefälschte Markenwaren zu entfernen und sicherzustellen gem. §§ 94, 98 StPO.[756]

II. Antrag auf Grenzbeschlagnahme von Fälschungen nach § 146 ff. MarkenG

Zu beachten ist, dass die Grenzbeschlagnahme nach §§ 146 ff. MarkenG nur für solche Fälle des Warenverkehrs gilt, in denen die Produktpiraterie-Verordnung nicht anwendbar ist, d. h. die gefälschten Markenwaren müssen aus einem Staat der Europäischen Union eingeführt werden. Nach §§ 146 Abs. 1, 148 Abs. 1 MarkenG kann der Markeninhaber gegen Sicherheitsleistung einen Antrag bei der Bundesfinanzdirektion Südost – „*Zentralstelle Gewerblicher Rechtsschutz (ZGR*)" – in München stellen, um ein Grenzbeschlagnahmeverfahren einzuleiten. Der Antrag auf Tätigwerden der Zollbehörde wird elektronisch im Internet über das zentrale Datenbanksystem zum Schutz geistiger Eigentumsrechte „ZGR-online" gestellt.[757] Bei der ZGR handelt es sich um eine besondere Organisationseinheit der Oberfinanzdirektion Nürnberg, die ihre Tätigkeit im Jahre 1995 aufnahm und eine bundesweite Koordinierungsstelle für das Grenzbeschlagnahmeverfahren darstellt. Ferner ist sie ein wichtiger Ansprechpartner hinsichtlich des Verfahrens mit betreuender Funktion für Unternehmen, die von Markenpiraterie betroffen sind.[758]

---

752 Vgl. *Witte*, Art. 58, Rdn. 35.

753 Verordnung (EWG) Nr. 2913/92 des Rates v. 12.10.1992 zur Festlegung des Zollkodex der Gemeinschaften (ABl. Nr. L 302, S. 1, ber. ABl. 1993 Nr. L 79, S. 84 und ABl. 1996 Nr. L 97, S. 38).

754 Vgl. *Witte/Wolffgang*, S. 66, Rdn. 175.

755 Vgl. *Witte/Wolffgang*, S. 66, Rdn. 175-176.

756 Vgl. *Welser/González,* S. 181, Rdn. 302.

757 http://www.zoll.de/DE/Fachthemen/Verbote-Beschraenkungen/Gewerblicher-Rechtsschutz/Marken-und-Produktpiraterie/Antrag/Antrag-nach-Gemeinschaftsrecht/antrag-nach-gemeinschaftsrecht_node.html, besucht am 02.12.12.

758 Vgl. Monatsbericht des BMF – Februar 2006, S. 92.

Des Weiteren verfügt die ZGR über eine interne elektronische Datenbank namens „E-Agent“, die täglich aktualisiert wird und Auskünfte u. a. darüber erteilt, welche Unternehmen einen Antrag auf Grenzbeschlagnahme gestellt haben und welche Schutzrechte verletzt sind.[759] Mit dem online gestellten Antrag bei der ZGR kann der Markeninhaber verhindern, dass Fälschungen bei der Einfuhr[760] z. B. aus Osteuropa wie etwa Tschechien oder Polen nach Deutschland gelangen, da Markenpiraten diese Länder auch zumeist als Transitländer benutzen.[761] Weiterhin gilt die Beschlagnahme gefälschter Markenwaren nach § 146 Abs. 1 MarkenG ebenso für die Ausfuhr[762] in andere Mitgliedstaaten der Europäischen Union.

Die Antragsvoraussetzungen sind mit dem nachfolgend unter ***III.*** dargestellten Verfahren der Produktpiraterie-Verordnung beinahe identisch,[763] sodass eine kurze Darstellung genügt, um wesentliche Unterschiede aufzuzeigen.

Im Unterschied zur PP-VO muss der Antragsteller eine Sicherheit leisten, die in der Regel durch eine Bankbürgschaft zu erbringen ist.[764] Diese hat den Zweck, im Falle von einer ungerechtfertigten Beschlagnahmung das Regressrisiko zu vermeiden.[765] Die Waren müssen gem. § 146 Abs. 1 MarkenG mit einer nach dem Markengesetz geschützten Marke *widerrechtlich* versehen sein. Wird dem Antrag des Markeninhabers stattgegeben, kann die Zollstelle eine Beschlagnahme der gefälschten Waren anordnen, soweit die Rechtsverletzung „*offensichtlich*“ ist (§ 146 Abs. 1 MarkenG). Hierzu sind insbesondere Erkennungsmerkmale des Markenprodukts für die Begutachtung nötig, sodass die Zollbeamten auf die Markeninhaber angewiesen sind.[766] Zweck des Tatbestandsmerkmals der „Offensichtlichkeit“ ist es, die Gefahr rechtsfehlerhafter Beschlagnahmen durch Zollbehörden auszuschließen, da es bei zweifelhaften Waren-/Zeichenähnlichkeiten den Zollbeamten im Gegensatz zu den Spezialkammern der Zivilgerichte kaum möglich ist, dies zu beurteilen.[767] In der Praxis wird in Zweifelsfällen der Markeninhaber von den Zollstellen unverzüglich informiert, sodass er anhand von Mustern prüfen kann, ob es

[759] Vgl. Monatsbericht des BMF – Februar 2006, S. 92.
[760] Die Einfuhr ist ein Realakt, nicht Zollverfahren oder eine sonstige zollrechtliche Bestimmung. Die Einfuhr von Waren bedeutet das endgültige oder vorübergehende Verbringen von Waren in das Zollgebiet der EU. Vgl. *Witte/Wolffgang*, S. 519.
[761] Vgl. *Knöfel*, S. 56, *Maske*, S. 40.
[762] Die Ausfuhr ist ein Realakt, nicht Zollverfahren oder eine zollrechtliche Bestimmung. Hierbei handelt es sich um das endgültige oder vorübergehende Verbringen von Waren aus dem Zollgebiet der EU. Vgl. *Witte/Wolffgang*, S. 518.
[763] Vgl. *Gedert*, S. 134.
[764] Vgl. *Ingerl/Rohnke*, § 146, Rdn. 7.
[765] Vgl. *Gloy/Loschelder/Erdmann*, § 65, S. 1604, Rdn. 30.
[766] Vgl. *Gedert*, S. 134.
[767] Vgl. *Schultz*, § 146, Rdn. 17.

sich tatsächlich um Fälschungen handelt.[768] Wird die Beschlagnahme durch die Zollbehörde angeordnet, werden der Verfügungsberechtigte der Waren und der Antragsteller informiert (§ 146 Abs. 2 MarkenG). Dem Markeninhaber werden hiernach Informationen über die Herkunft, Menge und Lagerort der Waren sowie Name und Anschrift des Verfügungsberechtigten mitgeteilt; darüber hinaus bekommt er Gelegenheit, die Waren zu besichtigen, um sich ein Bild davon zu machen, ob eine Markenverletzung vorliegt (§ 146 Abs. 2 MarkenG). Der Beschlagnahme gefälschter Markenwaren kann der Importeur innerhalb einer Frist von zwei Wochen widersprechen (§ 147 Abs. 1 MarkenG). Erfolgt kein Widerspruch, werden die gefälschten Markenwaren eingezogen und schließlich vernichtet,[769] oder für Schulungsmaßnahmen der Zollbehörde aufbewahrt.[770]

Im Unterschied zur PP-VO[771] umfasst ferner das Grenzbeschlagnahmeverfahren nach § 146 MarkenG die sog. Parallelimporte.[772] Ein weiterer Unterschied zum europäischen Verfahren besteht darin, dass die nationale Zollbehörde nicht eigenmächtig ohne Antrag des Markeninhabers tätig werden kann.[773]

III. Vorgehen des Zolls nach der sog. „Produktpiraterie-Verordnung"

Da das europäische Grenzbeschlagnahmeverfahren gem. Art. 1 ff. der Produktpiraterie-Verordnung i. V. m. § 150 MarkenG in der Praxis ungleich wichtiger ist als das nationale Grenzbeschlagnahmeverfahren nach §§ 146 ff. MarkenG, wird nur Ersteres hier detaillierter erörtert, denn die meisten Sportbekleidungs- und Modeplagiate – wie etwa der Marken *„Puma"*, *„Adidas"* oder *„Louis Vuitton"* – stammen aus Drittstaaten, insbesondere aus China oder Thailand, und nicht aus Ländern der Europäischen Union. In diesen Fällen hat die europäische PP-VO Vorrang vor den nationalen Verfahren, was sich auch aus § 146 Abs. 1 MarkenG ergibt. Dementsprechend werden 96 % der Anträge nach der PP-VO gestellt und lediglich 4 % nach nationalen Vorschriften.[774]

---

[768] Vgl. *Gloy/Loschelder/Erdmann*, § 65, S. 1604, Rdn. 30.
[769] Vgl. *Gedert*, S. 134.
[770] Vgl. *Welser/González*, S. 179, Rdn. 297.
[771] Vgl. *Achenbach/Ransiek*, S. 1408, Rdn. 33.
[772] Bei *„Parallelimporten"* handelt es sich um Manipulationen oder Abweichungen von Vertriebswegen. Hier werden Originalprodukte unter Missachtung von Vertrags- und gesetzlichen Vorschriften in andere Staaten exportiert oder reimportiert. Vgl. *Thaler*, S. 13.
[773] Vgl. *Achenbach/Ransiek*, S. 1417, Rdn. 68.
[774] Vgl. *Stöckel/Lüken*, S. 278.

Nachfolgende Abbildung zeigt einen gefälschten „*Nike*"-Sportschuh, den der Zoll in einem spektakulären Fall aus dem Jahre 2006 in einer Großladung im Hamburger Hafen sichergestellt hat. Daran lässt sich erkennen, dass die Fälschung dem Original optisch sehr nahe kommt und nur durch Experten als Fälschung enttarnt werden kann. Wie an der untenstehenden Abbildung erkannt werden kann, handelt es sich um eine Totalfälschung der Marke „*Nike*". Jedoch ist dieser Sportschuh weder atmungsaktiv noch verfügt er über die patentierte, stoßdämpfende Federung des Markenherstellers. Folglich kommt es bei Käufern zu einer ungedämpften Belastung der Gelenke und damit unter Umständen zu Gesundheitsschäden.[775]

Abbildung 11: Fälschung eines „*Nike-Air*-Sportschuhes"[776]

Original **Fälschung**

[775] http://www.markenpiraterie-apm.de/files/broschuere_2._auflage_2010_1.pdf, besucht am 25.11.10.

[776] Quelle: Broschüre „Schön Falsch. Echt gefährlich" des Aktionskreises gegen Produkt- und Markenpiraterie e. V., S. 16.

Folgende Tabelle veranschaulicht welche Unternehmen in den „Top 15" lagen, bei denen im Jahre 2004 die größte Menge an gefälschten Markenwaren durch Zollbehörden beschlagnahmt wurden.

Tabelle 4: „Top 15" der Unternehmen bei der Grenzbeschlagnahme im Jahr 2004[777]

Unternehmen	Warenart	Menge
Philips Electronic	Datenträger	1.594.756
Konami	Spielkarten (Yu-Gi-Oh)	1.186.929
DVD Format	Datenträger	446.481
Strix	Wasserkocher und Teile	205.808
Nokia	Mobiltelefone und Teile	169.982
Lucasfilm	Waren aller Art (Star Wars)	162.452
Sisvel	MP3 Player	106.433
Daimler Chrysler	Waren aller Art (z. B. Autoteile)	105.841
Adidas	Sportbekleidung	98.349
Nike	Sportbekleidung	68.166
Puma	Sportbekleidung	62.076
Disney	Waren aller Art (z. B. Mickey Mouse)	45.139
GVU	Bespielte Datenträger	31.570
Coca Cola	Waren aller Art	30.032
Mustang	Bekleidung (z. B. Jeans)	27.351

Obige Übersicht zeigt, dass im Bereich Bekleidung bzw. Sportbekleidung insbesondere Unternehmen wie „*Nike*", „*Puma*", „*Adidas*" sowie auch Jeans-Bekleidungs-Unternehmen der Marke „*Mustang*" durch Markenpiraterie betroffen sind. Zu berücksichtigen ist, dass die Zahl der Fälle vermutlich in den Jahren nach 2004 zugenommen hat, denn aus den Beschlagnahmestatistiken der Europäischen Union in den vergangenen Jahren[778] geht hervor, dass am häufigsten Textilien und Accessoires beschlagnahmt werden, die gerade oftmals von den oben genannten Unternehmen hergestellt werden. Zum Beispiel nennt die Statistik für das Jahr 2004 im Bereich Textilien unter dem Unterpunkt „Other clothing" eine Stückzahl von 1.572.446 während es 2007 bereits 5.025.682 Stück ("Other clothing ready to

[777] Vgl. Jahresbericht (2004), Gewerblicher Rechtsschutz, Zollverwaltung (BMF), S. 32.
[778] Vgl. Statistiken der Europäischen Kommission (2004-2011), abrufbar unter: http://ec.europa.eu/taxation_customs/customs/customs_controls/counterfeit_piracy/statistics/archive_de.htm, besucht am 20.12.12.

wear") waren. 2011 betrug die Zahl der beschlagnahmten Textilien unter dem Punkt „Clothing ready to wear" 4.036.781 Stück.[779]

Beinahe alle etablierten Unternehmen, die seit längerer Zeit von Markenpiraterie betroffen sind, haben einen Antrag auf Grenzbeschlagnahme nach der PP-VO beim Zoll gestellt, wie z. B. *„Gianni Versace", „Calvin Klein", „Rolex S. A.", „Joop AG", „Adidas AG", „Opel AG"* und auch die *„Puma AG"*.

Im Weiteren wird ein Überblick über die Maßnahmen des Zolls nach der Produktpiraterie-Verordnung gegeben *(1.)* und erläutert, wie ein Markeninhaber verhindern kann, dass Markenwarenfälschungen aus Drittstaaten auf den Markt nach Deutschland gelangen. Hierzu wird der Anwendungsbereich und Ablauf des sog. „Grenzbeschlagnahmeverfahrens" erläutert *(2.)*.

1. Überblick über die Produktpiraterie-Verordnung

Bei der PP-VO, die nicht für Einfuhren aus EU-Staaten, sondern nur für Importe aus Drittstaaten gilt,[780] geht es zunächst um die zollrechtlichen sog. Aufgreiftatbestände, die zum Tätigwerden bei Markenpiraterie berechtigen und in Art. 1 lit. a) und b) PP-VO geregelt sind. Ferner sind die Waren zu bestimmen, die bei einer Markenverletzung Gegenstand einer Maßnahme nach der Verordnung sein können. Zu den zollrechtlichen Aufgreiftatbeständen bzw. Situationen, bei denen die europäische Zollbehörde tätig wird, gehören gem. Art. 1 Abs. 1 lit. a) PP-VO Waren, die zur Überführung in den zollrechtlich freien Verkehr, also die Einfuhr,[781] zur Ausfuhr oder zur Wiederausfuhr angemeldet werden.

Darüber hinaus können Waren gem. Art. 1 Abs. 1 lit. b) PP-VO beim Entdecktwerden während des Verbringens in das oder aus dem gemeinschaftlichen Zollgebiet oder bei der Überführung in ein sog. Nichterhebungsverfahren i. S. d. Art. 84 Abs. 1 lit. a) ZK beschlagnahmt werden. Das Nichterhebungsverfahren ist ein Sammelbegriff für spezielle Zollverfahren.[782] Zu diesem gehört z. B. das Versandverfahren. Dieses betrifft Waren, die nicht in das Gebiet der EU eingeführt, sondern unter Zollverschluss unverzollt durch das Gemeinschaftsgebiet in einen Drittstaat durchgeführt werden sollen, die sog „ungebrochene Durchfuhr". Ein weiteres Verfahren des Nichterhebungsverfahrens ist die sog. „Vorübergehende Verwen-

[779] http://ec.europa.eu/taxation_customs/customs/customs_controls/counterfeit_piracy/statistics/archive_de.htm.
[780] Vgl. *Ingerl/Rohnke*, § 146, Rdn. 2.
[781] Vgl. *Harte-Bavendamm*, § 4, Rdn. 11, *Welser/González*, S. 164, Rdn. 266.
[782] Vgl. *Kroboth*, S. 34.

dung".[783] Bei Markenpiraterie spielt dieses Verfahren dann eine Rolle, wenn etwa die für Messen bestimmten Waren beschränkt auf die Dauer der Messe eingeführt werden sollen.[784] Daneben können Waren aus Drittstaaten aufgrund des Nichterhebungsverfahrens innerhalb der EU befördert und gelagert werden, ohne dass für sie Einfuhrabgaben anfallen.[785]

Weitere Voraussetzung für das Tätigwerden der Zollbehörde ist, dass die Waren unter *Verdacht* stehen, ein Recht des geistigen Eigentums zu verletzen. Die Zollbehörde wird gewöhnlich dann einen Verdacht bejahen, wenn sie aufgrund der im Antrag des Markeninhabers mitgeteilten Informationen (Art. 5 Abs. 5 PP-VO) annehmen muss, dass eine Markenrechtsverletzung vorliegen könnte.[786] Somit ist ein wesentlich niedriger Grad an Wahrscheinlichkeit einer Rechtsverletzung anzunehmen, als bei der offensichtlichen Rechtsverletzung nach dem nationalen Verfahren gem. § 146 Abs. 1 MarkenG. Allein die Möglichkeit einer Rechtsverletzung genügt nach Art. 1 und 2 PP-VO.[787]

Alle Tatbestände der PP-VO sind nicht räumlich zu verstehen, d. h. auf die Außengrenzen der EU-Staaten bezogen, sondern die PP-VO findet überall dort Anwendung, wo Waren aus Drittländern in die EU eingeführt werden, so etwa auch am Flughafen Frankfurt am Main.[788]

Gegenstand der Produktpiraterie-Verordnung sind nach Art. 2 Abs. 1 PP-VO Waren, die ein Recht geistigen Eigentums verletzen, wobei eine Unterteilung in drei Gruppen erfolgt:

- *„nachgeahmte Waren"*: Hierunter fallen die für die Darstellung relevanten gefälschten Markenwaren (Art. 2 Abs. 1 lit. a) PP-VO)
- „unerlaubt hergestellte Waren": Es handelt es sich um Waren, die insbesondere das Urheberrecht verletzen (Art. 2 Abs. 1 lit. b) PP-VO)
- Waren, die in dem EU-Mitgliedstaat, in dem der Antrag auf Grenzbeschlagnahme gestellt wurde, ein gewerbliches Schutzrecht verletzen, wie z. B. ein Patent (Art. 2 Abs. 1 lit. c) PP-VO).

Für den Bereich der Markenpiraterie ist lediglich Art. 2 Abs. 1 lit. a), i)-iii) PP-VO von Relevanz, da es sich hier laut Art. 2 Abs. 1 lit. a PP-VO um

[783] Vgl. *Achenbach/Ransiek,* S. 1405, Rdn. 27.
[784] Vgl. *Achenbach/Ransiek,* S. 1405, Rdn. 27.
[785] Vgl. *Kroboth*, S. 34.
[786] Vgl. *Ingerl/Rohnke*, § 150, Rdn. 4.
[787] Vgl. *Ingerl/Rohnke*, § 150, Rdn. 4.
[788] Vgl. *Staniczek*, S. 43.

„Waren einschließlich ihrer Verpackungen handelt, auf denen ***ohne Genehmigung Marken oder Zeichen angebracht sind, die mit der Marke oder dem Zeichen identisch sind, die für derartige Waren rechtsgültig eingetragen sind,*** *oder die* ***in ihren wesentlichen Merkmalen nicht von einer solchen Marke*** *oder dem Zeichen zu unterscheiden sind und damit die Rechte des Inhabers der betreffenden Marke verletzen.(..).*“

Darunter versteht die PP-VO Waren, die insbesondere Markenrechte verletzen. Aus Art. 2 Abs. 1 lit. a) PP-VO wird ersichtlich, dass die PP-VO sich lediglich auf eingetragene Marken bezieht. Nicht registrierte Marken, wie beispielsweise Benutzungsmarken nach § 4 Nr. 2 MarkenG, sind nicht von der PP-VO geschützt.[789] Jedoch sind bekannte Marken, wie „*Adidas*“ oder „*Puma*“, ohnehin eingetragen, sodass diese Begrenzung in der Praxis relativ unbedeutend ist.[790]

Ferner werden durch die PP-VO auch beispielsweise Kennzeichnungsmittel sowie Embleme, Anhänger, Aufkleber, Prospekte, Bedienungs- und Gebrauchsanweisungen und Garantiedokumente, die ein solches Kennzeichnungsmittel tragen und Verpackungen von Markenwaren geschützt (Art. 2 Abs. 1 lit. a), ii)-iii)). Die Vorschrift soll Fälle erfassen, in denen unmarkierte Textilien durch Markenpiraten eingeführt werden und im Nachhinein im Inland mit den gefälschten Kennzeichen versehen werden. Folglich wird nahezu jede betrügerische Methode der Nachahmung von Marken- und Kennzeichnungsmitteln durch die PP-VO erfasst.[791]

Ob allerdings für eine Beschlagnahme markenverletzender Waren eine Verwechslungsgefahr gem. § 14 Abs. 2 Nr. 2 MarkenG genügt, ist zweifelhaft.[792] Meines Erachtens bezieht sich die Produktpiraterie-Verordnung nach dem Wortlaut lediglich auf Zeichen im engsten Ähnlichkeitsbereich, denn Art. 2 Abs. 1 lit. a), i) PP-VO besagt, „*dass die gefälschte Marke mit der Marke oder dem Zeichen identisch ist, die für derartige Waren rechtsgültig eingetragen ist, oder die in ihren wesentlichen Merkmalen nicht von einer solchen Marke zu unterscheiden ist* (...)“. Es ist deshalb anzunehmen, dass die PP-VO nur nicht verwechslungsfähige Markenkopien umfasst. Dies ist nachvollziehbar, denn hierdurch soll vermieden werden, dass die für Maßnahmen nach der PP-VO zuständigen Zollbehörden sich nicht mit komplizierten Rechtsfragen zur Abgrenzung des Schutzumfangs einer Marke auseinandersetzen müssen.[793] Demnach sollen lediglich als Nachahmungen eindeutig

[789] Vgl. *Welser/González*, S. 162, Rdn. 262.
[790] Vgl. *Ingerl/Rohnke*, § 150, Rdn. 3.
[791] Vgl. *Welser/González*, S. 163, Rdn. 263.
[792] Vgl. *Welser/González*, S. 162-163, Rdn. 262.
[793] Vgl. *Harte-Bavendamm*, § 4, Rdn. 16.

erkennbare Markenfälschungen zu einem Tätigwerden der Zollbehörden führen.[794] Auch das nationale Grenzbeschlagnahmeverfahren gilt lediglich für „Totalfälschungen“, was mit dem Merkmal der Offensichtlichkeit in § 146 Abs. 1 MarkenG verdeutlicht wird.[795]

Ferner bestimmt Art. 3 PP-VO Ausnahmen, in denen die Produktpiraterie-Verordnung keine Anwendung findet. Zum einen sind dies gefälschte Waren, die hinsichtlich des Einkaufspreises im Urlaubsland gem. § 2 Abs. 1 Nr. 5 b) EF-VO – beispielsweise bei Flug- und Seereisenden – einen Gesamtwert von derzeit 430 Euro nicht übersteigen. Diese Fälschungen müssen im persönlichen Gepäck des Reisenden mitgeführt werden (Art. 3 Abs. 2 PP-VO) und für den Privatgebrauch bestimmt sein. Werden von Personen, welche mit dem Pkw oder der Bahn einreisen, Waren mit einem Wert über der erlaubten Reisefreimengengrenze von 300 Euro eingeführt (vgl. § 2 Abs. 1 Nr. 5 a) EF-VO) oder ergeben sich sonstige Hinweise hinsichtlich Art und/oder Menge,[796] die für einen kommerziellen Charakter der Waren sprechen, werden diese durch Zollbehörden beschlagnahmt.[797] Hier obliegt es dem jeweiligen Zollbeamten, den Warenwert zu bestimmen. Das LG[798] Mannheim betrachtete die Einfuhr von vierzehn, unberechtigt mit einer Marke versehenen Bekleidungsstücken, durch vier Personen als ein Handeln im geschäftlichen Verkehr i. S. v. §§ 14, 18, 19 MarkenG.[799]

Zu beachten ist, dass Waren, die durch Postsendungen eingeführt werden, nicht unter diese Ausnahmevorschrift fallen und damit den Aufgreiftatbeständen der PP-VO unterliegen.[800] Der Grund liegt darin, dass durch die Möglichkeit der vereinfachten Geschäftsanbahnung über Online-Marktplätze der Versand von kleinen Warenmengen erheblich zugenommen hat und folglich europäische Zollbehörden auch hier eingreifen können, sodass ein Päckchen mit einem einzigen gefälschten „*Puma*“-T-Shirt oder einer „*Rolex*“-Uhr beschlagnahmt werden darf. Die zweite Ausnahme, die nicht der europäischen Produktpiraterie-Verordnung unterfällt, sind die sog. Parallelimporte[801] (Art. 3 Abs. 1 PP-VO).

---

794 Vgl. *Schuhmacher*, S. 157.
795 Vgl. *Harte-Bavendamm*, § 4, Rdn. 16.
796 Vgl. *Witte/Wolffgang*, S. 479, Rdn. 1625.
797 Vgl. *Kroboth*, S. 35.
798 Vgl. *Scherbauer*, S. 234.
799 Vgl. *Scherbauer*, S. 234.
800 Vgl. *Hasselblatt*, § 8, Rdn. 9.
801 Bei „*Parallelimporten*“ handelt es sich um Manipulationen oder Abweichungen von Vertriebswegen. Hier werden Originalprodukte unter Missachtung von Vertrags- und gesetzlichen Vorschriften in andere Staaten exportiert oder reimportiert. Vgl. *Thaler*, S. 13.

2. Grenzbeschlagnahmeverfahren

Wenn die Aufgreifvoraussetzung eines Verdachts der Rechtsverletzung zur Grenzbeschlagnahme berechtigt, besteht eine Ermächtigungsgrundlage für das nachfolgende Verfahren. In diesem Verfahren wird die Echtheit bzw. der schutzrechtsverletzende Charakter einer grenzüberschreitenden Warenlieferung untersucht. Die Zollbehörden sind dazu befugt, die Waren so lange sicherzustellen, wie es für die Durchsetzung der zivilrechtlichen Ansprüche des Markeninhabers und des staatlichen Strafanspruchs nötig ist. Folglich handelt es sich bei der europäischen Grenzbeschlagnahme um eine vorläufige Maßnahme.[802] Das zollrechtliche Verfahren der Grenzbeschlagnahme gliedert sich nach *Schuhmacher*[803] gewöhnlich in drei Schritte:

- **das Antragsverfahren**
- **das Tätigwerden der Zollbehörden**
- **das weitere Verfahren**, welches auf eine Sachentscheidung, Einziehungsanordnung, Beschlagnahmeaufhebung usw. gerichtet sein kann.[804]

Im Folgenden wird unter b) der zweite Schritt, „das Tätigwerden der Zollbehörden" sowie der dritte Schritt „das weitere Verfahren" zusammengefasst dargestellt.

a) Antrag auf Grenzbeschlagnahme

Vorab ist festzustellen, dass die Zollbehörde nicht nur auf Antrag des Markeninhabers tätig wird (Art. 5 PP-VO), sondern von Amtswegen vorgehen kann (Art. 4 PP-VO), was in der Praxis relativ selten ist. Dies setzt einen hinreichend begründeten Verdacht voraus, dass Waren ein Recht geistigen Eigentums verletzen (Art. 4 Abs. 1 PP-VO). Damit ist ein höherer Wahrscheinlichkeitsgrad hinsichtlich einer Markenrechtsverletzung erforderlich[805] als beim Antragsverfahren nach Art. 5 PP-VO. Im Falle des Vorgehens der Zollbehörden von Amtswegen hat der Rechtsinhaber die Möglichkeit, innerhalb von drei Tagen nachträglich einen schriftlichen Antrag auf Grenzbeschlagnahme (Art. 4 Abs. 1 PP-VO) zu stellen, was im Erfolgsfall den Nutzen hat, dass die Waren nicht in den Handel gelangen.

Das Antragsverfahren ist in der Praxis deshalb die Regel, weil die Markenhersteller durchweg als Erste die Information über Fälschungen ihrer Waren erhalten, insbe-

[802] Vgl. *Schuhmacher*, S. 155, *Harte-Bavendamm*, § 5, Rdn. 203.
[803] Vgl. *Schuhmacher*, S. 156.
[804] Vgl. *Schumacher*, S. 156.
[805] Vgl. Art. 1 Abs. 1 und 9 Abs. 1 PP-VO.

sondere, weil sie Detekteien einsetzen. Erfährt beispielsweise ein Markeninhaber – wie die „*Puma*“ AG – durch Marktbeobachtung, dass gefälschte Markenwaren aus Fernost importiert werden sollen, kann er im Wege des Grenzbeschlagnahmeverfahrens einen elektronischen Antrag auf ein Tätigwerden der Zollbehörde stellen. Ebenso wie nach dem Verfahren gem. §§ 146 ff. MarkenG bei EU-Importen, ist für das Grenzbeschlagnahmeverfahren der Antrag bei der Bundesfinanzdirektion Südost – Zentralstelle Gewerblicher Rechtsschutz – in München (Art. 5 Abs. 1 und Abs. 3 PP-VO) zu stellen. Mit der Antragsstellung durch den Rechtsinhaber[806] wird[807] gem. Art. 8 Abs. 1 und 2 PP-VO die Pflicht der Zollbehörden begründet, im Zeitraum eines Jahres bei identischen Warenfälschungen tätig zu werden.[808] Neben der Möglichkeit einen Antrag für einen einzelnen Mitgliedstaat gem. Art. 5 Abs. 1 PP-VO zu stellen, besteht für den Markeninhaber als weitere Alternative ein europaweiter Antrag. Dies ist möglich, sofern der Antragsteller auch Rechtsinhaber einer Gemeinschaftsmarke ist (Art. 5 Abs. 4 PP-VO), was für den Markeninhaber den Vorteil bringt, dass ein Tätigwerden der Zollbehörden mehrerer Mitgliedstaaten beantragt wird.[809] Um jedoch einen erfolgreichen Antrag auf Grenzbeschlagnahme zu stellen, sind insbesondere detaillierte Informationen zu den originalen und gefälschten Markenwaren eines Unternehmens wichtig, da die Unterscheidung von Original und Fälschung in der Praxis ein nicht unerhebliches Problem darstellen kann. Deshalb ist es Rechtsinhabern zu empfehlen, diesen Informationen besondere Sorgfalt zu widmen und möglichst Farbfotos und Muster von Piraterieprodukten beizufügen und die Zollbeamten hinsichtlich von Fälschungen anzuleiten. Das Unternehmen „*Puma*“ AG trainiert beispielsweise Zollbeamte im Erkennen von gefälschten „*Puma*“-Markenwaren.[810] Weiterhin ist es von Vorteil, eine Kontaktperson anzugeben, die Waren, die vom Zoll untersucht werden, eindeutig als Original oder Fälschung identifizieren kann.

Die Bearbeitung des Antrags auf Grenzbeschlagnahme ist gebührenfrei (Art. 5 Abs. 7 PP-VO). Zusätzlich muss der Antrag eine Erklärung des Markeninhabers beinhalten (Art. 6 Abs. 1 PP-VO*)*, in welcher er sich verpflichtet, für Maßnahmen der Zollbehörden gegenüber den betroffenen Personen zu haften. Eine Haftung kann infrage kommen, wenn das Grenzbeschlagnahmeverfahren nach der PP-VO wegen einer Unterlassung des Markeninhabers eingestellt wird oder festgestellt

[806] Unter „*Rechtsinhaber*“ i. S. d. Art. 2 Abs. 2 lit. a) PP-VO ist der Inhaber einer Marke oder z. B. eines Urheberrechts zu verstehen.

[807] Antragsberechtigt ist nach Art. 2 Abs. 2 lit. b) PP-VO nicht nur der Rechtsinhaber selbst, sondern jede nutzungsberechtigte Person oder deren Vertreter, wie etwa Lizenznehmer oder Rechtsanwälte.

[808] Vgl. *Guhn*, S. 171.

[809] Vgl. *Welser/González*, S. 164, Rdn. 268.

[810] Vgl. *Balibey*, MA 5/2010, S. 18-19.

wird, dass die vermeintliche gefälschte Ware mit einer Marke versehen ist, die keine Übereinstimmung bzw. Identität mit der Marke des Markeninhabers aufweist.[811] Zum anderen wird der Rechtsinhaber verpflichtet alle Kosten zu tragen, die dadurch entstehen, dass die Waren unter zollamtlicher Überwachung verbleiben (Art. 6 Abs. 1 PP-VO i. V. m. Art. 15 PP-VO). Dazu gehören zum Beispiel Lagerungskosten.

Art. 5 Abs. 7 PP-VO verpflichtet die zuständige Zolldienststelle, innerhalb von 30 Tagen über den Antrag zu entscheiden. Der Antrag des Markeninhabers wird Erfolg haben, wenn die geforderten Angaben vollständig sind und insbesondere die angegebenen Warenerkennungsmerkmale zur Feststellung einer Markenrechtsverletzung ausreichen.[812] Im Falle einer positiven Entscheidung werden alle Zollstellen unverzüglich darüber in Kenntnis gesetzt, dass dem Antrag für ein Jahr stattgegeben wurde (Art. 8 Abs. 2 PP-VO). Dies bedeutet, dass alle gefälschten Produkte, auf die sich der Antrag bezieht, innerhalb eines Jahres vom Zoll festgehalten werden müssen, ohne dass ein erneuter Antrag erforderlich ist. Nach Ablauf eines Jahres kann der Antrag verlängert werden (Art. 8 Abs. 2 PP-VO).

b) Weiteres Tätigwerden des Zolls im Grenzbeschlagnahmeverfahren

Wurde dem Antrag des Markeninhabers stattgegeben, sieht Art. 9 Abs. 1 PP-VO i. V. m. § 150 Abs. 1 MarkenG zwei Möglichkeiten vor: Die Zollbehörde *„setzt die Überlassung dieser Waren aus oder hält diese Waren zurück*“. Die Produktpiraterie-Verordnung nimmt jedoch keine Definition der Begriffe „Aussetzung der Überlassung“ sowie „Zurückhaltung der Waren“ vor.

Eine Aussetzung der Überlassung wird in Fällen ausgesprochen, bei denen eine Zollanmeldung erfolgt ist.[813] Dies bedeutet, dass die Waren für ein bestimmtes Zollverfahren angemeldet worden sind, in das sie übergeführt werden sollen,[814] so etwa die Einfuhr in ein EU-Land oder die vorübergehende Verwendung von Waren auf einer Messe. Von einer „Überlassung einer Ware“[815] i S. d. Art. 4 Nr. 20 ZK spricht man, wenn die vorübergehende Verwahrung der Ware beendet wird und diese freigegeben wird, sodass die Ware im Rahmen des gewählten Zollverfahrens verwendet werden darf.[816]

---

[811] Vgl. *Stöckel/Lüken*, S. 288.
[812] Vgl. *Schultz*, § 150, Rdn. 3.
[813] Vgl. *Achenbach/Ransiek*, S. 1411, Rdn. 47, *Heydn/Schmid-Petersen/Vassilaki*, S. 120, Rdn. 411.
[814] Vgl. *Witte/Wolffgang*, S. 526.
[815] Früher wurde von „Freigabe“ gesprochen. Vgl. *Witte/Wolffgang*, S. 523.
[816] Vgl. *Witte/Wolffgang*, S. 523.

Meines Erachtens bedeutet demnach der Begriff „Aussetzung der Überlassung“ im Kontext der PP-VO, dass der Zoll eine Ermächtigung aufgrund des gestellten Antrages des Markeninhabers nach Art. 5 Abs. 1 PP-VO hat, die Waren vorerst festzuhalten bzw. zu verwahren, solange es für die Klärung des Sachverhalts nötig ist, um zu eruieren ob tatsächlich Fälschungen vorliegen. Im wörtlichen Sinne des Begriffs „Aussetzung der Überlassung“ wird damit die Überlassung bzw. die Freigabe der Waren in ein bestimmtes Zollverfahren – wie z. B. die Einfuhr – ausgesetzt.

Der Zoll ordnet dagegen die „Zurückhaltung der Waren“ an, wenn keine Zollanmeldung erfolgt ist[817] und z. B. nicht angemeldete Waren in das Zollgebiet oder aus dem Zollgebiet der Union verbracht werden oder im Rahmen eines Nichterhebungsverfahrens entdeckt werden. Meines Erachtens bezieht sich der Begriff der Zurückhaltung der Waren ebenso auf die Möglichkeit, die im Verdacht stehenden Waren festzuhalten. Denn auch der Erwägungsgrund 5 des Rates der EU zur PP-VO verdeutlicht, dass das Tätigwerden der Zollbehörden darin bestehen sollte, *„im Falle von Waren, die im Verdacht stehen, nachgeahmte Waren zu sein, die bestimmte Rechte geistigen Eigentums verletzen, für die Zeit, die für die Feststellung erforderlich ist, ob es sich tatsächlich um solche Waren handelt, die Überlassung auszusetzen oder die Waren zurückzuhalten..(..).“*[818] Die Rechtsfolgen beider Maßnahmen unterscheiden sich damit nicht[819].

In der Literatur findet sich jedoch einerseits die Auffassung, dass im Sinne eines Oberbegriffs von einer „Beschlagnahme“ bei den zollrechtlichen Maßnahmen nach der PP-VO gesprochen werden kann,[820] da die Maßnahmen der Terminologie „Beschlagnahme“ den nationalen Vorschriften entsprächen[821]. Andererseits wird in der Literatur die Ansicht vertreten, dass die Begriffe der Aussetzung der Überlassung und der Zurückhaltung der Waren nach der PP-VO dem nationalen Rechtsbegriff der Beschlagnahme dann nahekommen, wenn eine Schutzrechtsverletzung der Waren bereits festgestellt wurde und anschließend die Zollstelle eine Sachentscheidung trifft, die Waren zu beschlagnahmen.[822] Zu berücksichtigen ist jedoch, dass die genannten Maßnahmen der Zollbehörden nicht mit der Beschlagnahme im strafrechtlichen Ermittlungsverfahren gem. §§ 94 ff. StPO gleichgesetzt werden kön-

---

[817] Vgl. *Heydn/Schmid-Petersen/Vassilaki*, S. 120, Rdn. 411.
[818] Vgl. So die etwas umständliche Formulierung in Erwägungsgrund 5 des Rates der EU zur PP-VO.
[819] Vgl. *Heydn/Schmid-Petersen/Vassilaki,* S. 120, Rdn. 411.
[820] Vgl. *Achenbach/Ransiek,* S. 1411, Rdn. 47, *Heydn/Schmid-Petersen/Vassilaki*, S. 120, Rdn. 411.
[821] In der Literatur wird häufig der Begriff der „Beschlagnahme“ verwendet. Vgl. so etwa *Heydn/Schmid-Petersen/Vassilaki*, S. 120, Rdn. 411, *Gloy/Loschelder/Erdmann*, § 65, S. 1602, Rdn. 28.
[822] Vgl. *T. Wölfel*, S. 113-114.

nen, weil erstere nur im Verwaltungsverfahren angeordnet werden.[823] Meines Erachtens könnte auch von einem vorübergehenden Festhalten der in Verdacht stehenden Waren oder einer Sicherstellung der Waren zur Klärung des Sachverhalts gesprochen werden.

Sowohl der Anmelder oder Besitzer[824] der Waren als auch der Rechtsinhaber werden über die vorübergehende zollrechtliche Maßnahme der Sicherstellung der vermeintlich gefälschten Markenwaren informiert (Art. 9 Abs. 2 PP-VO). Der Rechtsinhaber erhält, sofern bekannt, Namen und Anschrift des Empfängers, des Versenders sowie des Anmelders oder des Besitzers der Waren als auch Informationen über den Ursprung und die Herkunft der sichergestellten Waren (Art. 9 Abs. 3 PP-VO), womit er weitere rechtliche Schritte einleiten kann. Ferner hat der Rechtsinhaber ein Recht darauf, die Waren zu inspizieren und Proben und Muster z. B. eines gefälschten Markenschuhs zugeschickt zu bekommen, um diese auf eine Markenrechtsverletzung hin zu untersuchen (Art. 9 Abs. 3 PP-VO).

Mit Zugang der Benachrichtigung über die festgehaltenen Waren beginnt für den Rechtsinhaber eine Frist von zehn Arbeitstagen zu laufen, die um weitere zehn Arbeitstage verlängert werden kann. Innerhalb dieser Frist muss er klären, ob es sich tatsächlich um Fälschungen handelt.[825] Schließlich hat der Rechtsinhaber die Wahl zwischen dem sog. vereinfachten Vernichtungsverfahren (Art. 11 PP-VO) und dem Sachentscheidungsverfahren (Art. 10 PP-VO i. V. m. Art. 13 PP-VO).

aa) Vereinfachtes Vernichtungsverfahren

Mit dem vereinfachten Vernichtungsverfahren hat der Rechtsinhaber die Möglichkeit, die sichergestellten Waren ohne ein vorheriges Gerichtsverfahren vernichten zu lassen[826] (Art. 11 PP-VO i. V. m. § 150 Abs. 2 und 4 MarkenG). Der Hauptgrund hierfür ist, dass es sich bei vielen Fällen gerade um solche handelt, die eine eindeutige Sach- und Rechtslage aufweisen, sodass eine Rechtsverletzung offensichtlich ist. In derartigen Markenpirateriefällen hat der Importeur der Waren selten ein Interesse daran, einen aufwändigen Rechtsstreit zu führen.[827] Voraussetzung dieses Verfahren ist die schriftliche Bestätigung des Rechtsinhabers innerhalb der Frist von zehn Arbeitstagen, dass die beschlagnahmte, mutmaßlich gefälschte Ware sein Markenrecht verletzt; zudem ist die schriftliche Zustimmung des Importeurs

---

[823] Vgl. *Heydn/Schmid-Petersen/Vassilaki*, S. 120, Rdn. 411.
[824] Im Folgenden als *Importeur* bezeichnet.
[825] Vgl. *Stöckel/Lüken*, S. 286.
[826] Vgl. *Ingerl/Rohnke*, § 150, Rdn. 11.
[827] Vgl. *Stöckel/Lüken*, S. 287.

einzuholen (Art. 11 Abs. 1 PP-VO). Neu ist an der Regelung, dass wenn der Importeur nicht zustimmt, aber auch nicht widerspricht, eine Zustimmung zum Vernichtungsverfahren angenommen wird[828] und die gefälschten Markenwaren schließlich vernichtet werden können. Zu berücksichtigen ist, dass der Rechtsinhaber jedoch den Anmelder, Besitzer oder Eigentümer der Waren benachrichtigen muss, dass seine Waren vernichtet werden sollen.[829]

Das Grenzbeschlagnahmeverfahren endet, wenn der Importeur dem Vernichtungsverfahren zugestimmt oder nicht widersprochen hat. Die Vernichtung der Fälschungen erfolgt auf Kosten und Verantwortung des Rechtsinhabers gem. Art. 11 Abs. 1 PP-VO i. V. m. § 150 Abs. 5 MarkenG.

Die nationale Zollstatistik von 2011, nach der in 19.551 Fällen (83 %)[830] das vereinfachte Vernichtungsverfahren gem. Art. 11 PP-VO gewählt wurde, zeigt den zunehmenden Stellenwert dieses Verfahrens. Wenn das vereinfachte Vernichtungsverfahren am Widerspruch des Importeurs scheitert, muss der Rechtsinhaber gem. Art. 11 Abs. 2 PP-VO i. V. m. Art. 13 PP-VO ein Gerichtsverfahren einleiten. Er kann das Ziel, die Waren vernichten zu lassen, im zivilgerichtlichen Verfahren erreichen und zudem durch Einschalten der Strafverfolgungsbehörden eine Vernichtung im Strafverfahren (§ 143 MarkenG) anstreben.[831]

bb) Sachentscheidungsverfahren

Beim Sachentscheidungsverfahren[832] muss innerhalb einer Frist von zehn Arbeitstagen nachgewiesen werden, dass ein Verfahren nach Art. 10 PP-VO i. V. m. Art. 13 PP-VO eingeleitet wurde, in dem festgestellt werden soll, ob das Markenrecht verletzt ist. Diese Frist kann maximal um zehn Arbeitstage verlängert werden (Art. 13 Abs. 1 PP-VO). Hier wird geprüft, ob eine Fälschung und folglich eine Markenrechtsverletzung vorliegt. In diesem Verfahren kann der Rechtsinhaber sowohl eine einstweilige Verfügung (§§ 935 ff. ZPO)[833] als auch ein Hauptsacheverfahren einleiten. Welche Verfahrensart im Einzelfall eingeleitet werden soll, ist weder in Art. 13 PP-VO noch in § 150 MarkenG bestimmt.[834]

---

[828] Die sog. „Zustimmungsfiktion", Vgl. *Ingerl/Rohnke*, § 150, Rdn. 11.

[829] Gewöhnlich wird der Anmelder der nachgeahmten Waren unterrichtet, der im direkten Kontakt zur Zollbehörde steht. Vgl. *Ingerl/Rohnke*, § 150, Rdn. 11.

[830] Zollstatistik (2011), abrufbar unter: http://www.markenpiraterie-apm.de/files/zollstatistik_2011_1.pdf, besucht am 14.12.12.

[831] Vgl. *Ingerl/Rohnke*, § 150, Rdn. 12, *Fezer*, § 151, Rdn. 19.

[832] Auch als Gerichtsverfahren bezeichnet.

[833] Vgl. *Fezer*, § 151, Rdn. 19.

[834] Vgl. *Ingerl/Rohnke*, § 150, Rdn. 12.

Nach h. M.[835] kann das einleitende Verfahren auch ein einstweiliges Verfügungsverfahren sein. Dagegen sieht *Hacker* nur ein Hauptsacheverfahren als ausreichend an, da lediglich dieses auf die erstrebte Vernichtung der gefälschten Markenwaren gerichtet sei.[836] Der Rechtsinhaber kann im einstweiligen Verfügungsverfahren nach deutschem Recht nicht die Vernichtung der Nachahmerware anordnen lassen,[837] sondern lediglich die Herausgabe an den Gerichtsvollzieher zur Verwahrung verlangen.[838] Art. 13 PP-VO fordert zur Wahrung der Frist von zehn Tagen lediglich, dass *„ein Verfahren (...) eingeleitet worden ist, in dem festgestellt werden soll, ob ein Recht geistigen Eigentums nach den Rechtsvorschriften des betreffenden Mitgliedstaats verletzt ist*".

Für die Vernichtung der gefälschten Waren ist ein rechtskräftiges Urteil in der Hauptsache notwendig.[839] Allerdings kann es trotzdem sinnvoll sein, zunächst mit einer einstweiligen Verfügung eine vorläufige Klärung zu erwirken. Das kann den Spediteur der Waren dazu veranlassen, einer einvernehmlichen Vernichtung zuzustimmen. Ferner kann hiermit die Weiterverbreitung solcher Waren unterbunden werden, die nicht vom Zoll aufgegriffen worden sind, denn mit der einstweiligen Verfügung erreicht man jedenfalls die vorläufige Sicherstellung gefälschter Markenwaren durch einen Gerichtsvollzieher oder Sequester mit dem späteren Ziel der Vernichtung der Waren.[840]

Gelingt es dem Markeninhaber, die Zustimmung des Importeurs zur Vernichtung der gefälschten Waren zu erhalten, wird die Ware unter zollbehördlicher Überwachung auf Kosten und Verantwortung des Markeninhabers vernichtet. Widerspricht der Importeur dem Vernichtungsverfahren und wird in einem gerichtlichen Verfahren dennoch festgestellt, dass es sich um eine Markenrechtsverletzung handelt, werden die gefälschten Markenwaren entsprechend den Vorgaben des nationalen Rechts vernichtet. Die Zollbehörde ist an der Vernichtung nicht weiter beteiligt.[841] Soweit es dem Markeninhaber nicht gelingt, innerhalb der Frist von zehn bis zwanzig Arbeitstagen ein Verfahren nach Art. 10 PP-VO einzuleiten, oder eine Zustimmung des Importeurs zu erhalten, hebt die Zollbehörde die Zurückhaltung auf und gibt die Waren frei (Art. 13 Abs. 1 PP-VO).[842]

---

[835] Vgl. *Ingerl/Rohnke*, § 150, Rdn. 12.
[836] Vgl. *Ingerl/Rohnke*, § 150, Rdn. 12.
[837] Vgl. *Stöckel/Lüken*, S. 289.
[838] Vgl. *Stöckel/Lüken*, S. 272.
[839] Vgl. *Stöckel/Lüken*, S. 289.
[840] Vgl. *Stöckel/Lüken*, S. 289.
[841] Vgl. *Hasselblatt*, § 8, Rdn. 48.
[842] Vgl. *Hasselblatt*, § 8, Rdn. 49.

Ferner kann der Markeninhaber einen Strafantrag gem. § 77 StGB stellen und veranlassen, dass die Ermittlungsbehörden die gefälschte Markenware gem. §§ 94 ff. StPO als Beweismittel sowie nach § 111 b StPO zum Zwecke späterer Einziehung (§ 143 Abs. 5 MarkenG[843] i. V. m. §§ 73 ff. StGB) sicherstellen. Sofern der beschuldigte Markenpirat der strafprozessualen Sicherstellung widerspricht, ist vom Strafgericht eine strafprozessuale Beschlagnahme anzuordnen.[844]

Abschließend soll ein Fallbeispiel veranschaulichen, wie ein Grenzbeschlagnahmeverfahren in der Praxis ablaufen könnte:

Der Sportwarenhersteller „*Puma*" hat festgestellt, dass vermehrt Fälschungen seiner Markenwaren auf dem Markt auftauchen, die sein ausschließliches Recht an seiner Marke gem. § 14 Abs. 2 Nr. 1 MarkenG verletzen. Deshalb stellt er einen elektronischen Antrag auf Grenzbeschlagnahme nach Art. 5 PP-VO bei der ZGR. Aufgrund des Antrages wird der Zoll tätig und entdeckt bei einer Einfuhrkontrolle eines Containerschiffs im Hamburger Hafen, dass es möglicherweise gefälschte „*Puma*" Waren geladen hat. Da das Unternehmen „*Puma*" vorher detaillierte Informationen zu sog. Sicherheitstags über seine Markenwaren mit weiteren charakteristischen Besonderheiten nach Art. 5 Abs. 5 PP-VO an den Zoll übergeben hat, können die Zollmitarbeiter anhand der Angaben die Waren untersuchen und auf Verdacht festhalten. Danach informiert der Zoll den Markenwarenhersteller sowie den Eigentümer der Waren über seinen Verdacht. Weiterhin kann die Zollbehörde auf Wunsch Proben an den Markeninhaber senden. Hat die „*Puma* AG" durch eigene Experten festgestellt, dass es sich um Fälschungen handelt, muss sie dem Zoll innerhalb von zehn Tagen mitteilen, ob sie das vereinfachte Vernichtungsverfahren nach Art. 11 PP-VO oder ein Gerichtsverfahren einleiten möchte. Im ersten Fall besteht der Vorteil darin, dass die gefälschten Markenwaren ohne ein gerichtliches Verfahren zügig vernichtet und aus dem Wirtschaftskreislauf entfernt werden, sodass auch potentielle Käufer geschützt werden.

C. Bekämpfung der Markenpiraterie bei Internetauktionen

Bei Angeboten gefälschter Markenwaren über Online-Plattformen lassen sich zwei Fallgruppen unterscheiden: Zum einen die berufsmäßigen Markenpiraten, zum anderen aber auch Verbraucher, die entweder selbst Opfer von Markenpiraten geworden sind und die Ware deshalb schnellstmöglich veräußern möchten, oder Verbraucher, die bewusst eine Fälschung erworben haben, um diese mit Gewinn weiterzuverkaufen.[845] Da entsprechend der Definition in dieser Arbeit unter Markenpiraterie nur schwerwiegende Markenrechtsverletzungen zu verstehen sind, soll auf eine

[843] Vgl. *Fezer*, § 151, Rdn. 19.
[844] Vgl. *Gloy/Loschelder/Erdmann*, § 65, S. 1604, Rdn. 30.
[845] Vgl. *Knöfel*, S. 59.

genauere Betrachtung der letztgenannten Gruppe der Verbraucher verzichtet werden.

Die rasante Entwicklung des Fälschungshandels im Internet wird dadurch belegt, dass bereits im Jahr 2004 mehr als 30 %[846] der von den europäischen Zollbehörden beschlagnahmten Postsendungen mit gefälschten Waren im Zusammenhang mit dem Verkauf über das Internet in Verbindung gebracht wurden.

Beim Online-Angebot gefälschter Parfüm-Marken liegt „*Chanel*“ mit 38 % rund 10% vor „*Dior*“ und „*L`Orèal*“ an der Spitze, wenn man das Verhältnis der verkauften, echten Artikel der Marke zu den Fälschungen betrachtet. Bezogen auf die Fälschungen in absoluten Zahlen steht demgegenüber „*L`Orèal*“ mit 21.824 Parfüms in den Jahren 2006/2007 an der Spitze, gefolgt von „*Chanel*“ mit 11.968 Stück. Allerdings erfasst die untenstehende Tabelle die Parfüms der Marken „*Boss*“, „*Gucci*“ und andere Marken gemeinsam mit 29.368 verkauften Fälschungen, sodass nicht ausgeschlossen ist, dass eine der Marken möglicherweise vor „*Chanel*“ an zweiter Stelle liegen könnte.

Untenstehende Tabelle zeigt die Anzahl der Angebote ausgewählter Parfümmarken bei *eBay* und die berechnete Fälschungsquote im Zeitraum des dritten Quartals 2006 bis Ende des zweiten Quartals 2007.

Tabelle 5: Gefälschte Parfüms bei *eBay*[847]

Hersteller	Verkaufte Artikel	Verkaufte Fälschungen	Fälschungsquote (%)
Chanel	31.494	11.968	38
Dior	28.726	8.331	29
Lancaster z. B. Davidoff	130.477	9.133	7
L`Orèal	80.830	21.824	27
Boss, Gucci etc.	225.908	29.368	13

Fälschungen von Parfüms stellen für Verbraucher auch in gesundheitlicher Hinsicht ein nicht unerhebliches Problem dar. Abgesehen davon, dass mit jedem Kauf von Fälschungen die organisierte Kriminalität unterstützt wird, beinhalten nach Angaben des Aktionskreises gegen Produkt- und Markenpiraterie (APM) gefälsch-

---

[846] Vgl. KOM (2005) 479 endg., S. 7.

[847] http://www.spiegel.de/wirtschaft/0,1518,514334,00.html, besucht am 14.12.12.

te Markenparfüms oftmals Lackverdünner und Urin.[848] Hier kann es bei den Konsumenten zu Hautirritationen und Allergien kommen.[849]

I. Fallbeispiele aus der Praxis

Einige Beispiele aus der Textilbranche sollen veranschaulichen, wie der Online-Vertrieb gefälschter Markenwaren von statten geht, wobei die Online-Plattform *„eBay"* zu den Hauptumschlagsorten zählt.[850]

Das AG Augsburg verurteilte einen Mann zu einem Jahr und sechs Monaten, seine Ehefrau zu einem Jahr und drei Monaten Haftstrafe, da sie über *eBay* gefälschte Fußball-Trikots z. B. des Vereins *„FC Bayern München"* veräußerten. Das Paar hatte vorher in Tschechien über 900 Trikots mit den Emblemen verschiedener Fußballvereine für neun Euro das Stück nach Deutschland importiert. Anschließend wurden die Trikots für 20 bis 50 Euro bei *eBay* versteigert, während Originaltrikots 60 bis 80 Euro kosten. Das Ehepaar hatte vorher eine Verpflichtungserklärung abgegeben, keine Trikots mehr im Internet anzubieten. Dennoch betrieben sie den Handel weiter. Darüber hinaus kommen auf die Verurteilten noch Schadenersatzklagen der Markeninhaber und möglicherweise einzelner Käufer zu.[851]

Ein Anbieter veräußerte über *eBay* gefälschte Markentextilien und erzielte damit einen Gewinn von 9.000 Euro. Der Fall wurde durch veranlasste Testkäufe aufgedeckt. Der Betrüger hielt sich in Osteuropa auf, da er den Forderungen von Rechtsinhabern entgehen wollte.[852]

In einem weiteren Fall ist einer Ermittlungsgruppe der Polizei, Mitarbeitern des Zollamtes sowie Steuerfahndern ein Schlag gegen die bandenmäßige Produktpiraterie gelungen. Hier wurden Tausende von *„Joop"*-Fälschungen, wie etwa Taschen, über das Internetauktionshaus *eBay* verkauft, was einen Schaden in Millionenhöhe verursachte. Laut Polizeiangaben wurde gegen 69 Beschuldigte in 16 deutschen Städten ermittelt, welchen vorgeworfen wurde, seit 2003 ca. 76.000 Fälschungen unter dem Namen des Luxus-Modehauses *„Joop"* über *eBay* versteigert zu haben. Die tatsächlichen Drahtzieher der Fälscherbande sollen in Istanbul sitzen, da von Istanbul aus die Pakete mit der gefälschten Markenware nach Deutschland gesendet worden sind. Auch die Verteilung der „Markenwaren" wurde

---

[848] http://www.welt.de/lifestyle/article4034716/Falsche-Designer-Duefte-koennen-gefaehrlich-werden.html, www.rp-online.de/reise/ratgeber/Vorsicht-vor-Billig-Parfums-vom-Basar_aid_726321.html, besucht 18.11.10.
[849] http://www.welt.de/lifestyle/article4034716/Falsche-Designer-Duefte-koennen-gefaehrlich-werden.html,www.rp-online.de/reise/ratgeber/Vorsicht-vor-Billig-Parfums-vom-Basar_aid_726321.html, besucht am 18.11.10.
[850] http://www.manager-magazin.de/unternehmen/it/a-362393.html, besucht am 15.12.12.
[851] http://www.stern.de/wirtschaft/news/maerkte/markenpiraten-wm-lockt-faelscher-bei-ebay-564936.html, besucht am 18.11.10.
[852] http://www.dasschwarze-schaf.de/html/monatsschafe_2006.html, besucht am 18.11.10.

von türkischen Landsmännern übernommen. Das Unternehmen „*Joop*" forderte von der türkischen Fälscherbande und den Händlern Schadenersatz.[853]

II. Verfolgung von Fälschungsangeboten

Um Fälschungen z. B. des Parfüms „*Davidoff*" zu entdecken, kann das Unternehmen *Lancaster Inc.* auf folgende Kriterien zurückgreifen, die dazu dienen, aus der breiten Angebotspalette auf der Online-Handelsplattform Fälschungen herauszufiltern:[854]

- kurze Angebotsfristen, häufig ein bis drei Tage[855]
- fehlendes Impressum und fehlende Widerrufsbelehrung
- wiederkehrende Angebotstexte, z. B. beschreiben Anbieter von Fälschungen ihre Waren mit typischen Textmustern, wie etwa „*Es kann in einzelnen Fällen zu minimalen Abweichungen an der Flasche bzw. zu Duftabweichungen kommen*"[856]
- umfangreiche Bevorratung
- niedrige Anzahl von Feedbacks
- neu angemeldete Nicknames
- Startpreis
- Artikelbeschreibung
- Art und Herkunft der Waren

Dennoch sollten diese Indizien, einzeln betrachtet, nicht als zweifelsfreie Hinweise bezüglich des Fälschungshandels im Internet angesehen werden. Sind jedoch mehrere der aufgezählten Kriterien erfüllt, so bietet sich die Durchführung eines Testkaufs zur Überprüfung der Authentizität der angebotenen Ware an,[857] da das Vorliegen mehrerer Kriterien zumindest einen Anfangsverdacht begründen kann.[858] Im Falle von Markenparfüms ist es für Markeninhaber oftmals äußerst verdächtig, wenn ausschließlich bekannte Marken wie „*Chanel*" oder „*Davidoff*" in den gängigen Größen von 100 ml und 125 ml zu sehr niedrigen Preisen angeboten wer-

---

853 http://www.manager-magazin.de/unternehmen/it/a-362393.html, besucht am 14.12.12.
854 Vgl. *Staniczek*, S. 45, *Welser/González*, S. 109-110, Rdn. 146.
855 http://www.spiegel.de/wirtschaft/plagiate-im-internet-vier-methoden-entlarven-produkt-faelscher-a-514334.html, besucht am 14.12.12.
856 http://www.spiegel.de/wirtschaft/plagiate-im-internet-vier-methoden-entlarven-produkt-faelscher-a-514334.html, besucht am 14.12.12.
857 Vgl. *Welser/González,* S. 110, Rdn. 146.
858 Vgl. *Staniczek*, S. 45.

den,[859] beispielsweise wenn ein 130 Euro Parfüm für den Startpreis von 25 Euro offeriert wird. In diesem Fall handelt es sich entweder um gestohlene Markenwaren, was eher selten ist, oder um Fälschungen.[860]

Ferner kann der Markeninhaber sich über die Funktion „*Meine Suche*" auf der Webseite von *eBay* alle Angebote per E-Mail zusenden lassen, in denen etwa die Marke „*Davidoff*" genannt wird und hierdurch für ihn verdächtige Angebote herausfiltern.[861] Dadurch erhält er eine Übersicht über aktuelle Angebote, die mit seiner Marke „*Davidoff*" gekennzeichnet sind, und kann aus der breiten Angebotspalette einen Testkauf veranlassen, um die Echtheit der Ware zu überprüfen.

III. Schutz durch das sog. Veri-Programm

Der Betreiber der Online-Handelsplattform *eBay* bietet Inhabern von Schutzrechten, also etwa von Marken, Urheber- und Patentrechten, die Möglichkeit, das eigens entwickelte sog. „*Veri*[862]-Programm" zu nutzen. Der Markeninhaber meldet nach Registrierung seines Schutzrechts dem Betreiber des Online-Marktplatzes Rechtsverletzungen über ein Online-Formular oder per E-Mail, um anschließend das entsprechende Angebot löschen zu lassen. [863] Er muss dazu seine Rechtsinhaberschaft gegenüber der Online-Handelsplattform an Eides statt, zur Vorlage bei Gerichten und Behörden, versichern.[864] Nach der Anzeige des gefälschten Artikels durch den Markeninhaber entfernt das Unternehmen das markenverletzende Angebot sofort ohne eigene gesonderte Prüfung aus der Plattform. Nach Löschung des Angebots erhält der Verletzte die Kontaktdaten des Anbieters durch *eBay*.[865] Allerdings kann sich das Löschen der Auktion über das Veri-Programm auch nachteilig erweisen, denn der Rechtsinhaber hat dann nicht mehr die Alternative einen Testkauf durchführen zu lassen. In Fällen, in denen ein Internetangebot eine Vielzahl von möglicherweise gefälschten Waren beinhaltet, können sich für den Rechtsinhaber Unsicherheiten hinsichtlich des Anbieters und der Fälschungen ergeben, sodass er die Wahl treffen muss, ob er einen Testkauf der angebotenen Waren durchführt oder die Internetauktion über das Veri-Programm umgehend beendet und

[859] http://www.spiegel.de/wirtschaft/plagiate-im-internet-vier-methoden-entlarven-produkt-faelscher-a-514334.html, besucht am 14.12.12.
[860] http://www.berlinonline.de/berliner-zeitung/archiv/.bin/dump.fcgi/2009/0203/seite3/0001/index.html, besucht am 15.11.10.
[861] Vgl. *Welser/González*, S. 349, Rdn. 811.
[862] Das sog. „Verifizierte Rechteinhaber Programm".
[863] Vgl. *Schlömer/Dittrich*, S. 116, Rdn. 264-265, *Welser/González*, S. 349, Rdn. 811.
[864] Vgl. *Schlömer/Dittrich*, S. 116, Rdn. 264-265.
[865] Vgl. *Knöfel*, S. 59, *Welser/González*, S. 112, Rdn. 149.

dann möglicherweise Beweisschwierigkeiten hinsichtlich der Fälschungen bekommt.

IV. Vorgehen gegen Internet-Markenpiraten

Geht nun der Markeninhaber mit den Kontaktdaten, die er unter Verwendung des Veri-Programms durch den Betreiber der Online-Handelsplattform erhalten hat, gegen den Anbieter vor, kann sich etwa das Problem ergeben, dass der Anbieter im Ausland ansässig ist oder er sich weigert, die geforderte Auskunft zu erteilen.[866] Eine Rechtsverfolgung ist naturgemäß auch in solchen Fällen schwer möglich, in denen keine Adressdaten vorhanden sind, oder eine Scheinidentität vorlag. Oftmals führt die Ermittlung auch zu einer Briefkastenfirma.[867] In allen diesen Fällen bleibt es bei der Löschung des markenverletzenden Angebots, was für den Markeninhaber dennoch ein Erfolg ist, da der Anbieter dauerhaft gesperrt wird. Vorteil des Veri-Programms ist, dass es sich relativ einfach und schnell verwenden lässt. Allerdings kann sich das Problem ergeben, dass sich der gleiche Anbieter unter einem neuen Account-Namen erneut anmeldet.

Sind die Daten wahrheitsgemäß angegeben worden, kann der Markeninhaber rechtliche Schritte gegen den Verkäufer einleiten und der Herkunft der Ware nachgehen.[868] Gewöhnlich wird der Anbieter aufgefordert, eine Unterlassungserklärung (§ 14 Abs. 5 MarkenG) abzugeben, sowie aufgrund des Auskunftsanspruchs (§ 19 Abs. 1, 3, 7 MarkenG), Herkunft und Vertriebsweg der Waren zu nennen. Da es sich beim Vertrieb von Pirateriewaren regelmäßig um offensichtliche Rechtsverletzungen handelt,[869] kann der Auskunftsanspruch nach § 19 Abs. 7 MarkenG im Eilverfahren durch einstweilige Verfügung gem. §§ 935 ff. ZPO durchgesetzt werden. Das ist der Fall, wenn keine ernsthafte Möglichkeit zu einer abweichenden rechtlichen oder tatsächlichen Beurteilung besteht,[870] was auf Totalfälschungen von Markenwaren zutrifft. Der Rechtsverletzer muss nunmehr Auskunft erteilen, etwa woher er die markenverletzenden Waren erhalten hat, und wohin sie weitergegeben worden sind.[871] Wie aus § 19 Abs. 3 MarkenG hervorgeht, verdeutlicht die Einbeziehung des Herstellers und anderer Vorbesitzer, dass nicht nur der unmittelbar liefernde Vordermann des Auskunftspflichtigen anzugeben ist, sondern alle ihm

---

[866] Vgl. *Heydn/Schmid-Petersen/Vassilaki*, S. 66, Rdn. 215.
[867] Vgl. *Balibey*, MA 5/2010, S. 20.
[868] Vgl. *Balibey*, MA 5/2010, S. 20.
[869] Vgl. *Schultz*, § 19, Rdn. 22.
[870] Vgl. *Ingerl/Rohnke*, § 19, Rdn. 23.
[871] Vgl. *Heydn/Schmid-Petersen/Vassilaki*, S. 65, Rdn. 213.

bekannten Personen aller Vorstufen der Markenverletzung.[872] Hierdurch erhält der Markeninhaber Informationen z. B. über Lieferanten oder Spediteure und kann von diesen ebenfalls über weitere involvierte Personen Auskunft erhalten. Der Auskunftspflichtige muss beispielsweise Namen, Anschrift, Menge der hergestellten und bestellten Waren und die Preise, die dafür bezahlt wurden, mitteilen.[873]

Der tatsächliche Hersteller der Piraterieware wird jedoch schwer ermittelbar sein, da er oftmals im Ausland ansässig sein wird und hierdurch rechtliche Schritte im jeweiligen Land nötig sind.

Ferner wird eine Klage auf Herausgabe der widerrechtlichen gekennzeichneten Waren erhoben, um die gefälschten Markenwaren vernichten zu lassen (§ 18 Abs. 1 MarkenG).[874] Bei nachgewiesenem vorsätzlichem Handeln wird Schadenersatz gem. § 14 Abs. 6 MarkenG gefordert. Zudem kann der Anbieter gem. § 143 Abs. 1 und Abs. 2 MarkenG strafrechtlich belangt werden. Schließlich ist es sinnvoll, gegen die weiteren Verletzer vorzugehen, die in diesem Fall involviert waren, sodass der Markeninhaber bei vorhandenen Kontaktdaten sehr schnell Aufschluss über Beteiligte und Vertriebsquellen erhalten kann.[875]

D. Bekämpfung der Markenpiraterie auf Messen

Spektakuläre Beschlagnahmeaktionen der Zollbehörden in den letzten Jahren zeigen, dass Markenpiraten ihre Waren mit zunehmender Dreistigkeit auch auf Messen anbieten, um so besser insbesondere an potenzielle Großabnehmer heranzukommen, aber auch an Informationen über neue Produkte zu gelangen.

Beispielsweise sind auf der internationalen Schuhmesse GDS („Große Deutsche Schuhmuster Schau") in Düsseldorf in den vergangenen Jahren zahlreiche Aussteller aufgeflogen. Hierbei haben in Düsseldorf Zollfahnder beispielsweise über 700 gefälschte Markenschuhe beschlagnahmt.[876] Es handelte sich um Modelle der Marken *„Adidas"*, *„Nike"* sowie *„Converse"*.[877] Sachverständige zweier Sportschuhmarken hatten Fälschungen ihrer Sportartikel entdeckt. Zum Teil handelte es sich um Totalfälschungen. Die Zollbeamten wurden bei gleich acht Ausstellern asiatischer Herkunft fündig. Zwei der Aussteller waren

[872] Vgl. *Ingerl/Rohnke*, § 19, Rdn. 32.
[873] Vgl. § 19 MarkenG.
[874] Vgl. *Ingerl/Rohnke*, § 18, Rdn. 34.
[875] Vgl. *Grundmann,* MA 5/2010, S. 48.
[876] http://www.textilwirtschaft.de/news/schlagzeilen/pages/Ueber-700-Musterschuhe-auf-der-GDS-beschlagnahmt_62652.html?a=0, besucht am 15.11.10.
[877] http://www.sternefeld.de/page.php?pid=26&from_pid=4&zps=10&cat_id=&pageNum=1&nid=2834, besucht am 15.11.10.

bereits bei früheren Messen durch Fälschungen aufgefallen. Anschließend wurden acht Strafverfahren gegen die Händler eingeleitet.[878]

Während bei Online-Marktplätzen die tatsächlichen Hersteller der gefälschten Markenwaren schwer zu fassen sind, ist es auf Messen einfacher an Markenpiraten heranzukommen.[879] Allerdings ist hier schnelles Handeln der Markenhersteller gefordert, weil Messen nur wenige Tage andauern und die Täter anschließend, wieder nach Asien abreisen.

Grundsätzlich lassen sich auch Maßnahmen auf Messen in zivil- und strafrechtliche Vorgehensweisen sowie Maßnahmen des Zolls unterteilen, daneben sind aber besondere Messe-Verfahren seitens der Veranstalter möglich, wie z. B. das sog. Messe „*Panel*“ oder „*Council*“.[880] Hinsichtlich des Vorgehens in der Praxis ist es zunächst wichtig, Beweise zu sammeln, indem Fotos verdächtiger Ausstellungsstücke und des gesamten Standes mit Standnummer gemacht, Prospekte gesammelt und Zeugenaussagen eingeholt werden.[881]

Wenn ein Markeninhaber auf einer bestimmten Messe, wie etwa der Düsseldorfer Schuhmesse GDS, gegen Nachahmer vorgehen möchte, ist es zweckmäßig, im Vorfeld Kontakt mit dem Zoll, der Staatsanwaltschaft, der Messeleitung oder einem Gerichtsvollzieher aufzunehmen, sofern er nicht nur mit einem Anwalt agieren möchte. Gegebenenfalls sollten auch Schriftsätze, wie etwa eine Abmahnung, einstweilige Verfügung, Unterlassungs-, Sequestrations- sowie ein Strafantrag vorbereitet werden. Weiterhin ist es vorteilhaft, im Voraus einen Grenzbeschlagnahmeantrag nach Art. 5 Abs. 1 PP-VO oder gem. § 146 Abs. 1 MarkenG zu stellen.[882]

I. Maßnahmen des Zolls auf Messen

Auch auf Messen empfiehlt sich eine Kooperation zwischen Markeninhabern und Zollbehörden,[883] wobei es zwei Möglichkeiten gibt, mithilfe des Zolls gegen Markenpiraterie anzukämpfen.

Ausgangslage der ersten Möglichkeit ist, dass die verdächtige Ware die Grenze nach Deutschland noch nicht passiert hat. Soll der Import nicht aus einem EU-

---

878 http://www.textilwirtschaft.de/news/schlagzeilen/pages/Ueber-700-Musterschuhe-auf-der-GDS-beschlagnahmt_62652.html?a=0, besucht am 15.11.10.
879 http://www.rp-online.de/duesseldorf/duesseldorf-stadt/nachrichten/blaulicht/Messestaende-wegen-Plagiats-Verdacht-durchsucht_aid_319150.html, besucht am 20.11.10.
880 Vgl. *Lieber/Zimmermann*, S. 7-8, Rdn. 35-36.
881 http://www.patente-stuttgart.de/downloads/tgs/2010/tgs10_wiedemann.pdf, besucht am 10.11.10.
882 http://www.patente-stuttgart.de/downloads/tgs/2010/tgs10_wiedemann.pdf, besucht am 10.11.10.
883 Vgl. *Kresse/Engelsberg*, S. 184, Rdn. 35.

Land, sondern einem Drittstaat erfolgen, ist Art. 5 PP-VO zu wählen,[884] wonach der Markeninhaber einen Antrag beim Zoll im Grenzbeschlagnahmeverfahren auf Sicherstellung der Ware stellen kann. Besteht der Verdacht der Einfuhr aus einem EU-Land, ist nach deutschem Recht gem. § 146 MarkenG die Beschlagnahme der Waren zu beantragen. Ein solches Vorgehen ist dann sinnvoll, wenn ein Markeninhaber einige Monate vor der Messe aufgrund von Indizien den Verdacht hat, dass Fälschungen importiert werden sollen und im Vorfeld der Messe Fälschungen verhindern möchte.[885] Es empfiehlt sich deshalb, den Antrag ca. drei Monate vor Beginn einer Messe zu stellen, damit der Zoll rechtzeitig tätig werden kann.[886]

Ausgangslage der zweiten Möglichkeit ist, dass der Markenhersteller erst auf der Messe Fälschungen seiner Produkte entdeckt. Dann erstattet er Anzeige bei der Zollbehörde oder wendet sich an die Messebüros des Zolls, um an Messerundgängen der Zollbehörden teilzunehmen,[887] deren sog. Kontrolleinheiten Verkehrswege als Ermittlungspersonen der Staatsanwaltschaft (§ 152 GVG) direkt strafrechtlich gegen Nachahmer vorgehen, indem sie zum Beispiel gem. §§ 94, 98 StPO i.V. m. § 152 GVG Fälschungen beschlagnahmen[888] und weitere Beweismittel für ein nachfolgendes Strafverfahren sichern. Sinnvoll ist es, wenn Mitarbeiter des Unternehmens Zollbeamte auf Schuh- und Textilmessen begleiten, um den Verdacht einer Markenrechtsverletzung durch einen Messeaussteller zu erhärten, sodass die Waren nach Identifikation als Fälschungen beschlagnahmt und der Vernichtung zugeführt werden können. Diese Strategie nutzt etwa das Unternehmen *„Puma"*, indem ein Mitarbeiter der Rechtsabteilung mit Zollbeamten Messestände überprüft.[889]

Insbesondere am Messestandort Frankfurt, bei dem das Thema Marken- und Produktpiraterie z. B. bei den Messen *„Ambiente"* oder *„Paperworld"* zunehmend wichtiger wird, haben sich Zollbehörden auf ein solches Vorgehen gegen die Aussteller gefälschter Markenwaren eingestellt.[890]

---

[884] Vgl. zum Grenzbeschlagnahmeverfahren nach der PP-VO in 4. Kapitel, B, III.

[885] Vgl. *Kresse/Engelsberg,* S. 184, Rdn. 35.

[886] http://www.hoganlovells.de/files/Publication/513423a0-32a3-4d1e-b169-70b85b5f0925/ Presentation/PublicationAttachment/5c204cb7-f269-4b1f-95ab 766840304c10/IPunkt_Mai_2010.pdf, besucht am 28.10.10.

[887] http://www.heilbronn.ihk.de/ihkhnwettbewerbsrechtschutzrechte/infothek.aspx?idIT=1718, besucht am 08.03.13.

[888] Vgl. *Kresse/Engelsberg*, S. 185, Rdn. 42, *Welser/González,* S. 181, Rdn. 302.

[889] Vgl. *Balibey*, MA 5/2010, S. 19.

[890] Vgl. *Welser/González*, S. 181, Rdn. 302.

II. Vorgehen mit zivilrechtlichen Mitteln

Neben der Möglichkeit, markenverletzende Ware von Zollbehörden vom Messestand entfernen zu lassen, kann ein betroffenes Unternehmen mithilfe zivilrechtlicher Mittel, wie z. B. einer Unterlassungserklärung oder einer einstweiligen Verfügung, gegen Markenpiraten vorgehen. Allerdings sollen hier nur die wirksamsten Methoden vorgestellt werden. Eine Abmahnung mit strafbewehrter Unterlassungsverpflichtungserklärung[891] käme nur dann infrage, wenn die Chance besteht, dass der Rechtsverletzer bereit ist,[892] eine solche Erklärung auch abzugeben. Markenpiraten werden allerdings kaum eine solche Verpflichtung gegenüber Markeninhabern eingehen oder trotz Unterwerfung sich nicht daran halten.

Deshalb ist in Markenpirateriefällen eine wirksamere Methode die Vorgehensweise im gerichtlichen Eilverfahren mit einer einstweiligen Verfügung (§§ 935 ff. ZPO). Dieses Verfahren kommt in der Regel nach einer Abmahnung zur Anwendung, wenn sich der Markenpirat weigert, die geforderte Unterlassungs- und Verpflichtungserklärung fristgemäß abzugeben, oder seine schädigende Handlung einzustellen.[893] Insbesondere bei Messen ist das Eilverfahren vorteilhaft, da der Aussteller zumeist aus dem Ausland, wie etwa China, stammt und nach Messeende wieder abreist und sich dem Zugriff des Markeninhabers entzieht. Zudem garantiert das Eilverfahren einen gewissen Überraschungseffekt im Gegensatz zu einer Abmahnung, weil der Nachahmer hier vorgewarnt wird. Bis eine Klage im Ausland zugestellt werden könnte, würden je nach Land Monate, wenn nicht Jahre, vergehen, insbesondere, wenn der Markenpirat in Asien ansässig ist.[894] Beim Verfahren der einstweiligen Verfügung dagegen reichen mittlerweile wenige Stunden von der Einreichung des Antrags bis zum gerichtlichen Beschluss.[895] Die 6. Zivilkammer des LG Frankfurt hat sich insbesondere während der Messezeit darauf eingestellt, sich mit Fällen von Markenpiraterie zu beschäftigen.[896]

---

[891] Einen chinesischen Markenpiraten hat es nicht davon abgehalten, trotz unterzeichneter Unterlassungserklärung, im großen Stil mit Fälschungen z. B. von „*Gucci*" zu handeln. Bei dem Täter wurden 20 Tonnen Fälschungen entdeckt, die durch den Zoll beschlagnahmt wurden. Vgl. http://www.t-online-business.de/plagiate-20-tonnen-gefaelschte-markenartikel-sichergestellt/id_21359680/index, besucht am 12.10.10.

[892] Vgl. *Kresse/Engelsberg,* S. 188, Rdn. 54.

[893] Vgl. *Kresse/Engelsberg*, S. 188, Rdn. 55.

[894] http://www.heuking.de/fileadmin/user_upload/Newsletter/Deutsch/IP-IT-Media/IP-IT-Media-2008-02_D.pdf, besucht am 20.11.10.

[895] Vgl. *Welser/González*, S. 134, Rdn. 197.

[896] http://www.faz.net/s/RubBEFA4EA6A59441D98AC2EC17C392932A/Doc~E6557FDB908094 33FB181391AD324D2F8~ATpl~Ecommon~Scontent.html, besucht am 20.11.10.

In der Praxis ist die bedeutendste einstweilige Verfügung die verschuldensunabhängige sog. Verbotsverfügung (§§ 935 ff. ZPO),[897] wonach dem Nachahmer gewöhnlich ordnungsmittelbewehrt verboten wird, markenrechtswidrige Waren auszustellen.[898] Für ein solches Eilverfahren ist ein Verfügungsanspruch und ein Verfügungsgrund erforderlich (§§ 936, 917, 920 Abs. 2 ZPO).[899] Dazu müssen die Markenrechte mit entsprechenden Nachweisen dargelegt werden. Voraussetzung ist, dass der Markeninhaber eine Rechtsverletzung glaubhaft nachweisen kann. Hier führt das Gericht gewöhnlich eine kursorische Prüfung durch, sodass eine weitergehende Beweisaufnahme unterbleibt. Der Verfügungsantrag wird in der Regel aufgrund der Eilbedürftigkeit in Fällen der Markenpiraterie auf eine Entscheidung ohne mündliche Verhandlung gerichtet sein.[900] Bei Messen ist die Dringlichkeit aus den oben genannten Gründen gewöhnlich gegeben. Erfolgversprechend ist eine einstweilige Verfügung nur bei eindeutigen Markenverletzungen, wie etwa Eins-zu-eins-Kopien und damit bei der eigentlichen Markenpiraterie. Das Verfahren scheidet dagegen eher aus bzw. kann Probleme bereiten, wenn es sich um komplizierte Sachverhalte handelt, wie beispielsweise bei technisch anspruchsvollen Patenten. [901] Hat ein Rechtsanwalt das Verfahren gut vorbereitet und liegen die erforderlichen Dokumentationen vor, so kann das Gericht auch noch am selben Tag durch Beschluss über den Antrag auf einstweilige Verfügung entscheiden. An manchen Messestandorten werden auch gerichtliche Eildienste vorgehalten.[902]

Erlässt das Gericht eine Entscheidung auf Grundlage dieses Antrags, so erfährt der Markenpirat erstmals davon, wenn ihm die Verbotsverfügung durch einen Gerichtsvollzieher zugestellt wird. Diese kann ihm auch direkt am Messestand zugestellt werden.[903] Anschließend werden alle Verletzungsprodukte „geräumt“. Im einstweiligen Verfügungsverfahren kann auch ein Anspruch auf Vernichtung der schutzrechtsverletzenden Ausstellungsstücke (§ 18 Abs. 1 MarkenG) gesichert werden, indem per einstweilige Verfügung angeordnet wird, dass der Nachahmer die schutzrechtsverletzenden Waren zum Zwecke der Verwahrung an einen Gerichtsvollzieher herauszugeben hat (§ 938 Abs. 2 ZPO).[904] Die vorläufige Be-

---

[897] Vgl. *Kresse/Engelsberg*, S. 189, Rdn. 61.
[898] Vgl. *Lieber/Zimmermann*, S. 2, Rdn. 10, *Kresse/Engelsberg*, S. 188, Rdn. 56.
[899] Vgl. *Lieber/Zimmermann*, S. 32, Rdn. 159-163, *Welser/González,* S. 134-136, Rdn. 197-203.
[900] Vgl. *Kresse/Engelsberg*, S. 189, Rdn. 61-63.
[901] Vgl. *Welser/González*, S. 137, Rdn. 204.
[902] Vgl. *Kresse/Engelsberg*, S. 189, Rdn. 63.
[903] Vgl. *Kresse/Engelsberg*, S. 189, Rdn. 62.
[904] Vgl. *Welser/González,* S. 135, Rdn. 200.

schlagnahme ist eine besonders effektive Maßnahme mit Abschreckungseffekt für die Täter, da der komplette Stand geräumt werden kann.[905]

III. Besondere Messeverfahren

Zunehmend unterstützen Messeveranstalter die durch Fälschungen betroffenen Markeninhaber aktiv im Kampf gegen Markenpiraterie, indem sie über Möglichkeiten zum Schutz informieren und Kontakte zu Rechtsanwälten vermitteln, die im „Notfall“ schnell tätig werden können. Die von einigen Messeveranstaltern vorgehaltenen „anwaltlichen Notdienste“ sind jedoch eingeschränkt zu empfehlen, weil sie sich lediglich für eindeutige Verletzungsfälle eignen, da ein solcher Rechtsanwalt zumindest eine gute Fälschung in der Regel kaum identifizieren kann und sich meist auch noch in die rechtliche Vorgehensweise gegen Fälschungen einarbeiten muss. Hingegen weiß ein vom Markeninhaber beauftragter und vorbereiteter Rechtsanwalt sofort, welche Schritte er einzuleiten hat, um gegen gefälschte Markenwaren vorzugehen.[906]

Daneben hat die Messe Frankfurt zusammen mit dem Zoll Anfang des Jahres 2006 die Aktion „*Messe Frankfurt against copying*“ initiiert.[907] Zweck dieser Initiative ist es, Aussteller und Besucher umfangreich über die Eintragung sowie Durchsetzung von gewerblichen Schutzrechten zu informieren.[908] Auch ist bei einem Verstoß gegen die Messe-AGB Frankfurt ein Ausschluss von der Messe möglich.[909] Ferner hat die Messe Köln die Aktion „*No Copy! – Pro Original*“ ins Leben gerufen, um gegen Marken- und Produktpiraterie aktiv vorzugehen. Dabei hat der Messeveranstalter Köln mit chinesischen Geschäftspartnern im Jahr 2007 ein sog. „*Intellectual Property Memorandum*“ verabschiedet. Dieses verpflichtet zu umfangreicher Aufklärung, gemeinsamen Medienkampagnen und zu konkreten Handlungsmaßnahmen, um auf Messeveranstaltungen den Schutz geistigen Eigentums zu fördern und damit die Verletzung von Schutzrechten zu verhindern.[910] Die Messe Frankfurt, die Hannovermesse sowie die Kölnmesse agieren damit präventiv

905 http://www.patente-stuttgart.de/downloads/tgs/2010/tgs10_wiedemann.pdf, besucht am 10.11.10.
906 http://www.prinz.eu/uploads/FA_Prinz.pdf, besucht am 13.12.12.
907 Vgl. *Kresse/Engelsberg*, S. 190, Rdn. 70.
908 http://www.messefrankfurt.com/frankfurt/de/messe/willkommen/produktpiraterie.html, besucht am 02.12.12.
909 http://www.original-ist-genial.de/fileadmin/icc_dokumente/Broschuere-MFaC.pdf, besucht am 08.03.13.
910 http://www.hh-cologne.de/de/handarbeit_hobby/fuer_aussteller/no_copy/index.php, besucht am 02.12.12.

über den Zoll oder besondere errichtete Kontaktbüros, um schnellen Schutz vor Markenpiraterie zu gewährleisten.[911]

Zudem gibt es als neuere Entwicklung im Messerecht, außerhalb gerichtlicher einstweiliger Verfügungen, das sog. „Panel" und „IPR council",[912] welches bei Konflikten auf Messen Entscheidungen trifft.[913] Dieses ist gewöhnlich mit drei Personen besetzt – zumeist Juristen und Fachleuten der jeweiligen Messe –, die auf der Messe oder bei einem Sportereignis präsent sind oder aufgrund eines Bereitschaftsdienstes sich sofort versammeln können. Dieses Gremium kann innerhalb weniger Stunden noch am gleichen Tag über einen streitigen Sachverhalt entscheiden, so z. B., dass ein Unterlassungsgebot akzeptiert und umgehend befolgt wird oder es werden dem Nachahmer Sanktionen, wie die Nichtzulassung zur Messe im darauf folgenden Messeveranstaltungsjahr, angedroht.[914]

E. Nationale und internationale Initiativen

Um das Phänomen der Markenpiraterie bekämpfen zu können, ist es insbesondere nötig, dass Markeninhaber und Unternehmen selbst aktiv werden und mit Verbänden, Vereinen und Initiativen sowie mit staatlichen Behörden kooperieren. Die Verbandsarbeit hat zwei wesentliche Ziele: Die gemeinsame Präsentation nach außen und den internen Erfahrungsaustausch unter Unternehmen und Initiativorganisationen.[915] In diesem Abschnitt sollen die wichtigsten nationalen und internationalen Kooperationspartner von Markeninhabern vorgestellt werden, mit denen sich die Zusammenarbeit als praktikabel erwiesen hat, und beschrieben werden, welche Aufgaben diese wahrnehmen.

I. Deutsche Organisationen und Vereinigungen

Branchenübergreifende deutsche Organisationen und Initiativen, die sich mit der Bekämpfung der Markenpiraterie beschäftigen, sind im Wesentlichen der „Aktionskreis gegen Produkt- und Markenpiraterie e. V." (APM), die Initiative „Aktion Plagiarius e. V.", die von Wirtschaftsverbänden gegründete Initiative „original-ist-

[911] Vgl. *Lieber/Zimmermann,* S. 8, Rdn. 36.
[912] Vgl. *Lieber/Zimmermann*, S. 7-8, Rdn. 35-36.
[913] Vgl. *Lieber/Zimmermann*, S. 7-8, Rdn. 35-36.
[914] Vgl. *Lieber/Zimmermann*, S. 7-8, Rdn. 35-36.
[915] Vgl. *Welser/González*, S. 367, Rdn. 855.

genial.de", sowie der branchenspezifische „Markenverband e. V.", welcher die Markenartikelindustrie vertritt.

1. Aktionskreis gegen Produkt- und Markenpiraterie e. V. (APM)[916]

Ein besonders wichtiger Kooperationspartner ist der *„Aktionskreis gegen Produkt- und Markenpiraterie e. V.",* der im Jahre 1997 vom Deutschen Industrie- und Handelskammertag, dem Bundesverband der Deutschen Industrie, dem Markenverband sowie fünfzehn Unternehmen gegründet wurde.[917] Zentrale Aufgabe dieses eingetragenen Vereins ist es, eine bessere Vernetzung von betroffenen Unternehmen und Institutionen herzustellen.[918] Dabei nimmt die Mitgliedszahl kontinuierlich zu. Zu den Mitgliedern des Vereins gehören u. a. Unternehmen wie die „*Wella*" AG, „*Levi Strauss*" Germany GmbH, „*Puma*" AG sowie die „*Henkel*" KGaA. In diesem Verein sind nicht lediglich Unternehmen aus den klassischen Fälschungsbranchen vertreten, wie der Textilbranche, sondern auch aus den Bereichen Elektro- bzw. Elektronik, wie zum Beispiel die „*Siemens*" AG.[919]

Hinsichtlich der Tätigkeiten des APM gegen Markenpiraterie lassen sich folgende zwei Bereiche unterscheiden:

a) Ermittlungstätigkeiten und Datensammlungen

Einen Kern der APM-Aktivitäten bilden die Ermittlungstätigkeiten in Markenpirateriefällen. Hier betreibt der Verein einerseits das Internetmonitoring[920] und andererseits werden Detekteien eingesetzt.[921] Zwischenzeitlich sind vom APM eingesetzte Ermittlerteams bundesweit aktiv, um beispielsweise auf Floh- und Wochenmärkten Marktkontrollen vorzunehmen, das Internet[922], sowie sonstige populäre Verkaufsstellen für gefälschte Markenwaren zu kontrollieren.[923] Im Jahre 2001 wurde in 400 Fällen gegen Markenpiraten vorgegangen.[924] Ferner koordiniert der APM für unterschiedlichste Branchen die Ermittlungen gegen Markenpiraten im

---

916 Im Folgenden „APM".
917 Vgl. *T. Wölfel*, S. 117, *Kroboth*, S. 73.
918 Vgl. *Erd/Rebstock*, S. 153.
919 Vgl. *T. Wölfel*, S. 117. Aktuelle Mitgliedsliste unter : http://www.markenpiraterie-apm.de.
920 http://www.bmj.bund.de/enid/0,4e96d0305f7472636964092d0933383933/Innerstaatliche_Ma_nahmen_gegen_Produktpiraterie/Ma_nahmen_der_Wirtschaft_1b5.html, besucht am 14.11.10.
921 http://www.unternehmeredition.de/index.php?id=9&no_cache=1&tx_ttnews%5Btt_news%5D=108, besucht am 08.04.13.
922 Vgl. *Kroboth*, S. 73.
923 Vgl. *T. Wölfel*, S. 117-118.
924 Vgl. *T. Wölfel*, S. 118.

In- und Ausland.[925] Teilweise leitet der Verein auch Strafanträge und zivilrechtliche Abmahnverfahren im Namen der betroffenen Markeninhaber ein.[926] Überdies hat der APM die Aufgabe, Informationen zu sammeln und an seine Mitglieder zu übermitteln. Durch die intensive Zusammenarbeit von Mitgliedern und dem Verein werden gesammelte Informationen auch regelmäßig aktualisiert und z. B. neue Fälle von Markenpiraterie erfasst. Die betroffenen Unternehmen sollten sich im Kampf gegen die Markenpiraterie nicht als Konkurrenten sehen, sondern als Kooperationspartner,[927] die gemeinsam gegen diese Wirtschaftskriminalität ankämpfen, denn in vielen Fällen werden Nachahmungen diverser Markenhersteller vorgefunden. Diese Sichtweise vertritt zum Beispiel die „*Puma*“ AG, die bei Razzien mit anderen Markenherstellern kooperiert, unabhängig davon, ob es sich um Konkurrenten handelt. Eine solche Vorgehensweise hat zwei wesentliche Vorteile: Einerseits ermöglichen gemeinsam gestellte Anträge verschiedenster Markenhersteller den Behörden die Beschlagnahme aller aufgefundenen Fälschungen. Andererseits werden die Kosten und Aufwendungen geteilt und dadurch verringert, sodass weitere Razzien finanziert werden können.[928] Ferner hat der Aktionskreis gegen Produkt- und Markenpiraterie die Aufgabe, alle gesammelten Informationen sowie Erfahrungswerte, die die Produkt- und Markenpiraterie umfassen, an unterschiedlichste Stellen im In- und Ausland weiterzugeben, so etwa an Entscheidungsträger, Regierungen und Verwaltungen.[929]

b) Aufklärungs- und Sensibilisierungsarbeit

Weiterhin betreibt der APM eine offensive Aufklärungs- und Sensibilisierungsarbeit, da der Aufklärungsbedarf bei Verbrauchern und staatlichen Stellen nach wie vor hoch ist und dieser Tätigkeit ein nicht zu verachtender Stellenwert im Kampf gegen die Markenpiraterie zukommt.[930] Ferner engagiert sich der APM in Form von praxisrelevanten Veranstaltungen zum Thema der „Produkt- und Markenfälschung“[931], wie zum Beispiel dem „Tag des geistigen Eigentums“, der jährlich veranstaltet wird. Dabei wurde im Jahr 2010 ein sog. „*Sieben Punkte Plan*“ mit Vorschlägen an die Politik übergeben. Wichtige Punkte dieses Plans waren beispiels-

---

[925] Vgl. *T. Wölfel*, S. 117-118.
[926] Vgl. *Kroboth*, S. 73.
[927] Vgl. *T. Wölfel*, S. 118.
[928] Vgl. *Balibey*, MA 5/2010, S. 20, *Kroboth*, S. 73.
[929] Vgl. *Erd/Rebstock*, S. 153, *T. Wölfel*, S. 118.
[930] http://www.unternehmeredition.de/index.php?id=9&no_cache=1&tx_ttnews%5Btt_news%5D=108, besucht 08.04.13.
[931] Vgl. *T. Wölfel*, S. 117.

weise, dass vermehrt Bewusstsein für den Wert des geistigen Eigentums geschaffen und der Informationsaustausch zwischen der Polizei und dem Zoll im Bereich der Marken- und Produktpiraterie verbessert werden sollen. Des Weiteren wird angestrebt, die Verfolgung von Rechtsverstößen zu novellieren und nicht an sprachlichen Grenzen oder Zuständigkeitsbarrieren scheitern zu lassen.[932] Im Kampf gegen die Markenpiraterie trägt der APM darüber hinaus mit der Aufklärungskampagne und Wanderausstellung „*Schöner Schein. Dunkler Schatten*“ dazu bei, dass sich Verbraucher mit dem Thema der Marken- und Produktpiraterie kritisch auseinandersetzen. Die Wanderausstellung zeigt gefälschte und echte Vergleichsprodukte aus den unterschiedlichsten Branchen sowie Themenwände zu Ursachen und Folgen der Verletzung des geistigen Eigentums.[933] Aus einer aktuellen Studie von Ernst & Young und dem Aktionskreis gegen Produkt- und Markenpiraterie (2012) geht hervor, dass Aufklärungskampagnen ein effektives Instrument sind, um die Nachfrage nach gefälschten Markenwaren durch Verbraucher zu senken, denn 78% der befragten Verbraucher gaben nach dem Besuch der Wanderausstellung des APM an, dass sie zukünftig vom Kauf einer Fälschung absehen werden.[934]

2. Aktion Plagiarius e. V.

Die Aktion *Plagiarius* e. V., die 1977[935] durch den Designer Prof. Rido Busse initiiert wurde, engagiert sich ebenso seit Jahren im Kampf gegen Marken- und Produktpiraterie. Jährlich findet eine Verleihung eines sog. „Negativpreises“, unter dem Namen „*Plagiarius*“, statt. Durch diese Aktion werden die dreistesten Fälscher weltweit an den Pranger gestellt und ihre Fälschungen veröffentlicht.[936] Den ersten Preis 2013 erhielt die Nachahmung einer Straßenlampe. Während das Original von der „Design-Agentur Santa & Cole Neoseries S. L., La Roca, Spanien“ und der „Architektin Beth Galí, Barcelona, Spanien“ stammt, wurde das Produkt vom Auftraggeber „Public Works Authority Ashghal, Doha, Katar“ gefälscht.[937]

Plagiarius hat ferner den Zweck, Betroffenen Hilfe und Beratung[938] anzubieten und vor allem ein gesteigertes Bewusstsein für den Stellenwert des geistigen Eigen-

---

[932] http://www.markenpiraterie-apm.de/files/sieben_punkte-katalog_zum_schutz_des_geistigen_eigentums.pdf, besucht am 20.11.10.
[933] http://www.markenpiraterie-apm.de/97-0-Wanderausstellung-Schoener-Schein-Dunkler-Schatten.html, besucht am 15.12.12.
[934] http://www.ey.com/DE/de/Newsroom/News-releases/20121212-Produktpiraterie-ist-eine-Gefahr-f%C3%BCr-die-deutsche-Industrie, besucht am 08.03.13.
[935] Details zur Entstehung der Aktion *Plagiarius*, abrufbar unter: http://www.plagiarius.com.
[936] Vgl. *T. Wölfel*, S. 122.
[937] http://www.plagiarius.com/awards_plag2013_2.html, besucht am 08.04.13.
[938] http://www.plagiarius.com/aktion_erfolge.html, besucht am 18.11.10.

tums bei innovativen Unternehmen zu fördern. Ein Vorteil des *Plagiarius*-Wettbewerbs ist die abschreckende Wirkung auf Nachahmer. Aufgrund der dazugewonnenen Popularität in den Medien, fürchten manche Fälscher die öffentliche Blamage. Mittlerweile konnten Erfolge durch die Aktion erzielt werden, da auch einige Fälscher ihr unrechtmäßiges Verhalten eingestanden und eine Vereinbarung mit dem Markenhersteller gesucht haben, zum Beispiel Schadenersatz zu leisten und die gefälschten Markenwaren vom Markt zu entfernen.[939] Infolge des jährlichen Preises für Fälschungen ist im November 2001 sogar ein Museum mit dem Namen „*Plagiarius*" in Berlin entstanden.[940] Hier präsentiert der Verein die dreistesten Fälschungen in einer Ausstellung. Zu der Zielgruppe von *Plagiarius* gehören Verbraucher, Hersteller, Kreative, Politiker, Gesetzgeber sowie der Handel. Die Hauptaufgabe ist es zu informieren und auf das Thema der Marken- und Produktfälschungen aufmerksam, zu machen.[941]

3. Initiative „original-ist-genial.de"

Mit der Gemeinschaftsinitiative „*www.original-ist-genial.de*" haben der Deutsche Industrie- und Handelskammertag (DIHK), die Internationale Handelskammer, der Markenverband und weitere Partner ein digitales Informationsportal und eine Anlaufstelle gegen Markenpiraterie und zum Schutze geistigen Eigentums errichtet.[942] Das von Wirtschaftsverbänden und Bundesjustizministerium ins Leben gerufene Online-Portal, bietet den Zielgruppen der Verbraucher, Hersteller, Händler oder Journalisten in unterschiedlichen Rubriken umfassende Informationen zur Markenpiraterie.[943] Der Verbraucher erhält z. B. Leitfäden und Tipps, wie er gefälschte Markenwaren vor dem Kauf erkennen kann. Der Markenhersteller dagegen bekommt auf der Webseite unterschiedliche Empfehlungen zu rechtlichen und unternehmensinternen Maßnahmen und Ratgeber-Leitfäden sowie Merkblätter für Präventivmaßnahmen, um sich gegen Markenpiraterie zu schützen. Unter der Rubrik „Best-Practice" werden unterschiedliche Präventionsstrategien aufgezeigt. Hier erfährt man zum Beispiel, dass der Gesamtverband *textil + mode* sich zu einer verstärkten Kooperation mit dem chinesischen Schwesternverband entschlossen hat[944]

---

939 http://www.plagiarius.com/aktion_erfolge.html, besucht am 18.11.10.
940 Vgl. *T. Wölfel*, S. 122.
941 Vgl. *T. Wölfel*, S. 122.
942 http://www.original-ist-genial.de/ueber-uns.html, besucht am 14.12.12.
943 http://www.bundesregierung.de/Content/DE/Magazine/MagazinWirtschaftFinanzen/052/t-3-original-ist-genial.html, besucht am 08.04.13.
944 http://www.original-ist-genial.de/best-practice/gesamtverband-textil-mode.html, besucht am 20.12.12.

sowie, dass der Keramikhersteller „*Villeroy & Boch*“ in China massiv gegen Markenpiraten vorgeht.[945] Zum anderen werden betroffenen Unternehmen vielfältige Informationen, wie etwa Adressen von Behörden, Pressenews sowie Veranstaltungshinweise zu dieser Form der Wirtschaftskriminalität, bereitgestellt. Das Internetportal soll grundsätzlich Interessierten die Möglichkeit bieten, bereits bestehende Unternehmens- und Verbandsaktivitäten in diesem Bereich über das Internet abfragen zu können. Darüber hinaus wird ein Dokumentenservice mit Tipps für Literatur und Studien bereitgestellt.[946]

4. Markenverband e. V.

Der Markenverband e. V. mit Sitz in Berlin, welcher u. a. von August Oetker sowie Fritz Henkel im Jahr 1903 gegründet wurde, vertritt als eingetragener Verein die Interessen der Markenartikelindustrie von derzeit ca. 400 Mitgliedsunternehmen und Markeninhabern. Mitglieder des Verbandes sind beispielsweise „*Beiersdorf*“, „*Hugo Boss*“, „*Procter & Gamble*“, „*Coca Cola*“ sowie „*Miele*“.[947] Als größter seiner Art in Europa verfügt der Markenverband über ein internationales Netzwerk und arbeitet beispielsweise in der „Association des Industries de Marque“ mit.[948]

Die Haupttätigkeitsschwerpunkte des Markenverbandes liegen vor allem im Schutz des geistigen Eigentums und bei der Bekämpfung der Marken- und Produktpiraterie; darüber hinaus gehören zu seinem weiteren Aufgabenspektrum die folgenden Gebiete:

- die Sicherung der erforderlichen Freiheitsräume für den Markenartikel
- die Wahrnehmung der Belange der Markenartikelindustrie bzgl. Herstellung und Vertrieb
- Markenschutz
- Wettbewerbspolitik und Wettbewerbsrecht
- Kooperation mit dem Handel
- Verbraucherpolitik sowie die Mitarbeit bei internationalen Organisationen[949]

[945] http://www.original-ist-genial.de/best-practice/villeroy-boch.html, besucht am 20.12.12.
[946] http://www.original-ist-genial.de/, besucht am 18.11.10.
[947] http://www.markenverband.de/presse/pm/pmstudiezumarkenprirateri/pmstudiemarkenpiraterie.pdf, besucht am 12.12.12.
[948] http://www.netzwerk-ebd.de/mitglieder/europa-profile-der-mitgliedsorganisationen/mitglieder-von-a-z/mitglieder-m/markenverband-ev/, besucht am 15.12.12.
[949] http://wirtschaftslexikon.gabler.de/Definition/markenverband-e-v.html, besucht am 12.12.12.

Im Rahmen seiner Tätigkeit gibt der Verband Positionspapiere zu Gesetzgebungsvorschlägen heraus, so etwa zur Strafrechtsverschärfung hinsichtlich der Markenpiraterie. Des Weiteren setzt sich der Markenverband dafür ein, dass die EU und die Mitgliedstaaten die Markenpiraterie global bekämpfen, dabei fordert er etwa global klare Vorschriften.[950] Weiterhin setzt er sich für eine konsequente Verfolgung und Bestrafung von Marken- und Produktpiraterie zum Schutze von Produktinnovationen und der Gesundheit der Verbraucher ein.[951] Als weiteres Ziel des Verbandes wird der Ausbau der Durchsetzungsmöglichkeiten für den Schutz geistigen Eigentums verfolgt. Aus diesem Grunde arbeiten seit Beginn 2012 europäische Institutionen an der Neufassung der Produktpiraterie-Verordnung. Hierbei unterstützt der Markenverband den Vorschlag der EU-Kommission, für die zollrechtliche Durchsetzung geistiger Eigentumsrechte den Anwendungsbereich auch auf die sog. Parallelimporte[952] auszuweiten.[953]

II. Internationale Organisationen

Auch auf internationaler Ebene haben sich bereits seit den 80er Jahren zahlreiche Organisationen und Vereinigungen[954] entwickelt, die sich mit dem Thema Marken- und Produktpiraterie auseinandersetzen. Ferner ist 2009 als neue Institution die „Europäische Beobachtungsstelle für Marken- und Produktpiraterie" gegründet worden. Auch soll das Europäische Amt für Betrugsbekämpfung (OLAF) kurz vorgestellt werden.

---

950 Vgl. Die Markenwirtschaft, Jahresbericht des Markenverbandes (2012), S. 22, abrufbar unter: http://www.markenverband.de/publikationen/Geschaeftsberichte/geschaeftsbericht2012, besucht am 03.01.13.

951 http://www.markenverband.de/kompetenzen/marken-und-produktkriminalitaet/Positionspapier-Markenverband-Produkt-Markenpiraterie-22-04-2009.pdf, besucht am 15.12.12.

952 Parallelimporte sind Manipulationen oder Abweichungen von Vertriebswegen. Dabei werden Originalprodukte unter Missachtung von Vertrags- bzw. gesetzlichen Bestimmungen in andere Staaten exportiert bzw. reimportiert. Vgl. *Thaler*, S. 13.

953 Vgl. Die Markenwirtschaft, Jahresbericht des Markenverbandes (2012), S. 22, abrufbar unter: http://www.markenverband.de/publikationen/Geschaeftsberichte/geschaeftsbericht2012, besucht am 03.01.13.

954 So etwa: „Anti-Counterfeiting Group (ACG)" und „European Anti-Counterfeiting Network (REACT)".

1. Europäische Beobachtungsstelle für Marken- und Produktpiraterie

Die 2009 durch die Europäische Kommission[955] neu eingerichtete „*Europäische Beobachtungsstelle für Marken- und Produktpiraterie*" verdeutlicht, dass das Thema „Marken- und Produktpiraterie" ein aktuelles und ernst zunehmendes Thema ist. Diese Institution soll vorrangig als eine zentrale Quelle praktischer Informationen für Vollstreckungsorgane und als Plattform für nationale Behörden und die Betroffenen dienen. Eine wichtige Aufgabe dieser Institution ist es, die wirksamsten Methoden im Kampf gegen Marken- und Produktpiraterie zu veröffentlichen. Auch soll die Öffentlichkeit, vor allem aber auch Kinder und Jugendliche, für den Schutz des geistigen Eigentums und von gefälschten Waren ausgehende Gefahren sensibilisiert werden. Hierfür sind etwa ein europaweiter Aufklärungstag und eine eigene Arbeitsgruppe vorgesehen. Es soll durch diese Institution beispielsweise der Gesellschaft verdeutlicht werden, dass sie mit dem Erwerb gefälschter Markenwaren das organisierte Verbrechen und Kinderarbeit unterstützen und zum „Umdenken" anregen.[956]

Weiterhin hat die Institution das Ziel, „*Public Private Partnerships*", d. h. Partnerschaften zwischen Behörden und privaten Organisationen, auf europäischer und nationaler Ebene bei Maßnahmen gegen Markenpiraterie zu unterstützen und auch auf politischer Ebene Einfluss zu nehmen. Die Kooperation zwischen dem Zoll und den Rechtsinhabern wird als positives Beispiel einer solchen Partnerschaft genannt. Auch die Zusammenarbeit zwischen betroffenen Unternehmen einerseits und Polizei sowie Gerichten andererseits soll verbessert werden.[957] Zudem setzt sich die Kommission für eine Novellierung der Rechtsvorschriften ein. Hiernach sind Verbesserungen und Klarstellungen in der Durchsetzungsrichtlinie geplant, die jedoch zunächst von einer Expertengruppe auf Probleme in den gegenwärtigen Vorschriften untersucht werden müssen.[958]

Zusammenfassend hat die neu eingerichtete Institution den Zweck, ein Forum zur Bündelung von Kräften, zum Erfahrungs- und Informationsaustausch sowie zur Verbreitung effektiver Durchsetzungsverfahren zu bieten.[959] Insgesamt nimmt die Privatwirtschaft diese neue Institution für Marken- und Produktpiraterie positiv

---

[955] http://europa.eu/rapid/pressReleasesAction.do?reference=IP/09/497&format=HTML&aged=0&language=DE&guiLanguage=en, besucht am 18.11.10.
[956] Vgl. *Weiden*, GRUR 2009, 1033, 1033.
[957] Vgl. *Weiden*, GRUR 2009, 1033, 1033.
[958] Vgl. *Weiden*, GRUR 2009, 1033, 1033.
[959] Vgl. Informationen unter: http://ec.europa.eu/internal_market/iprenforcement/observatory/index_de.htm#what, besucht am 20.11.10.

auf. Nach Ansicht der Rechtsinhaber verspricht sie, aufgrund ihrer EU-weiten Zuständigkeit und der Ziele der geplanten Arbeit einen wirksamen Beitrag zur Eindämmung der Marken- und Produktpiraterie zu leisten.[960]

2. Europäisches Amt für Betrugsbekämpfung (OLAF[961])

Auch das „*Europäische Amt für Betrugsbekämpfung*", das 1999 als Nachfolger der Kommissionsstelle für die Koordinierung der Betrugsbekämpfung von 1988 errichtet wurde,[962] ist ein wichtiger Partner bei der Bekämpfung der Markenpiraterie. Es hat die Aufgabe, durch interne und externe Analysen Betrug und Korruption aufzudecken. Ferner ist es für Maßnahmen gegen rechtswidrige Handlungen zulasten der EU zuständig, die verwaltungs- und strafrechtlich geahndet werden können. Weiterhin unterstützt und beobachtet OLAF die Aktivitäten der Mitgliedstaaten bei der Bekämpfung von Betrug.[963] Dabei arbeitet die Institution intensiv mit dem Zoll zusammen und führt gemeinsame Maßnahmen durch. Bei der erfolgreich durchgeführten Aktion „*Fake*" wurden beinahe 500 Tonnen an Waren, beispielsweise 26 Millionen Bekleidungsstücke, Schuhe, elektronische Geräte, Arzneimittel, Zigaretten und weitere Waren beschlagnahmt. Insgesamt handelte es sich um 140 für den Lufttransport vorgesehene Sendungen und Waren in 60 Containern.[964]

Jörg Wojahn vom Europäischen Amt für Betrugsbekämpfung in Brüssel berichtete davon, dass Markenwaren meist nicht per Flugzeug, sondern häufig über den Seeweg zum Beispiel aus China durch den Suez-Kanal über das Mittelmeer nach Europa gelangen.[965] Insbesondere bei groß angelegten Aktionen kann das Amt für Betrugsbekämpfung bei der Entdeckung gefälschter Markenwaren behilflich sein und Markeninhaber darüber in Kenntnis setzen.

---

960 Vgl. *Weiden,* GRUR 2009, 1033, 1034.
961 Nach der französischen Bezeichnung „*Office Européen de Lutte Anti-Fraude*".
962 Vgl. *Gedert*, S. 132.
963 http://www.hannover.de/europa/institutionen/olaf.html, besucht am 12.11.10.
964 Vgl. *Gedert*, S. 132.
965 http://www.bundestag.de/dasparlament/2009/32-33/Themenausgabe/25312405.html, besucht am 12.11.10.

5. Kapitel: Vorschläge zur künftigen Bekämpfung

Neben den gegenwärtigen zivil-, straf- und zollrechtlichen Schutzinstrumenten sollten künftig verstärkt Aufklärungskampagnen, die sich insbesondere an Verbraucher richten, durchgeführt werden *(A.)*. Wenn es auch für ein erfolgreiches Eindämmen der Markenkriminalität in erster Linie darauf ankommt, dass die Strafverfolgungsorgane, d.h. insbesondere die Zollbehörden, effizient und umfassend ermitteln, stellt sich doch die Frage, ob es unter Umständen Sinn macht, die Strafen für Markenpiraten in Zukunft zu verschärfen *(B.)* und auch für Käufer gefälschter Ware zumindest einen Bußgeldtatbestand *(C.)* einzuführen. Eine wichtige zusätzliche Bekämpfungsmaßnahme ist ferner die Zusammenarbeit der Markenunternehmen mit deutschen Strafverfolgungsorganen und internationalen Behörden *(D.)*, deren Effizienz und Umfang kontinuierlich verbessert werden sollte. Dabei wird es auch darauf ankommen, gegenüber neuen Praktiken der Markenpiraten, die passenden Abwehrstrategien zu entwickeln.

A. Aufklärungskampagnen und medienwirksame Aktionen

Aufklärungskampagnen und medienwirksame Aktionen können verdeutlichen, dass es sich bei Markenfälschungen um keine „Kavaliersdelikte“ handelt, sondern dass Markenpiraten Straftäter sind. Es bietet sich an, ähnlich wie im Urheberrechtsbereich vorzugehen, wo durch eindrucksvolle Werbekampagnen verstärkt die Aufmerksamkeit auf dieses Thema gelenkt wird. Beispielsweise gibt es gegen Raubkopierer von Musik- und Filmdateien Werbebotschaften wie „*Hart aber gerecht – Strafverfolgung von Raubkopierern*“.[966] Eine Kampagne für Markenpiraterie könnte beispielsweise lauten: „*Fake – Schau zwei Mal hin – Strafverfolgung von Markenpiraten*“. Diese Botschaft verdeutlicht, dass man genau hinsehen muss, um eine vermeintliche „Markenware“ als Fälschung zu enttarnen und dass Markenpiraten als Kriminelle strafrechtlich verfolgt werden. Ferner kann Werbung im Fernsehen und Radio darüber informieren, dass etwa gefälschte „*Puma*“-Sportschuhe aus minderwertigen Materialien durch Kinder hergestellt werden und fertigungstechnische Mängel zu gesundheitlichen Schäden beim Käufer führen können; auch etwa nachgeahmte „*Davidoff*“-Parfüms können aufgrund verunreinigter und giftiger Inhaltsstoffe Allergien auslösen. Gegenwärtig ist zu beobachten, dass die Sensibili-

[966] Details zur Kampagne unter: http://www.hartabergerecht.de/ .

sierung hinsichtlich des Themas „Markenpiraterie" überwiegend im Internet stattfindet. Sinnvoll wäre es auch Fernsehen, Rundfunk und Printmedien in die Kampagnen einzubeziehen, um so noch mehr Menschen zu erreichen. Ferner wird oftmals der Anschein erweckt, dass es sich bei Markenpiraterie lediglich um ein Problem der Unternehmen handelt. Jedoch wurde in den vorangegangenen Kapiteln verdeutlicht, dass außer den Markeninhabern auch Verbraucher sowie das Gemeinwesen insgesamt betroffen sind, sodass alle Akteure mit einbezogen werden müssen, um die Markenpiraterie wirksam bekämpfen zu können.

Im besonderen Maße muss vor allem der Verbraucher über das Ausmaß der Markenpiraterie aufgeklärt werden, denn Umfragen von Wirtschaftsverbänden zeigen, dass Markenpiraterie zumindest teilweise weiterhin als „Kavaliersdelikt" angesehen wird. Hierzu ist es nötig, den volkswirtschaftlichen Schaden, die Gefährdung von Arbeitsplätzen, mangelnde Sozial- und Ethikstandards bei der Herstellung sowie die fehlende Qualität der Waren und die Gesundheitsgefährdungen anzusprechen.[967]

Dabei muss insbesondere verdeutlicht werden, dass es sich um nichts anderes als Betrug und eine besondere Form von Wirtschafskriminalität handelt. Auch wird es häufig vielen Käufern gefälschter Markenwaren nicht bewusst sein, dass sie dadurch die organisierte Kriminalität unterstützen. So sollte die Aufklärungsarbeit zwei wesentlichen Zielen dienen: Einerseits sollen Verbraucher vor dem unbewussten Kauf von Fälschungen geschützt werden und andererseits soll die bewusste Nachfrage nach Fälschungen verringert werden,[968] indem die Folgen kommuniziert werden. Deshalb spielt die Sensibilisierung von Verbrauchern eine wichtige Rolle bei der Bekämpfung der Markenpiraterie. Denn erst wenn Verbraucher wahrnehmen, dass es sich hier um kein „Kavaliersdelikt" handelt, wird ihnen der Wert des geistigen Eigentums insbesondere der Marke bewusst. Im Rahmen einer durchgeführten Studie von Ernst & Young und des Aktionskreises gegen Produkt- und Markenpiraterie[969] (2012) gaben beispielsweise 67 % der Verbraucher an, dass sie aufgrund der APM-Wanderausstellung „*Schöner Schein. Dunkler Schatten*" etwas Neues über Produkt- und Markenpiraterie erfahren haben. 90 % der befragten Verbraucher gaben sogar an, dass sie die Aufklärungsarbeit durch die APM-Wander-

---

[967] Vgl. *Balibey*, MA 5/2010, S. 18.
[968] Vgl. *Welser/González*, S. 363, Rdn. 845.
[969] Im Folgenden „APM".

ausstellung als wichtig einstufen.[970] Dies zeigt, wie wichtig Aufklärungsarbeit gerade im Bereich der Markenpiraterie für Verbraucher ist.

Käufer würden sich vermutlich vermehrt überlegen, ob sie gefälschte Markenwaren erwerben möchten, sodass die Nachfrage nach gefälschter Markenware eingedämmt werden könnte. Aufgrund der nicht seltenen „Schnäppchenmentalität" könnte es allerdings zumindest bei einigen Verbrauchern schwierig sein, sie davon zu überzeugen Originalprodukte zu erwerben, solange sie keine schlechten Erfahrungen mit gefälschten Markenwaren gemacht haben.

Ferner sind medienwirksame Aktionen von Unternehmen nützlich. Bei derartigen Aktionen kann etwa öffentlich eine Vernichtung[971] nachgeahmter „*Puma*"- oder „*Adidas*"-Sportschuhe erfolgen. Des Weiteren sind regelmäßige Presseveröffentlichungen und Medienberichte über erfolgreich durchgeführte Beschlagnahmen gefälschter Waren und Verurteilungen von Markenpiraten von Nutzen, weil effiziente Aufklärungsarbeit abschreckend auf die Täter wirkt, denn sie müssen ein höheres Entdeckungsrisiko fürchten.

B. Strafrechtsverschärfung

Ferner könnte eine Erhöhung des Strafrahmens für Markenverletzungen in Erwägung gezogen werden, denn dies wird auch vermehrt von der Wirtschaft gefordert. Handlungsbedarf besteht deshalb, weil der durch Markenpiraterie erzielte Profit in keinem Verhältnis zu den verhängten Strafen steht, denn gefasste Täter können in der Regel mit milden Urteilen rechnen.[972] Um dem explosionsartigen Anstieg der Markenpiraterie zu begegnen, ist es erforderlich, eine angemessenere Abschreckung und Sanktionierung für gewerbsmäßig handelnde Täter zu schaffen und Markenpiraterie als ernstzunehmende Wirtschaftskriminalität zu bewerten.

In einer künftigen Strafvorschrift, die Verstöße gegen das Markenrecht und gegen andere Schutzrechte[973] erfassen soll, schlägt der Markenverband vor, für besonders schwere Fälle eine Freiheitsstrafe von sechs Monaten bis zu fünf Jahren

[970] Vgl. Studie „Intellectual Property Protection", Strategien für einen wirksamen Schutz geistigen Eigentums (2012), S. 17-18, abrufbar unter: http://www.markenpiraterie-apm.de/files/intellectual_property_protection_ey_2012_72dpi.pdf.

[971] Vgl. *Welser/González,* S. 365, Rdn. 852.

[972] http://www.markenverband.de/presse/pm/PM/Pos.

[973] Außer Marken soll diese Strafvorschrift z. B. folgende Schutzrechte enthalten: Patentrecht, das Geschmacksmusterrecht und das Gebrauchsmusterrecht.

anzudrohen.[974] Dieser Vorschlag unterscheidet sich vom geltenden Recht hinsichtlich der Höchststrafe nicht. Die wesentlichen Unterschiede liegen darin, dass § 143 Abs. 2 MarkenG keine Mindeststrafe von sechs Monaten für gewerbsmäßige, d.h. schwere Taten enthält sowie insbesondere darin, dass nicht mehr die Alternative besteht auch in schweren Fällen nur eine Geldstrafe zu verhängen, wie das gegenwärtig leider nicht selten in der Praxis vorkommt.[975]

Meines Erachtens wird eine auf höchstens fünf Jahre begrenzte Strafe jedenfalls den ganz schweren Fällen der Markenpiraterie nicht gerecht. Es ist beispielsweise nicht angemessen, wenn in einem Fall der Fälschung von Markenwaren im Wert von 50 bis 100 Mio. Euro – wie es in der Praxis geschehen ist – nur eine Freiheitsstrafe von 4 Jahren verhängt wird.[976] Bei solchen Taten sollten Strafen von 6 bis 7 Jahren Freiheitsentzug möglich sein, sodass sich anbietet eine Strafobergrenze von 10 Jahren im Gesetz vorzusehen.

Ferner sollte man die nicht seltene gerichtliche Praxis unterbinden, in Fällen, in denen die Täter gewerbsmäßig handeln und der Wert der gefälschten Waren z. B. über 100.000 Euro liegt, nur eine Geldstrafe gem. § 143 Abs. 2 MarkenG zu verhängen, indem diese Möglichkeit künftig gestrichen wird. So erwecken die Strafgerichte den falschen Eindruck, bei Markenpiraterie handele es sich nur um „Kleinkriminalität“, für die relativ niedrige Strafen angemessen seien.

Hinsichtlich der Strafe für schwere Markenstraftaten könnte sich der Gesetzgeber an den Straftatbeständen des schweren Betrugs (§ 263 Abs. 3 StGB) und dem besonders schweren Fall des Diebstahls (§ 243 StGB) mit jeweils einer Obergrenze von 10 Jahren orientieren. Ein besonders schwerer Fall könnte in der Weise definiert werden, dass die Täter gefälschte Markenwaren „im großen Stil“ vertreiben oder als Mitglied einer Bande handeln und eine große Anzahl von Menschen geschädigt und betrogen wird.

Ergänzend zu der Straferhöhung auf 10 Jahre sollte für schwere Fälle im künftigen Recht eine Mindeststrafe von sechs Monaten eingeführt werden, so wie es der Markenverband auch fordert.[977]

Unabhängig von einer künftigen Erhöhung des Strafrahmens, sollte gegenwärtig an die Strafrechtspraxis appelliert werden, Markenpiraterie entsprechend ihres Schädigungspotenzials zu sanktionieren, denn bisher werden die strafrechtlichen

---

[974] Vgl. Gesetzgebungsvorschlag des Markenverbandes zur effektiveren Bekämpfung von Produkt- und Markenpiraterie, S. 8-9, http://www.markenverband.de/presse/pm/PM/Pos, besucht am 08.02.13.

[975] Vgl. *Maske*, S. 267-268, *Gedert*, S. 125.

[976] Vgl. *Cremer*, GRUR Int. 2002, 517, zitiert nach *Maske*, S. 268.

[977] http://www.markenverband.de/presse/pm/pmtaggeisteigentum2012, besucht am 15.12.12.

Möglichkeiten ungenügend genutzt.[978] Die mangelhafte Abschreckung der Täter durch zu geringe Strafausschöpfungen ist wenig geeignet, die Markenpiraterie wirksam zu bekämpfen.

Der Markenverband schlägt nicht nur vor den Strafrahmen zu verändern, sondern darüber hinaus einen völlig neuen Straftatbestand in das Strafgesetzbuch einzufügen. Dieser soll neben Verstößen gegen das Markenrecht auch solche gegen die anderen gewerblichen Schutzrechte, wie zum Beispiel Urheber-, Patent- oder Gebrauchsmusterrechte unter dem Titel „*Verletzung geistigen Eigentums*" erfassen.[979]

Über die Frage der systematischen Zusammenfassung der Markenstraftaten mit den anderen Delikten gegen das geistige Eigentum lässt sich durchaus diskutieren, jedoch wäre dies meines Erachtens kein nennenswerter Beitrag zu einer wirksameren Bekämpfung solcher Straftaten.

C. Einführung eines Bußgeldtatbestandes für den Erwerb von Fälschungen

Weiterhin könnte der vorsätzliche Erwerb gefälschter Markenwaren für den privaten Gebrauch künftig als markenrechtliche Ordnungswidrigkeit – d.h. außerhalb des Strafrechts – mit einer Geldbuße von 100 bis 500 Euro geahndet werden, um so durch Einwirken auf die Käufer die Markenpiraterie einzudämmen.

Was den Nachweis des Vorsatzes angeht, ist davon auszugehen, dass beispielsweise ein Käufer, der bei einem fliegenden Händler eine „*Louis-Vuitton*" Handtasche für 10 Euro erwirbt, zumindest mit bedingtem Vorsatz handelt. Ein solcher liegt vor, wenn der Täter es ernstlich für möglich hält und sich damit abfindet, dass sein Verhalten zur Verwirklichung des gesetzlichen Tatbestandes führt.[980] Aufgrund des niedrigen Preises nimmt der Konsument es billigend in Kauf, dass es sich um eine Fälschung handelt, denn eine exklusive „*Louis Vuitton*" Tasche wird kaum für 10 Euro zu erwerben sein. Beispielsweise würde ein Konsument auch mit bedingtem Vorsatz handeln, wenn er eine gefälschte „*Rolex*" Uhr für 300 Euro ersteht, da allgemein bekannt ist, dass diese exklusiven Uhren weitaus teurer sind.

Der vorgeschlagene Bußgeldtatbestand im Markengesetz könnte dazu beitragen, potentielle Käufer abzuschrecken und damit die Markenpiraterie effektiver zu bekämpfen.

---

[978] Vgl. *Maske*, S. 290.

[979] Vgl. Gesetzgebungsvorschlag des Markenverbandes zur effektiveren Bekämpfung von Produkt- und Markenpiraterie, S. 8-9, http://www.markenverband.de/presse/pm/PM/Pos, besucht am 08.02.13.

[980] Vgl. *Wessels/Beulke*, S. 83, Rdn. 214.

D. Internationale Kooperation von Behörden und Markeninhabern

Typisch für die organisierte Kriminalität in Form der Markenpiraterie ist das grenzüberschreitende Ausmaß. Deshalb kann dieses Phänomen nicht allein durch nationale Maßnahmen, die an Staatsgrenzen enden, bekämpft werden.[981] Der Markenpiraterie kann lediglich durch übergreifende Kooperationen deutscher Behörden, wie z. B. den Zolldienststellen und Ermittlungsbehörden mit ausländischen Dienststellen, entgegengetreten werden. Hier müssen Markeninhaber, Staatsanwaltschaften, Zolldienststellen, Polizeibehörden und Gerichte vor allem zeitnah kooperieren, um Markenpiraten strafrechtlich verfolgen und fassen zu können.

Es ist wichtig, dem Zoll und den Staatsanwaltschaften einen schnelleren Informationsaustausch zu ermöglichen, um bei der Aufdeckung von gewerbsmäßigen Markenverletzungen schneller handeln zu können. Bisher wurden erst vereinzelt Erkenntnisse durch den Zoll an die Staatsanwaltschaft übermittelt, sodass im Bereich der Verwaltungszusammenarbeit noch Verbesserungsbedarf besteht.

Zudem ist es von Bedeutung, dass geschädigte Unternehmen vermehrt zusammenarbeiten, indem diese beispielsweise Datenbanken austauschen, so etwa „Schwarze-Listen“ mit Namen von bekannten Markenpiraten.

Ferner ist es aufgrund des grenzüberschreitenden Charakters der Markenpiraterie wichtig, dass Markeninhaber Netzwerke vor Ort in den Piraterieländern, wie Thailand oder Indien aufbauen. Hier können Kooperationen mit ausländischen Unternehmen, Verbänden und Justizbehörden behilflich sein. Dabei muss die Kooperation mit Piraterieländern, wie etwa China verbessert werden und der dortige Justizapparat weiterentwickelt werden, sodass die Durchsetzung von Rechten in diesen Ländern verbessert wird.[982] Die Welthandelsorganisation bemängelte beispielsweise, dass China nur mangelhaft für den Schutz von Patenten-, Urheber- und Markenrechten sorgt.[983] Allerdings beteuert die chinesische Regierung immer wieder ihr verbessertes Vorgehen gegen Marken- und Produktpiraterie. Jedoch ist zukünftig mit keinen Verbesserungen zu rechnen,[984] da in China ganze Provinzen von der Fälschungsindustrie leben. Umso wichtiger ist es, in diesem Bereich die Zusammenarbeit mit China zu intensivieren, indem der Wert des geistigen Eigentums diskutiert und ein „Umdenken“ in der chinesischen Bevölkerung in diesem Bereich gefördert wird.

---

[981] Vgl. *Scherbauer*, S. 334-335.
[982] Vgl. *Erd/Rebstock*, S. 154.
[983] Vgl. http://www.focus.de/politik/weitere-meldungen/china-usa-europa-china-und-japan-gegen-produktpiraterie_aid_577172.html, besucht am 28.11.10.
[984] Vgl. *Bachmann,* S. 66.

Vor allem ist eine Zusammenarbeit mit den Zollbehörden ein wichtiger Bestandteil der Bekämpfung der Markenpiraterie, denn diese haben als Ermittlungspersonen der Staatsanwaltschaft (Vgl. § 152 GVG) weitreichende polizeiliche Befugnisse. Allerdings könnte auch im Bereich der Zollbehörden vermutlich Verbesserungsbedarf bestehen, so etwa hinsichtlich der Kenntnisse der Zollbeamten im Bereich des Immaterialgüterrechts. Ferner könnten die knappen Personalkapazitäten[985] ausgebaut werden. Zudem sollten verstärkt betroffene Unternehmen wie „*Puma*" und „*Ed Hardy*" regelmäßig spezielle Schulungen für Zollbeamte im Bereich der Markenpiraterie anbieten und aufzeigen, worin Unterschiede zwischen Fälschungen und Originalen ihrer Produkte bestehen. Auch wäre ein vermehrter Einsatz der „Kontrolleinheiten Verkehrswege" auf allen großen Messen zu begrüßen, da uniformierte Zollbeamte als Abschreckung gegenüber Nachahmern dienen können. Überdies kann bei der Kooperation von Zollbehörden und der Staatsanwaltschaft auf europäischer Ebene eine Zusammenarbeit mit dem Europäischen Amt für Betrugsbekämpfung hilfreich sein, um Fälschungsaktivitäten größeren Umfangs zu überwachen.

Zusammenfassung und Ausblick

Ziel dieser Arbeit war es, die Markenpiraterie aus der Perspektive eines Markeninhabers, aber auch der Verbraucher, möglichst umfassend zu ergründen und der Frage nach effizienten Bekämpfungsmöglichkeiten nachzugehen. Im Weiteren sollen die wichtigsten Erkenntnisse zusammengefasst und ein Ausblick auf die Zukunft gegeben werden.
Zum Schutz der Markeninhaber vor Markenpiraterie stehen sowohl zivil-, straf- und zollrechtliche als auch nicht juristische Maßnahmen zur Verfügung. Jedoch ist bei jeder Maßnahme im Einzelfall zu prüfen, ob sie sich zur Bekämpfung der Markenpiraterie eignet.

Mit zivilrechtlichen Mitteln hat der Markeninhaber in schwerwiegenden Fällen der Markenpiraterie kaum erfolgversprechende Möglichkeiten, gegen Täter vorzugehen. Ein ***Unterlassungsanspruch*** (§ 14 Abs. 5 MarkenG) wird einen Markenpiraten kaum daran hindern, seinen kriminellen Praktiken nachzugehen. Diese Annahme bestätigt ein Fall, indem sich ein chinesischer Markenpirat trotz abgegebener Unterlassungserklärung nicht daran hindern ließ, weiterhin „im großen Stil" gefälschte Markenwaren der Marken „*Ed Hardy*" und „*Gucci*" zu vertreiben. Der

[985] Vgl. *Scherbauer,* S. 332.

Markenpirat, bei dem mehrere Tonnen an Fälschungen vorgefunden wurden, konnte erst durch Zollfahnder gestoppt werden.[986]

Der ***Auskunftsanspruch*** (§ 19 MarkenG) gegen die Drahtzieher der Markenwarenfälschungen wird dem Markeninhaber zwar wenig von Nutzen sein, weil diese zumeist nicht ermittelbar sind. Dennoch ist dieser Anspruch gegenüber Dritten, wie etwa Betreibern von Online-Marktplätzen oder Spediteuren, besonders wichtig, denn bei Fällen von Markenpiraterie sind regelmäßig mehrere Rechtsverletzer beteiligt. Hilfreich ist der Auskunftsanspruch (§ 19 Abs. 2 und 7 MarkenG) auch deshalb, weil er im Fall einer offensichtlichen Rechtsverletzung im Eilverfahren durch einstweilige Verfügung (§§ 935 ff. ZPO) durchsetzbar ist. Hiermit kann der Markeninhaber zügig Informationen über die Herkunft und den Vertriebsweg gefälschter Markenwaren erhalten. Der zivilrechtliche Rechtsschutz gegen Markenpiraterie ist dann zweckmäßig, wenn ein gefasster Händler oder Spediteur unverzüglich seine weiteren Lieferanten oder Abnehmer nennt.

Weiterhin ist der ***Schadenersatzanspruch*** (§ 14 Abs. 6 MarkenG) für den Markeninhaber von Bedeutung. Dennoch lässt er sich in Fällen der Markenpiraterie oftmals nicht durchsetzen, weil der Markeninhaber keinen Zugriff auf das Vermögen des Markenpiraten erhält, wenn dieses sich zum Beispiel in China befindet.
Gerade weil Markeninhaber oft einen bestehenden Schadenersatzanspruch nicht durchsetzen können, weil sie nicht an die tatsächlichen Drahtzieher herankommen, ist die mit Abstand wirksamste „zivilrechtliche Waffe" der ***Vernichtungsanspruch*** (§ 18 Abs. 1 MarkenG). Die Vernichtung der Fälschungen gewährleistet, dass die Nachahmungen endgültig aus dem Verkehr gezogen werden, und damit sowohl die Interessen des Markeninhabers gewahrt als auch die Verbraucher geschützt werden.

Vor allem ist es bei der Markenpiraterie als Teil der Wirtschaftskriminalität wichtig, vermehrt die vorhandenen ***strafrechtlichen Möglichkeiten*** nach dem Markengesetz (§ 143 MarkenG) zu nutzen. Denn hier kann der Markeninhaber mithilfe der Strafverfolgungsbehörden wesentlich mehr erreichen als mit zivilrechtlichen Mitteln. Da die Organisatoren im Hintergrund meist nicht gefasst werden, müssen deshalb mit strafprozessualen Zwangsmitteln verdächtige Orte nach gefälschten Markenwaren durchsucht (§§ 102 ff. StPO) und die Waren beschlagnahmt werden (§§ 111 b – 111 d StPO). Auch ist es zur Abschreckung der Täter nötig, dass Gerichte den bestehenden Strafrahmen von bis zu fünf Jahren ausschöpfen (§ 143 Abs. 2 MarkenG). Der häufigere Gebrauch von der ***öffentlichen Bekanntmachung*** der

[986] http://www.fr-online.de/rhein-main/offenbach/kreis-offenbach/zoll-entdeckt-tonnenweise-faelschungen/-/1473032/3073362/-/index.html, besucht am 20.10.10.

Verurteilung kann ebenso abschreckende Wirkung haben (§ 143 Abs. 6 MarkenG) und zudem auch Verbraucher warnen. Insgesamt lässt sich feststellen, dass man sich an solchen europäischen Ländern orientieren sollte, die konsequent mit strafrechtlichen Mitteln gegen Markenpiraten vorgehen, wie beispielsweise Frankreich.

Eine Schlüsselrolle bei der Bekämpfung der Markenpiraterie nehmen vor allem die Zollbehörden ein, die sich hier trotz ihres weiten Aufgabenbereiches vorbildhaft in diesem Bereich einsetzen. Hier ist einmal das ***Grenzbeschlagnahmeverfahren*** nach der europäischen Produktpiraterie-Verordnung für Markeninhaber wichtig mit dem insbesondere durch das vereinfachte Vernichtungsverfahren (Art. 11 PP-VO) schnell Fälschungen, die z. B. aus China kommen, aus dem Verkehr gezogen werden können. Das Verfahren spielt schon deshalb eine wichtige Rolle, da die Markeninhaber an die tatsächlichen Hersteller der gefälschten Markenwaren zumeist nicht herankommen werden. Die Bedeutung der zollrechtlichen Maßnahmen wird auch daraus ersichtlich, dass die Anzahl der Grenzbeschlagnahmeanträge durch bekannte Unternehmen zunehmend steigt. Des Weiteren sind Zollbeamte als Ermittlungspersonen der Staatsanwaltschaft mit Polizeibefugnissen nach der Strafprozessordnung ausgestattet. Sie können somit der Aufklärung von Markenstraftaten dienen, da sie z. B. Beweismittelbeschlagnahmungen gem. §§ 94 ff. StPO vornehmen können. Insgesamt erfüllt der Zoll im Bereich der Markenpirateriebekämpfung eine wichtige Aufgabe, denn er kann sowohl in der Zollabfertigung als auch innerhalb seiner strafprozessualen Fahndungstätigkeit gefälschte Markenwaren aus dem Verkehr ziehen.

Der Bekämpfung der Markenpiraterie und der Durchsetzung von Markenrechten gegenüber Markenpiraten stehen dennoch zahlreiche Hindernisse entgegen. Das Hauptproblem bei der Markenpiraterie besteht darin, dass die Waren überwiegend in asiatischen Ländern produziert werden, wo die europäischen Behörden keine Zugriffsmöglickeiten haben, dies zu unterbinden. Ferner ist diese Form der Wirtschaftskriminalität kein Problem des materiellen Rechts, weil die meisten Markengesetze weltweit vor identischen und nahezu identischen Nachahmungen von Marken für gleiche oder verwandte Waren schützen. Markenpiraterie ist folglich ein Problem des Aufspürens, des schnellen Zugriffs auf Täter und Fälschungen und der Rechtsfolgen.[987] Anzunehmen ist, dass es vermutlich zukünftig aufgrund der professionellen Vorgehensweise der Täter und der täuschend echt aussehenden „Markenwaren" immer schwieriger wird, ein Original von einer Fälschung zu unter-

[987] Vgl. *Winter*, MA 8/1983, S. 392, 393.

scheiden. Zudem ist vermehrt eine Verlagerung des Fälschungshandels ins Internet zu beobachten, sodass die Markeninhaber das Problem haben, ihre Rechte gegen Täter durchzusetzen, die anonym im Hintergrund agieren. Deshalb ist es umso wichtiger, Handelswege von Fälschungen aufzudecken und entdeckte Nachahmungen unverzüglich vom Markt zu entfernen und an Verbraucher zu appellieren, Fälschungen nicht zu erwerben.

Da Markenpiraterie ein globales Problem darstellt, beschäftigt man sich mit dieser Thematik zunehmend auf internationaler und nationaler Ebene. Hierzu wurde zum Beispiel das multilaterale Anti-Piraterie-Handelsabkommen *„ACTA-Anti-Counterfeiting Trade Agreement"* im Jahr 2008 unter Federführung der Staaten USA, Japan, Schweiz, Vereinigte Arabische Emirate, Australien, Mitgliedstaaten der EU, Kanada und durch weitere Staaten initiiert.[988] Dieses Abkommen wurde im Oktober 2010 nach der elften Verhandlungsrunde abgeschlossen.[989] Es soll folgende Bereiche verbessern: Die internationale Zusammenarbeit im Kampf gegen Produktfälschungen und Urheberrechtsverletzungen, die Rechtsdurchsetzung und die Schaffung neuer Gesetze zum Schutz und zur Verwertung geistigen Eigentums.[990] Begrüßenswert ist es ferner, dass in diesem Abkommen gegen gefälschte Arzneimittel im Internet vorgegangen werden soll. Im Oktober 2011 wurde ACTA von Kanada, Australien, Japan, Marokko, Neuseeland, Südkorea, Singapur und den USA unterzeichnet.[991] Diesem Abkommen schlossen sich im Januar 2012 folgende EU-Länder an: Österreich, Belgien, Bulgarien, die Tschechische Republik, Dänemark, Finnland, Frankreich, Griechenland, Ungarn, Irland, Italien, Lettland, Litauen, Luxemburg, Malta, Polen, Portugal, Rumänien, Slowenien, Spanien, Schweden und das Vereinigte Königreich.[992] Das EU-Parlament hat dennoch mit Votum vom 4. Juli 2012 beschlossen, das Abkommen nicht zu ratifizieren, weshalb ACTA nicht für die EU in Kraft treten kann.[993] Kritiker befürchteten insbesondere, dass es mit diesem Abkommen zu einer massiven Überwachung im Internet, einer Zensur und sogar Netzsperren kommen könnte. Gegen das internationale Abkommen wurden weltweit Massenproteste geführt.[994]

---

[988] Vgl. *Thaler,* S. 183.
[989] http://www.euractiv.de/digitale-agenda/artikel/acta-abkommen-das-letzte-wort-ist-nicht-gesprochen-003981, besucht am 25.11.10.
[990] http://www.heute.de/ZDFheute/inhalt/3/0,3672,8117859,00.html, besucht am 25.11.10.
[991] http://www.ustr.gov/acta, besucht am 02.12.12.
[992] http://www.mofa.go.jp/policy/economy/i_property/acta1201.html, besucht am 02.12.12.
[993] http://tagesschau.de/ausland/acta228.html, besucht am 02.12.12.
[994] http://tagesschau.de/ausland/acta228.html, besucht am 02.12.12

Da einzelne Länder mit ihren nationalen Rechtsnormen gegen den Fälschungshandel nur begrenzt ankämpfen können, ist es umso wichtiger, dass unterschiedliche Staaten miteinander kooperieren und Maßnahmen gegen die Markenpiraterie ergreifen. Auf nationaler und internationaler Ebene kann die Markenpiraterie effektiv in der Weise bekämpft werden, indem Markeninhaber mit allen beteiligten Behörden, Organisationen und Wettbewerbern zusammenarbeiten. Schließlich kann dieses Phänomen lediglich dann eingedämmt werden, wenn die zur Verfügung stehenden Mittel als Kombination konsequent eingesetzt und Markenpiraten vor allem strafrechtlich verfolgt werden.

Eine positive Entwicklung ist, dass sich mittlerweile etliche Organisationen und Institutionen wie der APM[995] oder die neu eingerichtete „*Europäische Beobachtungsstelle für Marken- und Produktpiraterie*" diesem Thema widmen und gemeinsam mit Markeninhabern gegen diese Kriminalitätsform vorgehen. Auch die Europäische Kommission ist in diesem Bereich verstärkt tätig, indem sie beispielsweise Aktionen wie „*Echt gefälscht*" initiiert,[996] um Verbraucher auf dieses Thema aufmerksam zu machen. Die Europäische Kommission hat im Jahr 2009 in ihrer Mitteilung zur „*Verbesserung der Durchsetzung von Rechten des geistigen Eigentums im Binnenmarkt*"[997] praktische nicht legislative Maßnahmen zur Bekämpfung der Marken- und Produktpiraterie veröffentlicht. Hiernach schlägt sie vor, den gegenwärtigen Rechtsrahmen durch eine gezieltere Durchsetzung und Zusammenarbeit zwischen dem privaten Sektor, nationalen Behörden und Verbrauchern in der EU zu erweitern. So soll etwa eine verbesserte Koordinierung der europaweiten Verwaltungszusammenarbeit den Informationsaustausch und die gegenseitige Unterstützung wirksamer gestalten.[998]

Darüber hinaus hat die Europäische Kommission einen EU-Aktionsplan im Zollbereich zur Bekämpfung von Verletzungen der Rechte des geistigen Eigentums (2013-2017) vorgelegt. Dieser nennt folgende strategischen Ziele:[999]

- die erfolgreiche Umsetzung und Kontrolle des neuen EU Gesetzes über geistige Eigentumsrechte im Zollbereich

---

[995] Abkürzung für „Aktionskreis gegen Produkt- und Markenpiraterie e. V."
[996] http://ec.europa.eu/internal_market/iprenforcement/observatory/real_fake_competition_de.htm, besucht am 20.11.10.
[997] Siehe: KOM (2009) 467 endg.
[998] Siehe: KOM (2009) 467 endg. S. 5-10.
[999] http://ec.europa.eu/taxation_customs/customs/customs_controls/counterfeit_piracy/commission_initiatives/index_de.htm, besucht am 15.12.12.

- die Bekämpfung der Hauptentwicklungen beim Handel mit Waren, die gegen Rechte des geistigen Eigentums verstoßen
- die Bekämpfung des Handels mit gegen geistige Eigentumsrechte verstoßende Waren in der gesamten internationalen Lieferkette
- die Stärkung der Kooperation mit der Europäischen Beobachtungsstelle hinsichtlich Rechtsverletzungen an geistigem Eigentum und mit Strafverfolgungsbehörden.

Des Weiteren veranstaltete die französische Zollverwaltung mit der Europäischen Kommission im Rahmen des Programms „Zoll 2013" im Oktober 2010 ein Seminar, welches die Bekämpfung von Nachahmungen und über Schutzrechte im Internet zum Inhalt hatte. Hintergrund ist, dass der Verkauf von nachgeahmten Markenwaren über das Internet rasant zunimmt und eine Herausforderung für den Zoll darstellt. Zu diesem Zweck wurde ein gemeinsames Konzept zur Bekämpfung der Markenpiraterie im Internet auf der Grundlage einer verstärkten Kooperation und der Einrichtung von Spezialeinheiten in allen EU-Ländern erstellt.[1000] Ferner hat der Binnenmarkt-Ausschuss des EU-Parlaments am 24.01.2013 die Neufassung der Produktpiraterie-Verordnung beschlossen, die am 01.01.2014 in Kraft tritt. Die Regelungen sollen vor allem den europäischen Zollbehörden hinsichtlich gefälschter Markenwaren helfen, schneller und effizienter mit diesen umzugehen. Dabei soll zum Beispiel ein besonderes Verfahren die Vernichtung von Fälschungen erleichtern, die in Kleinsendungen von maximal zwei Kilogramm oder drei Einheiten enthalten sind. Die Erleichterung besteht darin, dass der Zoll den Rechteinhaber im Einzelfall dann nicht mehr kontaktieren muss, sodass der steigende Internet-Handel mit Fälschungen wirksamer bekämpft werden kann.[1001]

Nicht unberücksichtigt darf der Verbraucher bei diesem Thema bleiben, auch ihm muss bewusst gemacht werden, dass es sich hier um eine unterschätzte Kriminalitätsform handelt und er geschädigt werden kann. Schließlich müssen in einigen Staaten wie zum Beispiel China – einschließlich Hongkong –, Thailand oder Indien die Rechte zum Schutz geistigen Eigentums kontinuierlich weiterentwickelt werden, um die Standards wie in den Industrieländern zu erreichen. Die Zukunft muss zeigen, ob Anti-Piraterie-Abkommen, wie etwa ACTA und Harmonisierungen von Rechtssystemen die Markenkriminalität effektiv bekämpfen können. Unternehmen sollten nicht lediglich auf rechtliche Maßnahmen zur Bekämpfung der Markenpira-

---

[1000] http://ec.europa.eu/taxation_customs/customs/customs_controls/counterfeit_piracy/commission_initiatives/index_de.htm, besucht am 15.12.12.

[1001] http://www.original-ist-genial.de/home/single-news/article/einfachere-zollregeln-fuer-den-umgang-mit-faelscherware.html, besucht am 30.01.13.

terie setzen, sondern eine Kombination aus unterschiedlichen Mitteln, wie beispielsweise Sicherungstechnologien und rechtlichen Maßnahmen anwenden. Von staatlicher Seite und auf privater Ebene sollte man die Markenpiraterie vor allem durch drei Arten von Maßnahmen bekämpfen: Eine konsequente Strafverfolgung mit höheren Strafen, eine verbesserte Kooperation zwischen Behörden und Wirtschaftsorganisationen sowie letztlich auch eine Sensibilisierung der Verbraucher durch Aufklärungskampagnen insbesondere der privaten Organisationen gegen Markenpiraterie.

Literaturverzeichnis

A

Achenbach, Hans/*Ransiek,* Andreas (Hrsg.), Handbuch Wirtschaftsstrafrecht, 3. Auflage, Heidelberg etc. 2012.
(zitiert: *Achenbach/Ransiek*)

Anduleit, Manfred, Die Rechtsdurchsetzung im Markenrecht: national, regional, international, Diss., 1. Auflage, Baden-Baden 2001.
(zitiert: *Anduleit*)

B

Bachmann, Manuel, Produktpiraterie als unternehmerische Herausforderung: Eine Untersuchung des deutschen Maschinen- und Anlagenbaus in Asien, 1. Auflage, Saarbrücken 2007.
(zitiert: *Bachmann*)

Balibey, René, Kein Kompliment, in: Markenartikel 5/2010, S. 16-20.
(zitiert: *Balibey*)

Bejeuhr, Gesine, Russisches Roulette, in: Markenartikel 5/2010, S. 50-52.
(zitiert: *Bejeuhr*)

Berlit, Wolfgang, Markenrecht, Praxis des Gewerblichen Rechtsschutzes und Urheberrechts, 8. Auflage, München 2010.
(zitiert: *Berlit*)

Birk, Axel/*Löffler*, Joachim, Marketing- und Vertriebsrecht: Lehr- und Praxishandbuch zum Gewerblichen Rechtsschutz, Kartell- und Vertriebsrecht, 1. Auflage, München 2012.
(zitiert: *Birk/Löffler*)

Birk, Dieter, Steuerrecht, 15. Auflage, Heidelberg etc. 2012.
(zitiert: *Birk*)

Braun, Edwin, Produktpiraterie: Rechtsschutz durch Zivil-, Straf- und Verwaltungsrecht sowie ausgewählte Probleme der Rechtsdurchsetzung, Diss., Köln etc. 1993.
(zitiert: *Braun*)

Büter, Clemens, Außenhandel: Grundlagen globaler und innergemeinschaftlicher Handelsbeziehungen, 1. Auflage, Heidelberg 2007.
(zitiert: *Büter*)

Burkart, Stefan, Globalisierung und gewerblicher Rechtsschutz: Produktpiraterie und Schutzrechtsmanagement am Beispiel von China, Diplomarbeit, 1. Auflage, Bremen 2006.
(zitiert: *Burkart*)

Busse, Rudolf/*Starck*, Joachim, Warenzeichengesetz: nebst Pariser Verbandsübereinkunft und Madrider Abkommen, Kommentar, 6. Auflage, Berlin 1990.
(zitiert: *Busse/Starck*)

C

Campos Nave, José A., Praxishandbuch Markenrecht: deutsche, europäische und internationale Markenrechte, 2. Auflage, Frankfurt am Main 2008.
(zitiert: *Campos Nave*)

Creifelds, Carl (Begr.)/*Weber*, Klaus (Hrsg.), Rechtswörterbuch, 20. Auflage, München 2011.
(zitiert: *Creifelds/Weber*)

E

Ekey, Friedrich L./*Klippel,* Diethelm / *Bender,* Achim (Hrsg.), Markenrecht, Bd. 1, Markengesetz und Markenrecht ausgewählter ausländischer Staaten, Heidelberger Kommentar, 2. Auflage, Heidelberg 2009.
(zitiert: *Ekey/Klippel/Bender*)

Ensthaler, Jürgen, Gewerblicher Rechtsschutz und Urheberrecht, 3. Auflage, Berlin etc. 2009.
(zitiert: *Ensthaler*)

Erd, Rainer/*Rebstock,* Michael, Produkt- und Markenpiraterie in China, 1. Auflage, Aachen 2010.
(zitiert: *Erd/Rebstock*)

Esser, Robert/*Rehaag*, Constantin (Hrsg.), Produkt- und Markenpiraterie: strafbare Verletzung gewerblicher Schutzrechte, 1. Auflage, Frankfurt am Main 2012.
(zitiert: *Esser/Rehaag*)

F

Fezer, Karl-Heinz, Markenrecht: Kommentar zum Markengesetz, zur Pariser Verbandsübereinkunft und zum Madrider Markenabkommen, Dokumentation des nationalen, europäischen und internationalen Kennzeichenrechts, Bd. 13 b, 4. Auflage, München 2009.
(zitiert: *Fezer*)

Franzen, Klaus/*Gast-de Haan*, Brigitte/*Joecks*, Wolfgang (Hrsg.), Steuerstrafrecht: mit Zoll- und Verbrauchsteuerstrafrecht, Beck`sche Steuerkommentare, 7. Auflage, München 2009.
(zitiert: *Franzen/Gast/Joecks*)

Fuchs, Hans-Joachim (Hrsg.), Piraten, Fälscher und Kopierer: Strategien und Instrumente zum Schutz geistigen Eigentums in der Volksrepublik China, 1. Auflage, Wiesbaden 2006.
(zitiert: *Fuchs*)

G

Gaul, Alexander, Die Durchsetzung markenrechtlicher Ansprüche gegenüber Produktpiraten, Diss., Frankfurt am Main etc. 2003.
(zitiert: *Gaul*)

Gedert, Ulrike, Der angemessene Schadenersatz bei der Verletzung geistigen Eigentums, Diss., Oldenburg 2008.
(zitiert: *Gedert*)

Glimski, Nina Caroline, Das Veranstalterleistungsschutzrecht: eine Analyse des im deutschen UrhG verankerten Schutzrechts einschließlich vergleichender Betrachtungen der österreichischen und der schweizerischen Rechtslage, Diss., Tübingen 2010.
(zitiert: *Glimski*)

Gloy, Wolfgang/*Loschelder*, Michael/ *Erdmann*, Willi (Hrsg.), Handbuch des Wettbewerbsrechts, 4. Auflage, München 2010.
(zitiert: *Gloy/Loschelder/Erdmann*)

Göpfert, Wolfgang W., Die Strafbarkeit von Markenverletzungen, Diss., Karlsruhe 2006.
(zitiert: *Göpfert*)

Götting, Horst-Peter, Gewerblicher Rechtsschutz: Patent-, Gebrauchsmuster-, Geschmacksmuster- und Markenrecht, 9. Auflage, München 2010.
(zitiert: *Götting*)

Grundmann, Mascha, Markeninhaber gestärkt, in: Markenartikel 5/2010, S. 48-49.
(zitiert: *Grundmann*)

Guhn, Jakob, Die Produktpiraterieverordnung 2003, Diss., Hamburg 2009.
(zitiert: *Guhn*)

H

Haft, Klaus/*Hacker,* Franz/*Baumgärtel,* Gunnar/*Grabienski,* Katja/*Grabinski,* Klaus/*Heusch,* Clemens August/ *Joachim,* Björn/*Kefferpütz,* Martin/*Kühnen,* Thomas/ *Lunze,* Anja, Grenzbeschlagnahme und andere Eingriffsmöglichkeiten der Zollbehörden gegen Verletzer ,in: GRUR Int. 2009, S. 826-834.

(zitiert: *Haft/Hacker/Baumgärtel/Grabinski/Grabienski/Heusch/Joachim/Kühnen/ Lunze/Kefferpütz)*

Harte-Bavendamm, Henning (Hrsg.), Handbuch der Markenpiraterie in Europa, 1. Auflage, München etc. 2000.
(zitiert: *Harte-Bavendamm*)

Hasselblatt, Gordian N. (Hrsg.), Münchener Anwaltshandbuch Gewerblicher Rechtsschutz, 3. Auflage, München 2008.
(zitiert: *Hasselblatt*)

Heckmann, Dirk (Hrsg.), Juris Praxis Kommentar Internetrecht, Telemediengesetz, E-Commerce, E-Government, 1. Auflage, Saarbrücken 2007.
(zitiert: *Heckmann*)

Hemmer, Karl/*Wüst*, Achim/*Vießmann*, Frank, Wettbewerbs- und Markenrecht,1. Auflage, Marktheidenfeld 2006.
(zitiert: *Hemmer/Wüst/Vießmann*)

Heng, Michael H., Ebay & Co.: Rechte und Pflichten von Käufer und Verkäufer, 1. Auflage, Berlin 2007.
(zitiert: *Heng*)

Heydn, Truiken J./*Schmid-Petersen*, Frauke, *Vassilaki,* Irini E., Durchsetzung von Rechten des geistigen Eigentums: Ansprüche, Verfahren, Vollstreckung, 1. Auflage, München 2009.
(zitiert: *Heydn/Schmid-Petersen/Vassilaki*)

Hintze, Marco, Die Problematik der chinesischen Produkt- und Markenpiraterie: Das Marken- und Urheberrecht in Deutschland, China und auf internationaler Ebene, 1. Auflage, Saarbrücken 2007.
(zitiert: *Hintze*)

I

Ingerl, Reinhard/*Rohnke*, Christian, Markengesetz: Gesetz über den Schutz von Marken und sonstigen Kennzeichen, Kommentar, 3. Auflage, München 2010.
(zitiert: *Ingerl/Rohnke*)

J

Jäcker, Bernd Carlos, Die Marke: Markenschutz bei Henkel, 1. Auflage, Düsseldorf 1996.
(zitiert: *Jäcker*)

Jestaedt, Dirk, Die Ansprüche auf Rückruf und Entfernen schutzrechtsverletzender Gegenstände aus den Vertriebswegen, in: GRUR 2009, S. 102-106.
(zitiert: *Jestaedt*)

K

Käbisch, Verena, Markenschutz im Strafrecht: die Rechtslage in Deutschland und den USA, Diss., Frankfurt am Main etc. 2006.
(zitiert: *Käbisch*)

Kettner, Lars-Uwe, Die Bekämpfung der Produktpiraterie jenseits des Zivilrechts, Diss., 1. Auflage, Baden-Baden 2011.
(zitiert: *Kettner*)

Klein, Franz (Begr.)/*Brockmeyer*, Hans Bernhard/*Gast-deHaan*, Brigitte/*Rüsken*, Reinhart/ *Wisser*, Michael/*Orlopp*, Gerd (Begr.)/ *Gersch*, Eva-Maria, Abgabenordnung einschließlich Steuerstrafrecht, Kommentar, 9. Auflage, München 2006.
(zitiert: *Klein*)

Knäckenhoff, Uwe, Original und Original, in: Markenartikel 3/2006, S. 10-15.
(zitiert: *Knäckenhoff*)

Knöfel, Jana, Markenpiraterie und Globalisierung: die zunehmende Bedeutung des Markenschutzes, Hamburg 2010.
(zitiert: *Knöfel*)

Köbler, Gerhard, Juristisches Wörterbuch: für Studium und Ausbildung, 13. Auflage, München 2005.
(zitiert: *Köbler*)

Köhler, Helmut, Der Schutz vor Produktnachahmung im Markenrecht, Geschmackmusterrecht und neuen Lauterkeitsrecht, in: GRUR 2009, S. 445-451.
(zitiert: *Köhler*)

Koller, Ingo/ *Roth*, Wulf-Henning/*Morck*, Winfried, Handelsgesetzbuch: Kommentar, München 1996.
(zitiert: *Koller/Roth/Morck*)

Kresse, Hermann/*Engelsberg*, Kai, Recht der Messewirtschaft, 1. Auflage, Baden-Baden 2006.
(zitiert: *Kresse/Engelsberg*)

Kroboth, Daniel, Präventionsmaßnahmen gegen Marken- und Produktpiraterie: Strategien für Unternehmen auf europäischer und internationaler Ebene, Diplomarbeit, Aachen 2006.
(zitiert: *Kroboth*)

Kußmaul, Heinz, Betriebswirtschaftliche Steuerlehre, 6. Auflage, München etc. 2010.
(zitiert: *Kußmaul*)

L

Lackner, Karl (Hrsg.)/*Kühl*, Kristian (Hrsg.), Strafgesetzbuch: Kommentar, 26. Auflage, München 2007.
(zitiert: *Lackner/Kühl*)

Lange, Paul (Hrsg.), Internationales Handbuch des Marken- und Kennzeichenrechts, 1. Auflage, München 2009.
(zitiert: *Lange*)

Lensing-Kramer, Andrea/*Ruess*, Peter, Markenrechtliche Verantwortlichkeit von Internet-Auktionsportalen im Rechtsvergleich – Deutschland als Vorbild für Europa?, in: GRUR 2009, S. 722-727.
(zitiert: *Lensing-Kramer/Ruess*)

Levin, Marianne, Was bedeutet Counterfeiting?, in: GRUR Int. 1987, S. 18-27.
(zitiert: *Levin*)

Lieber, Helmut/*Zimmermann*, Axel, Die einstweilige Verfügung im gewerblichen Rechtsschutz: unter besonderer Berücksichtigung der Gerichtspraxis im Wettbewerbsrecht, Markenrecht und Urheberrecht, mit zahlreichen hervorgehobenen Praxistipps,1. Auflage, München 2009.
(zitiert: *Lieber/Zimmermann*)

M

Marx, Claudius, Deutsches und europäisches Markenrecht, Handbuch für die Praxis, 1. Auflage, Neuwied 1997.
(zitiert: *Marx*)

Maske, Barbara, Markenpiraterie und Strafrecht in Deutschland, der Republik Polen und der Russischen Föderation, Diss., Frankfurt am Main etc. 2004.
(zitiert: *Maske*)

Meister, Herbert E., Leistungsschutz und Produktpiraterie, Fragmente zu einem Phänomen, 1. Auflage, Frankfurt am Main 1990.
(zitiert: *Meister*)

Meister, Herbert E., Aspekte der Produktpiraterie, in: WRP 1991, S. 137-143.
(zitiert: *Meister*)

Mimentza, Janire, Der Auskunftsanspruch im deutschen und spanischen Markenrecht: vor dem Hintergrund der europäischen Richtlinie 2004/48/EG zur Durchsetzung der Rechte des geistigen Eigentums , Frankfurt am Main etc. 2008.
(zitiert: *Mimentza*)

Möller, Doris, Lippenbekenntnisse reichen nicht aus: Markenpiraterie in Deutschland und Frankreich, in: Dokumente/Dokuments, Zeitschrift für den deutsch-französischen Dialog 2/2010, S. 83-85.
(zitiert: *Möller*)

N

Naim, Moises, Das Schwarzbuch des globalisierten Verbrechens: Drogen, Waffen, Menschenhandel, Geldwäsche, Markenpiraterie , München etc. 2006.
(zitiert: *Naim*)

Nordemann, Axel/*Nordemann*, Jan Bernd/ *Nordemann*, Wilhelm, Wettbewerbsrecht, Markenrecht,10. Auflage, Baden-Baden 2004.

(zitiert: *Nordemann*)

O

OECD
Organisation for Economic Cooperation and Development , Die wirtschaftlichen Folgen von Produkt- und Markenpiraterie, 1. Auflage, Paris 2008.
(zitiert: *OECD*)

P

Pierson, Matthias/*Ahrens*, Thomas/*Fischer*, Karsten, Recht des geistigen Eigentums: Patente, Marken, Urheberrecht, Design, 1. Auflage, München 2007.
(zitiert: *Pierson/Ahrens/Fischer*)

R

Rieper, Sibyl Tanja, Steuerverfehlungen als Tatbestandsmerkmale von AO-Vorschriften, Diss., Frankfurt am Main etc. 2010.
(zitiert: *Rieper*)

S

Scherbauer, Katja, Die Grenzbeschlagnahme von Produktpirateriewaren im Immaterialgüterrecht, Diss., Starnberg 2000.
(zitiert: *Scherbauer*)

Schiwek, Frank, Die Strafbarkeit der Markenpiraterie, Diss., Frankfurt am Main etc. 2004.
(zitiert: *Schiwek*)

Schlömer, Uwe/*Dittrich*, Jörg, Ebay & Recht: Ratgeber für Käufer und Verkäufer, 1. Auflage, Berlin etc. 2004.
(zitiert: *Schlömer/Dittrich*)

Schlömer, Uwe/*Dittrich*, Jörg, Ebay & Recht – Rechtsprechungsübersicht zum Jahr 2008, in: K&R 3/2009, S. 145-154.
(zitiert: *Schlömer/Dittrich*)

Schmidl, Michael, Die Bekämpfung der Produktpiraterie in der Bundesrepublik Deutschland und in Frankreich: zur Notwendigkeit eines europäischen Markenstrafrechts am Beispiel der Gemeinschaftsmarke, Diss., Heidelberg 1999.
(zitiert: *Schmidl*)

Schneider, Julia, Die EU-Enforcementrichtlinie 2004/48/EG und deren Umsetzung in das deutsche Markenrecht, Diss., Hamburg 2009.
(zitiert: *Schneider*)

Schuhmacher, Katja S. , Die Marken(artikel)piraterie: Ein Phänomen des modernen Wirtschaftslebens unter rechtstatsächlicher und begrifflich-dogmatischer Betrachtung, Diss., Frankfurt am Main etc. 2005.
(zitiert: *Schuhmacher*)

Selzer, Dagmar, Der Schutz vor Markenpiraterie auf internationaler und europäischer Ebene: unter besonderer Berücksichtigung des Übereinkommens über handelsbezogene Aspekte der Rechte des geistigen Eigentums und der europäischen Antipiraterieverordnung, Diss., Aachen 2002.
(zitiert: *Selzer*)

Staniczek, Jörg, Tatort eBay: der Handel mit Modeplagiaten im Zeitalter von Web 2.0, 1. Auflage, München 2010.
(zitiert: *Staniczek)*

Stöckel, Maximiliane (Hrsg.)/*Lüken*, Uwe (Hrsg.), Handbuch Marken- und Designrecht, 2. Auflage, Berlin 2006.
(zitiert: *Stöckel/Lüken*)

T

Thaler, Wolfgang, Die rechtliche Abwehr von Marken- und Produktpiraterie, Diss., 1. Auflage, Innsbruck 2009.
(zitiert: *Thaler*)

U

Ullrich, Roman, Der Schutz des geistigen Eigentums durch die Enforcement-Richtlinie: materiell-rechtliche Ansprüche und Beweissicherung, 1. Auflage, Saarbrücken 2008.
(zitiert: *Ullrich*)

V

von Gamm, Otto-Friedrich Frhr., Warenzeichengesetz: Kommentar, München 1965.
(zitiert: *Gamm*)

von Merveldt, Christina Gräfin, Der Auskunftsanspruch im gewerblichen Rechtsschutz: dargestellt unter besonderer Berücksichtigung der Passivlegitimation von Internetauktionshäusern für Drittauskunftsansprüche im Falle des Vertriebs von Produktpirateriewaren durch Dritte, Diss., 1. Auflage, Baden-Baden 2007.
(zitiert: *Merveldt*)

von Schultz, Detlef (Hrsg.), Kommentar zum Markenrecht, 2. Auflage, Frankfurt am Main 2007.
(zitiert: *Schultz)*

von Welser, Marcus/*González*, Alexander, Marken- und Produktpiraterie: Strategien und Lösungsansätze zu ihrer Bekämpfung, 1. Auflage, Weinheim 2007.
(zitiert: *Welser/González*)

W

Wabnitz, Heinz-Bernd (Hrsg.)/*Janovsky* ,Thomas (Hrsg.), Handbuch des Wirtschafts- und Steuerstrafrechts, 3. Auflage, München 2007.
(zitiert: *Wabnitz/Janovsky*)

Weiden, Henrike, Aktuelle Berichte – November 2009, in: GRUR 2009, S. 1033-1034.
(zitiert: *Weiden*)

Werth, Fabian, Internationale Produktpiraterie: Dargestellt an ausgewählten Unternehmen und Marken, 1. Auflage, Saarbrücken 2008.
(zitiert: *Werth*)

Wessels, Johannes/*Beulke*, Werner, Strafrecht, allgemeiner Teil: die Straftat und ihr Aufbau, 40. Auflage, München etc. 2010.
(zitiert: *Wessels/Beulke)*

Wilmer, Thomas, Überspannte Prüfpflichten für Host-Provider? – Vorschlag für eine Haftungsmatrix, in: NJW 2008, S. 1845-1851.
(zitiert: *Wilmer*)

Winkler, Ingo/*Wang*, Xueli, Made in China: Marken- und Produktpiraterie, Strategien der Fälscher & Abwehrstrategien für Unternehmen, 1. Auflage, Frankfurt am Main 2007.
(zitiert: *Winkler/Wang*)

Winter, Franz , Internationale Markenpiraterie, Möglichkeiten der Bekämpfung, in: Markenartikel 8/1983, S. 392-398.
(zitiert: *Winter*)

Witte, Peter/*Wolffgang*, Hans-Michael (Hrsg.), Lehrbuch des Europäischen Zollrechts, 7. Auflage, Herne 2012.
(zitiert: *Witte/Wolffgang*)

Witte, Peter (Hrsg.), Zollkodex: mit Durchführungsverordnung und Zollbefreiungsverordnung, Kommentar, 5. Auflage, München etc. 2009.
(zitiert: *Witte)*

Wölfel, Helmut, Rechtsfolgen von Markenverletzungen und Maßnahmen zur Bekämpfung der Markenpiraterie, Diss., 1. Auflage, Köln etc. 1990.
(zitiert: *H. Wölfel*)

Wölfel, Thomas, Marken- und Produktpiraterie: eine Studie zu Erscheinungsformen und Bekämpfungsmöglichkeiten, 1. Auflage, Stuttgart 2003.
(zitiert: *T. Wölfel*)